教育部人文社会科学研究“大数据驱动的高职院校专业建设质量诊断模型研究（项目编号：18YJA880120）”项目资助

高职院校专业建设绩效评价研究

基于数据包络法

朱祎◎著

GAOZHI YUANXIAO ZHUANYE JIANSHE JIXIAO PINGJIA YANJIU

JIYU SHUJUBAOLUOFA

内容提要

本书从数据的实证视角出发，选取10个代表性专业，综合运用定量与定性相结合的方法开展了专业建设绩效评价研究。在构建绩效评价指标体系的基础上，分析了高职院校专业建设绩效的整体状况，重点剖析了某些院校专业建设绩效较低的原因，并提出了改进建议。本书分为7章，内容包括绪论、研究设计、文献综述、指标构建、整体分析、个案分析和回顾反思。

本书适合高等学校和科研机构的研究人员阅读，也可供高等院校管理人员和教师、教育学各专业研究生参考。

图书在版编目(CIP)数据

高职院校专业建设绩效评价研究：基于数据包络法/朱祎著. —上海：上海交通大学出版社，2023.12

ISBN 978-7-313-28858-5

Ⅰ.①高… Ⅱ.①朱… Ⅲ.①高等职业教育—学科建设—教育评估—研究—中国 Ⅳ.①G718.5

中国国家版本馆CIP数据核字(2023)第107241号

高职院校专业建设绩效评价研究——基于数据包络法
GAOZHI YUANXIAO ZHUANYE JIANSHE JIXIAO PINGJIA YANJIU
——JIYU SHUJUBAOLUOFA

著　　者：朱　祎
出版发行：上海交通大学出版社　　地　　址：上海市番禺路951号
邮政编码：200030　　电　　话：021-64071208
印　　制：上海万卷印刷股份有限公司　　经　　销：全国新华书店
开　　本：710mm×1000mm　1/16　　印　　张：16
字　　数：259千字
版　　次：2023年12月第1版　　印　　次：2023年12月第1次印刷
书　　号：ISBN 978-7-313-28858-5
定　　价：68.00元

前 言

在高等教育领域，评估一直是一个绕不过去的话题。政府通过院校评估这一柔性管理手段，对高等院校施行"常模化(normalization)"管理，即所有高等院校的各项办学指标必须达到政府规定的评估指标体系要求。在构建和实施这个"标准化—常模化—审查与考核—层级化—奖励与惩治"的机制之后，高校就必须匹配这个机制、符合这个标准，否则就有被边缘化的趋势，这就是"标准化的霸权(hegemony of standardization)"，一种只认可评价指标体系标准的主导性权力。从短期来看，在应对由于高等教育扩招而导致的教学质量下滑危机方面，常模化的评估手段确实迅速改善了全国绝大部分高等学校的基础办学条件，引导高校遵循政府确定的方向和标准不断提升教学质量。从长期来看，评估手段的常态化运用会出现哈利·布雷弗尔曼(Harry Braverman)所谓"去技术(deskilling)"的现象，即高等院校只会遵从标准化的操作，而不会思考真正适合自身的发展方向，学校教育的理念被物化为一套标准化的评价指标体系，高等院校的教育实践被异化为一场追求"达标"的竞赛。这正是学术界对院校评估不断提出质疑，进行反思的焦点所在。那么从高校的角度来说，应该如何突破这样的困境呢？高校必须清晰认识到，评估作为一种柔性管理手段有着天然的合理性和有效性，必将被政府长期使用。所以，我们应该思考如何发挥评估的正面作用，即运用评估手段找出真正的薄弱环节并予以改进；如何避免评估的负面作用，将"常模化"的影响减到最小。

作为一名在高校工作多年的教育工作者和信息技术从业者，笔者长期从事江苏省高职院校状态数据采集工作，10 年间共累积了约 1 100 万条记录的高职院校办学过程性大数据。所以，笔者一直在思考如何从数据科学的视角出发，推演设计出一套评估指标体系，并从这些记录中发现具有代表性的教育现象、总结出教育教学规律，从而有助于高职院校进行自我改进。

不过实事求是地说，这并非易事！其难度不在于数据或者算法上的缺失，而在于教育学科与计算机学科在认识论和方法论上的根本性差异。古希腊学者毕达哥拉斯认为自然界中的一切都可以用数学来描述和解释，"万物皆数"的认识论对计算机科学产生了深远影响(陈正方，2011)，从这个角度出发，计算机科学家们不余遗力地将现实世界转换成二进制 0 和 1 的数字组合，存储在计算机系统中，然后用各式各样的算法进行处理、呈现与转换。从方法论角度来说，这必然追求研究对象的客观化，最大程度减少主体在研究过程中的影响，基于数学的算法研究方法成为主要研究方法。教育学科的认识论则深受经验主义和自然主义的影响(刘华初，2010)，特别重视人的主观能动性，强调发挥个体经验在教育规律认识中的作用，追求主体以自己的视角来解释客体的种种现象与规律，主观诠释成为主流的研究方法。显然，对教育大数据的研究，如果单纯运用各种算法来发掘和展示其中的规律，而忽视教育学学理的支撑和诠释，所运用算法的数学推演再严谨也无法获得教育学界的认同。所以，这项跨学科研究必须能够搭起一座连接这两个学科的桥梁，方能获得认同。

本书从跨学科的视角出发，希望能探索出一条基于数据的、具有诊断性的"密集型评估"实践模式。具体做法如下：第一，在大量数据的支撑下，将评价对象从院校层面细化至专业层面，把专业作为高等院校教学实施的基本载体，这一转变使得评估更加聚焦于教学一线，更能精准发现教学过程中存在的问题；第二，使用基于数据的指标筛选算法，即通过运用多种计量算法来确定评价指标的有效性，而非采用传统的专家调查法，这一转变不仅减轻了高校提供评估佐证材料的负担，更是适应了大数据时代发展的趋势；第三，将评价重点从投入或者产出的绝对量比较转变为基于投入产出比的办学绩效比较，投入产出比是相对值比较，与高校体量大小无关，不涉及办学过程性数据，主要反映高校的教学组织和资源配置能力高低；第四，运用定量与定性方法对评估结论进行深入剖析，找出办学过程中的问题症结，使得评估不仅能给出评价结论，还能为院校的自我改进提供参考建议。

从研究结果来看，本书所运用的数据密集型评估方法发现了一些采用常规和传统评估方法无法发现的现象，挖掘出了这些现象背后隐藏的深层次原因。特别是发现了一些院校专业建设中存在的“中部塌陷”现象并对其进行了深入剖析。可见，只要视角与方法运用得当，高校的评估就可以发挥出更有效的作用，可以从一种政府治理手段转变为院校进行自我诊断、自我改进的方法。

本书是在笔者的博士论文《基于 DEA 的高职院校专业建设绩效评价研究》基础上几经修改而成，受到教育部人文社会科学研究“大数据驱动的高职院校专业建设质量诊断模型研究(项目编号:18YJA880120)”项目资助，并得到江苏开放大学(江苏城市职业学院)信息工程学院学术著作出版基金资助。因笔者能力与水平所限，书中肯定存在诸多不足之处，有待进一步改进与完善，敬请各位专家同仁不吝指正。

2022 年 9 月于南京

目 录

第一章 绪论 001

第一节 研究的缘起 001

第二节 研究的意义 006

第二章 研究设计：研究的分析框架 010

第一节 研究的理论基础 010

第二节 研究的概念界定 028

第三节 研究的思路与步骤 031

第三章 他山之石：国内外相关研究的评述 035

第一节 绩效评价内涵的相关研究 036

第二节 绩效评价方法的相关研究 042

第三节 国内相关研究与实践评述 057

第四节 英美两国相关研究与实践评述 062

第四章 指标构建：基于 DEA 的混合方法 090

第一节 理论框架的构建 091

第二节 指标体系的初步构建 123

第三节 数据来源与处理 128

第四节 基于数理分析的指标筛选 139

第五章 宏观描摹：专业建设绩效的整体分析 161

第一节 专业建设情况的数据分析 161

第二节　基于 DEA 方法的绩效静态分析 168
第三节　基于 DEA Malmquist 指数的动态绩效分析 182

第六章　微观探究：绩效低下的个案分析 192
第一节　标杆管理理论 193
第二节　典型案例的标杆对比分析 194
第三节　典型案例的质性访谈 210

第七章　回顾反思：研究结论与讨论 214
第一节　主要研究结论 214
第二节　讨论与启示 216

附录 229
附录一　质性研究访谈提纲 229
附录二　专业绩效评价指标体系 231
附录三　Pastor 算法的部分 R 语言源码 232

参考文献 240
后记 243

第一章

绪 论

从理论层面来看，我国政府目前正在推行的“放、管、服”政策与起源于20世纪80年代的新公共管理理论（New Public Management）有着异曲同工之处。主要发达国家的经验显示，这样的政策转变使得政府更加关注于高校的产出，绩效评价成为主流的评价方式。作为占据我国高等教育“半壁江山”的高等职业教育，由政府主导的全国性的高职院校评估指标体系早已颁布十年有余，已不适应当前发展形势需求，所以有必要进行高等职业教育绩效评价的相关研究，包括指标体系的构建与应用。

第一节 研究的缘起

一、“放、管、服”政策背景下绩效评估正在成为主流

2015年5月12日李克强在全国推进简政放权放管结合职能转变工作电视电话会议上，强调要“简政放权、放管结合、优化服务协同推进（简称‘放、管、服’）”。① 至此，“放、管、服”成为中央政府的重点工作之一。

在高等教育领域，2017年3月31日，教育部、中央编办、国家发改委、财政部、人力资源和社会保障部联合印发《关于深化高等教育领域简政放权放管结合优化服务改革的若干意见》（教政法〔2017〕7号），其主旨是为了加快推进高等教育领域“放、管、服”改革，“破除束缚高等教育改革发展的体制机制障碍，进一步向地方和高校放权，给高校松绑减负、简除烦苛，让学校拥有更大办学自

---

①《李克强在全国推进简政放权放管结合职能转变工作电视电话会议上的讲话》，2015年05月15日，http://www.gov.cn/guowuyuan/2015-05/15/content_2862198.htm，2018年09月16日。

主权”。

若用委托代理理论(Principal-Agent Theory)来解释这种变化,那么高等教育领域的“放、管、服”改革从本质上来说就是从层级式、基于授权的治理结构(Hierarchical, Authority-based Governance Structures)向契约式、基于协商的治理结构(Contractual, Exchange-based Governance Structures)的转变[①]。在委托代理理论看来,政府和高校之间构成一种委托代理关系,为了解决道德风险问题(problem of moral hazard),政府和高校之间必然达成某种契约。随着政府的逐步放权,政府与高校之间的契约就会从以规制控制手段为主、主要关注于高校的投入性和过程性因素的“行为导向型契约(behavior-based contracts)”向提升高校自主权(autonomy)、聚焦于高校的产出性和结果性因素的“结果导向型契约(outcome-based contracts)”转变。[②]

从主要发达国家的经验来看,这种转变会导致绩效评价成为主流评价模式。在美国,自 20 世纪 70 年代以来,绩效拨款(Performance Funding)制度逐渐成为各州对公立高校的主流拨款制度,截至 2016 年 1 月,全美 50 个州里,已有 38 个州已经或者正在实施绩效拨款制度,占比为 76%。在英国,早已施行绩效评估制度,对于高校的科研绩效,英国政府采用研究卓越框架(research excellence framework, REF)评价科研绩效,采用教学卓越框架(teaching excellence and student outcomes framework, TEF)对教学产出进行绩效评价。这些评价结果向公众公布,并与拨款挂钩。

所以,在我国“放、管、服”减政放权的背景下,高等院校的绩效评价正在成为主流评价模式之一,有必要对其开展进一步的研究。

二、已经颁布十余年的高职院校评估指标体系亟待改进

我国高等教育进入大众化阶段之后,面临着如何在招生规模不断扩大的同时又能保证教学质量的问题。占我国高等教育半壁江山的高等职业教育,由于建校基础较本科院校更为薄弱,所以在院校数量和在校生规模不断扩大的同时,教学质量下滑的问题更为严峻。从 2004 年起,教育部决定对全国所

---

① KIVISTÖ J., *Agency Theory as a Framework for the Government-University Relationship*, Tampere: Tampere University Press, 2007, p. 1.

② KIVISTÖ J., *Agency Theory as a Framework for the Government-University Relationship*, Tampere: Tampere University Press, 2007, pp. 102 - 105.

有高职院校进行教学质量评估，并于2004年和2008年先后颁布了两版高等职业院校评估指标体系。这种由政府主导的全国性的院校评估对提升我国高等职业教育的教学质量起到了巨大的推动作用。但随之而来的批评之声也不绝于耳：第一，这种评估是自上而下的外部评估，而非院校自发的自主的内部评估；第二，政府更多关注的是院校层面的投入建设，而非最重要的利益相关者——学生；第三，这种评估更多关注的是院校的整体情况，并没有深入到专业层面。

自2008年4月教育部颁布《高等职业院校人才培养工作评估方案》（教高〔2008〕5号）以来，高等职业院校的教育评估指标体系一直沿用至今。经过十多年的发展，我国高等职业教育无论在人才培养水平还是在社会服务能力方面都有了显著提升。但十多年前制定的高等职业教育评估指标体系无论从指导思想、设计理念和目标定位上，已无法引领高职教育的发展方向，亟待提出全新的高等职业教育评估指标体系。2015年6月，教育部在颁布的《教育部办公厅关于建立职业院校教学工作诊断与改进制度的通知》（教职成厅〔2015〕2号）中制定了"需求导向、自我保证，多元诊断、重在改进"的工作方针，要求各高职院校承担起保障人才培养质量的主体责任。不过由于种种原因，该项工作时至今日仍在试点阶段，并未在全国范围内推广。

早在2013年，教育部就在原本科教学工作合格评估工作方案的基础上，颁布了新的《普通高等学校本科教学工作审核评估方案》（教高〔2013〕10号），新的审核评估方案基于全新的评估理念："质量为本、分类评估、放权分权、保持常态。"其特点可以归纳为如下五点：一，充分尊重高校的多样化选择和目标定位，实行分类评估；二，"以自己的尺子量自己"，确立高校的质量保障的主体责任；三，进一步明确"以评促建"的指导思想，以外部评估来推动高校内部质量保障体系的建设；四，更加重视考量高等教育的产出，尤其关注对学生学习效果的评价和校内教学资源的使用效益；五，凸显评估目标的多元性，满足利益相关者对高校教育教学质量的诉求，评估结果向社会公开，并在政府拨款中被有限参考。教育部于2021年1月颁布了新版的《普通高等学校本科教育教学审核评估实施方案（2021—2025年）》（教督〔2021〕1号），新方案充分考虑不同类型不同层次高校的办学定位、人才培养目标、教学水平和质量保障体系建设情况，充分尊重了高校的办学自主权和阶段性发展特点，提出了两类四种评估方案，供高校自主选择，力求有效遏制“千校一面”[①]。可见，普通本科院校的评估指导思想和评估理念已经有了根本性的改变，审核评估方案对提升本科院校教学质量发挥了引领作用。

在已经进入高等教育普及化阶段的今天，有必要重新审视十多年前提出的高等职业教育评估指标体系，并运用新的评估理念、新的技术手段，研究更加适应新形势的评估指标体系。这具有非常重要的理论意义与应用价值。

三、数据密集型评估正在成为新的评估模式

随着现代信息技术的迅猛发展，计算机已经成为人们工作学习、日常生活和科学研究等活动中不可或缺的工具。随之而来的是，计算机也记录下人们在从事这些活动时所产生的海量数据。这意味着，人类自此走进“大数据”时代。2007 年，图灵奖获得者、关系型数据库的鼻祖吉姆·格雷(G. Jim)在综合和分析了已有的三种科学范式——实验科学(Empirical Science)、理论科学(Theoretical Science)、计算科学(Computational Science)——的基础上，大胆提出了第四种科学范式：数据密集型科学(Data-intensive Science)[②]。

吉姆·格雷认为，实验科学是偏重于经验事实的描述和明确具体的实用性的科学，使用科学归纳法来寻找因果联系，科学实验是主要研究模型；理论科学偏重理论总结和理性概括，以演绎法等研究方法为主，强调高阶的理论认识而非直接实用意义，主要是构建数学模型；计算科学专注于构建数据模型，运用计算机来分析和解决科学问题，主要研究模型是计算机仿真和模拟；数据密集型科学是要从大量的已知数据中，通过计算，挖掘出之前未知的结论，主要研究模型是机器学习。

数据密集型科学研究范式要求将研究思路由传统的假设驱动转向基于数据探索的科学方法。显然，数据密集型科学是大数据时代全新的研究范式。

为了讨论如何有效应用大数据提升评估的科学性与系统性，美国评估协会(American Evaluation Association, AEA)在 2015 年 11 月召开的年会上组织了一场大数据和评估技术沙龙(The Technology Salon on Big Data and Evaluation)

---

① 李志义：《探索分类评价 引导高校特色发展、内涵发展》，2021 年 02 月 07 日，http://www.moe.gov.cn/jyb_xwfb/moe_2082/2021/2021_zl09/202102/t20210205_512710.html，2021 年 12 月 12 日。

② Hey T., Tansley S., Tolle K. M., *The Fourth Paradigm: Data-Intensive Scientific Discovery*, Redmond: Microsoft research, 2009.

专题研讨，评估专家和数据科学家在一起探讨如何将大数据纳入评估实践。与会专家一致认为，大数据在进行复杂评估方面具有巨大的潜力，主要体现在如下三个方面：一，通过加入大数据分析产生的新变量来提升传统的评估设计；二，运用大数据来增强样本选择方法，从而提高传统评估设计的能力；三，用大数据分析代替传统设计，用系统分析代替回归模型①。

我国学者也开始研究基于第四种范式的数据密集型评估模式。有学者提出“监测评估”的概念，认为基于大数据的评估通过探索数据内部所隐含的特征和关系，可以超越传统专家的直觉和经验②。也有学者开始从技术层面研究基于大数据驱动的高等教育质量评估所涉及的分布式文件存储技术、并行处理技术和数据挖掘技术，提出了研究生教育监测评估的建设构想③④。

总体来说，作为一种新型的评估模式，目前的研究才刚刚起步，研究成果偏少，国内外学者的研究都偏重于概念、理念层面的厘清，实证性研究稀缺。

自 2008 年开始，全国高职院校每年都需要上报“高等职业院校人才培养工作状态数据”，至今已经累积了大量的状态数据，所以研究如何运用多种数据分析技术，从数据中探索发现高职教育的要素特征和结构关系，并构建评价模型，在大数据时代具有重要的研究范式上的探索意义。

四、高等职业教育正在不断加强专业建设

在高等职业教育教学实践中，专业建设是最重要的教学基本建设之一，是进行招生、教学、就业等各项教育教学工作的基石，是高校调结构、展特色、提质量的根本性任务，也是学生选择职业生涯方向、学习内容的主要参考依据。

我国教育主管部门一直重视高等职业教育的专业建设，《国家中长期教育改革和发展规划纲要（2010—2020 年）》中提出要“推进专业评价，鼓励专门机构和社会中介机构对高校学科、专业、课程等水平和质量进行评估，建立科学、

---

① Linda R., Big data in development evaluation, 2015－11－23, https://lindaraftree.com/2015/11/23/big-data-in-development-evaluation/, 2018 年 10 月 23 日.

② 王战军、乔伟峰、李江波：《数据密集型评估：高等教育监测评估的内涵、方法与展望》，载《教育研究》，2015(6)，第 29－37 页。

③ 王锋、王翔宇、秦文臻：《大数据驱动的高等教育质量监测评估关键技术研究》，载《黑龙江高教研究》，2017(6)，第 80－83 页。

④ 李芬、王战军：《基于大数据的研究生教育监测评估研究》，载《学位与研究生教育》，2016(7)，第 15－19 页。

规范的评估制度，探索与国际高水平教育评价机构合作，形成中国特色学校评价模式”[①]，《高等职业教育创新发展行动计划（2015—2018 年）》（教职成〔2015〕9 号）中提出要“加强专科高职院校的专业建设，凝练专业方向、改善实训条件、深化教学改革，整体提升专业发展水平”，《国务院关于加快发展现代职业教育的决定》（国发〔2014〕19 号）以及教育部等六部门联合印发的《现代职业教育体系建设规划（2014—2020 年）》（教发〔2014〕6 号）等文件也对高职高专院校专业评价工作提出了具体要求。

专业设置与布局是高职专业建设的基点，许多学者的主要研究内容集中在专业设置布局调整的主要原则和主要影响因素等，而未对如何开展专业建设评价进行分析研究。研究匮乏的原因并非专业建设质量的评价研究不够重要，而是对专业建设质量开展评价需要具备的条件比较高，无论是在数据的来源上还是在评价方式的选择上局限性都比较大。

综上所述，在政府管理理念发生重大调整的宏观背景之下，在大数据时代的潮流之中，在亟待改进高职教育评估指标体系的迫切需求之下，进行高等职业教育专业建设绩效评价方面的研究是非常必要且重要的。

第二节　研究的意义

专业建设是高等职业教育的基石，其绩效水平的高低直接影响着高等职业教育人才培养质量的高低。对高职院校专业建设绩效进行深入细致的研究与探索，既能从理论层面上进一步丰富和拓展高等职业教育评价理论体系，完善高等职业教育的质量观；也能从实践层面上指导高职院校更好地把握人才培养的规律，为高职院校专业建设提供行动指南。

一、理论意义

（一）丰富高职教育评价理论体系

在国内外的教育评价实践中，绩效评价已成为主流评价方式之一，也成为

① 顾明远：《国家中长期教育改革和发展规划纲要（2010—2020 年）解读》，北京：北京师范大学出版社，2010 年。

各国政府有力的政策工具之一。在我国,对高职教育绩效评价的理论研究还比较零散,在评价实践中,教育部发布的评估指标体系还是秉承关注投入和产出绝对值的评估思路,偏向于对院校整体进行评价。所以,针对高职院校的绩效评价理论研究理应成为教育研究者重点关注的研究课题之一,特别是将研究视角从院校层面切换到更为微观的专业建设层面,探索如何科学开展绩效评价也应成为高等教育研究者的分内之事。

进行高职院校专业建设层面的绩效评价研究,能对现有评价理论进行全面梳理与整合;还能在创新性地运用数据思维的基础上,结合高职专业建设实际对所获研究结论加以重构,编制成一套富有逻辑的知识网络,在研究中实现知识的再发现、再加工和再创造,进而形成系列化、规范化的研究成果。这样就使得高职院校专业建设绩效评价研究不只是简单的指标构建与数据分析工作,而成为一项极富理论价值和意义的探索性研究工作,从而为高职教育评价的相关理论添砖加瓦,实现拓展现有高职院校评价思路,丰富现有高职教育评价理论体系的目的。

(二)纠正高职教育评价的认识误区

从现有的高职教育评价实践来看,高等职业教育的评价理念仍然囿于偏向投入和产出绝对值、偏向于对院校整体进行评价的评估思路:一方面强调评价各高职院校在生均校舍面积、年度新增设备资产投入金额等基础性投入方面的达标率,另一方面重点评价各校的各种技能大赛的获奖数等具有现实度的教学产出的绝对值。各高职院校自然会顺应评价的指挥棒,不断加大基础性投入,同时加强对极少数重点专业、重点奖项的培育,实现单点突破、重点突破。其结果是各高职院对内涵建设的忽视,对自身资源配置能力的忽视,对非重点专业的忽视。

对高职教育专业建设绩效评价加以研究,能在以下几方面匡正人们存在的认识误区:一,重塑高职教育评价的价值理念。现有评价在价值取向上存在注重局部效益、短期效益评价取向,缺乏更有利于人才培养的长效机制的评价。而高职教育专业建设绩效评价可以使院校将注意力转移到每个专业建设成效上,转移到专业建设内涵提升上。二,健全高职专业建设绩效评价的指标体系。以往的高职教育评价在指标权重确定上过于偏重某些带有展示度的奖项类指标,而绩效评价指标体系可以包含多种办学产出指标,评价指标体系更为丰富,更能展现出院校的资源配置能力和办学水平。三,明确高职教育评价的参与主体。以往的高职教育评价存在评价主体单一、行政干预过重和公众监督匮乏等问题，不能全面反映各利益相关者的多重诉求，而专业建设绩效评价以第三方评价为主，完全基于已有的人才培养状态数据库，无需院校参与，无疑是更为公正、客观的评价方式。

二、实践意义

（一）有助于提升高职院校专业建设的最终绩效

在新公共管理主义看来，高职院校作为使用公共经费、带有一定公益性质的教育组织，提升办学绩效理应是其追求的重要目标之一，也是各利益相关者的共同期待。对高职教育专业建设绩效评价加以研究，就是为了更好地帮助高职院校了解其办学绩效现状，不断提升办学绩效达成度；对高职教育专业建设绩效评价加以研究，有助于厘清不同投入要素对高职教育专业建设绩效的影响方式和程度，找出其中影响高职教育专业建设绩效的最关键要素，根据研究结果调整专业建设的各种内外部环境，努力实现各投入要素之间的最优协同效用；对高职教育专业建设绩效加以研究，能够帮助高职院校了解其资源配置与整合能力，使高职院校在教学实践过程中根据实际情况不断调整资源配置的结构与目标，从而在动态改进中提高办学运行效率。专业建设绩效评价体系是评价高职教育专业建设绩效最重要的标准和最根本的依据。评价指标的选择和指标体系的构建对高职院校办学评价，以及专业建设成效考核都是至关重要的。在专业建设绩效指标体系的构建中，需要设置哪些指标及如何设置这些指标都将与绩效评价结果相关联。如果评价指标选择不当，或是缺乏关键性指标，那么高职教育专业建设绩效评价工作就会受到影响，甚至将无法继续进行。可以说，恰当选择评价指标并科学构建评价指标体系是保证高职教育专业建设绩效评价结果合理性与准确性的前提和基础。因此，本书的研究在遵循绩效评价体系指标构建原则的前提下，力争构建一套既能充分反映高职院校办学实际成效又能够起到激励作用的相对完整的指标体系，以完善专业建设绩效评价机制，促进办学资源的合理配置，最终提高高职院校办学运行绩效。

（二）为高职院校专业建设提供行动指南

本研究通过基于数据的实证研究，梳理出在人才培养、社会服务方面办学绩效突出或建设绩效有待提升的高职院校与专业，通过对投入、过程和产出数据之间的对比研究，帮助高职院校对标找差，改进自身的办学质量和办学效益，为高职院校和教育主管部门提供决策参考。从实践的角度看，开展高职教育专业建设绩效评价研究意义重大。

从国家层面讲，本研究中对专业建设绩效评价体系的构建能够为教育主管部门对高职院校专业建设提供理论支撑和决策参考。本书的研究可以提供一些有价值的研究成果，为专业建设绩效评价提供一个正确的导向。从院校层面看，本研究可以厘清在专业建设中投入与产出各要素之间的相关影响关系，在一定程度上指导高职院校更合理地组织协同资源，实现资源配置结构最优化。

此外，教育部在全国范围内采集高职院校年度状态数据已经有十多年的历史，早已累积了大量的运行数据，不过对该数据库的应用还局限于几个关键性指标的简单的描述性统计分析，目前更为深入的高水平定量研究还较少。本研究基于高职院校状态数据平台构建了高职专业建设的面板数据库，基于数据科学思维，探索数据密集型评估模式，在大数据时代下，具有重要的探索意义与实践价值。

综上所述，对高职教育专业建设绩效评价进行深入研究符合多方诉求，建立一套完善的评价指标体系对高职教育专业建设绩效加以评定并提出反馈意见，有助于丰富高职教育评价理论，有助于国家教育主管部门对高职院校专业建设成效做出更为全面的评价，有助于高职院校提升资源配置能力，有助于推动高职院校办学水平的不断提升，为各利益相关者加强对高职教育专业建设绩效的监督提供参照。因此，开展高职教育专业建设绩效评价研究，不论是对高职教育评价理论的补充和丰富，还是对高职教育专业建设具体实践的指导和参考都具有重大意义。

第二章

研究设计:研究的分析框架

一个良好的研究设计是开展教育科学研究的起点,是确保教育研究质量的关键环节。一般来说,教育学研究设计主要包括以下几个方面的工作:选择理论基础、明确研究对象及核心概念,提出研究问题,确定研究方法,最后形成研究方案。

所谓理论,是有目的、有条理、有系统地反映了某种立场、观点和方法,即知识的系统化,选用合适的理论指导研究实践可以提升学术研究的学理性与系统性。本研究开展的绩效评价研究属于诊断性评价,所以选择新公共管理主义理论、评估型政府理论和第四代评价理论为研究开展提供指导思想。概念是理论表达的基本单位,明确相关核心概念的含义是开展研究的前提条件,所以本研究需要界定高等职业教育、专业、绩效、绩效评价等关键概念,并梳理出这些关键概念背后的核心理念。对于任何一项研究而言,研究问题的提出都是研究设计的核心,对整个研究具有决定性意义。本研究在对国内外已有研究与实践进行分析与反思的基础之上,遵循"是什么—为什么—怎么办"的逻辑提出了三个层层递进的研究问题,并且针对不同的研究问题,选择了合适的研究方法,最终明确了整体研究路线。

第一节 研究的理论基础

理论基础是一个研究的指导思想,本研究使用的新公共管理主义理论、评估型政府理论和第四代评价理论为本研究的开展提供了方向指引。新公共管理主义理论的核心思想是通过引进在企业界成功有效的管理理念来提升公共部门的运行效率、提升服务质量,让有限的财政资金发挥出最大的效益。在高等教育领域,正如马丁·特罗所提出的,无论是“柔性概念(Soft Concept)”还是“刚性概念(Hard Concept)”都表示政府更加关注于如何提升高校的效率(efficiency),将实现低成本高质量的高等教育作为管理目标。评估型政府理论则更加直接,该理论认为高校在本质上就是“知识生产企业”,其产品就是教育和科研服务,通过绩效评价来提升公立大学的教育绩效,实现教育资源的最优化配置是高校改革的重要内容。这两个理论为本研究提供了构建评价指标体系的指导思想,即将高职院校看作“知识生产企业”,运用绩效评价的方式,评价高职院校专业的建设效率(即投入产出比)。这样的评价方式完全不同于主流的评价思路,评价指标体系中将以投入系列指标和产出系列指标为主。

第四代评价理论的核心观点是,实施评价的过程应该是一个不断沟通、交流、交互、形成共同的“建构”的过程,要通过建构性的方式来回应利益相关者的诉求。所以,在本研究中,就需要在利益相关者的参与下确定评估的指标体系,通过对利益相关者的深度访谈,了解他们的建议与诉求。在评价实证研究的结果出来之后,还需要采用建构主义的方法论,进一步了解利益相关者对评价结果的反馈。

一、新公共管理主义

在经历了第二次世界大战后的长期经济繁荣之后,1973 年,西方主要资本主义国家陷入了战后最严重的经济危机,这次经济危机以“滞胀”为特征,也意味着长期被西方各国政府所推崇的凯恩斯主义(Keynesianism)失效。在新自由主义(Neo-liberalism)思潮和经济危机的双重影响之下,西方各国政府试图通过引进企业界卓有成效的管理理念来提升公共部门的效率、提升服务质量,让有限的财政资金发挥出最大的效益,由此而产生了“新公共管理主义”理论,并成为政府制定高等教育绩效评估政策的重要的理论基础之一。

(一) 新公共管理主义的基本主张

新公共管理主义(New Public Management)是 1980 年代在西方国家掀起的一场声势浩大的政府管理模式的改革思潮,起源于英国和美国,然后迅速扩散到其他主要西方发达国家,对公共管理理论产生了深远的影响。

作为一种新的理论和新的实践模式,学者们从不同的研究维度出发冠以不同的名称,如“以市场为基础的公共行政(Market-based Public Administration)”“后官僚制模式(The Post-bureaucratic Paradigm)”“企业化政府(Entrepreneurial

Government)”和“管理主义(Managerialism)”等(Westhuizen, 2005)。尽管上述称谓不同,但基本上都是对同一现象的理论化描述,正如休斯所言,“曾经在本世纪的大部分时间中居于支配地位的传统公共行政管理的那种刻板(僵化)、层级官僚体制形式逐步转变为一种灵活的、以市场为基础的(新)公共管理形式。后者并不是一种改革事务或管理方式的微小变化,而是政府作用以及政府与公民、社会关系的一种深刻变化。传统的公共行政在理论与实践上都已受到怀疑,新公共的采纳意味着公共部门管理领域中新范式的出现”①。

学者们对新公共管理主义展开了系列化的深入研究,作出了很多精辟诠释。伦敦政治经济学院教授克里斯托弗·胡德认为新公共管理主义理论有如下七个组成部分:②

(1) 公共部门中的职业化管理(Hands-on Professional Management),这意味着“高层管理人员对组织进行积极的、显著的、自由裁量的控制”。

(2) 制定明确的绩效标准与测量方式。建立明确的目标,并确保所设定的目标是可量化的、可测量的。

(3) 非常重视产出控制。“因为需要重视的是结果而非过程”,故所有的资源分配和奖励都必须以绩效为依据。

(4) 公共部门的分散化(Disaggregation of Units)。围绕着服务职能,将传统的单一庞大的部门拆分成合作型的小单元,彼此财务独立,并保持一定距离上的相互联系,这样就能获得效率上的提升。

(5) 提升公共部门的竞争性。通过公开招标、签订合同的方式来提升竞争性,这是“降低成本和提升标准的关键所在”。

(6) 运用企业管理模式。改变传统的军事化(military-style)的公共服务价值观,将早已被验证有效的企业管理手段应用到公共部门管理中,比如采用更具有弹性的人员聘用和奖励方式等。

(7) 在资源的使用上更加强调强制性和节约性。主要措施包括:压缩直接成本,强调劳动纪律,对抗工会的要求等,对资源的使用情况进行核查,以实现“少花钱多办事”的目的。

---

① HUGHES O., *Public Management and Administration: An Introduction* (2nd Ed), London: Palgrave Macmillan, 1998, p. 1.

② HOOD C., “A Public Management For All Seasons?”, *Public Administration*, 1991, 69(1), pp. 3-19.

克里斯托弗·波利特在结合邓利维(P. Dunleavy)等学者研究的基础之上提出,新公共管理主义表现为两个层面:在较高的层面上,这是一种普遍的理论或学说,即公共部门可以通过引入商业概念、技术和价值观来得到改善;在普通层面上,则表现为一系列特定概念和实践的组合[①]。主要包括:

(1) 更注重运行绩效,重点关注产出结果。

(2) 偏爱精简的、扁平的、专业化的和小规模的组织形式。

(3) 以契约关系替代层级关系,作为主要协调手段。

(4) 广泛采用包括竞争性招标、公共部门排行榜和绩效薪酬等市场机制(market-type mechanisms, MTMs)。

(5) 将服务对象看成"客户",并且采用全面质量管理(Total Quality Management)等质量管理技术。

陈振明在概括众多西方学者定义的基础上,将新公共管理主义的研究范式归纳为如下八个方面:[②]

(1) 强调管理的职业化。新公共管理主义强调部门管理权限的下放,所以公共部门的管理人员要从传统意义上仅听命于上级、负责执行的行政官员转变为真正的管理者。

(2) 明确的绩效标准与绩效评估。新公共管理主义的一个重要特点就是对产出或结果的关注,而非投入和过程。所以,新公共管理主义需要通过制定绩效指标来衡量和评价任务完成情况。由此,部门内的人员工资待遇也与绩效挂钩。

(3) 清晰的项目预算与战略管理。新公共管理主义的预算是根据具体的项目来进行资金分配,需要详细列出所有子项目的成本。这意味着政府部门首先要明确长远的目标和使命,考虑自身的优势和劣势、机会和成本。只有这样,才能更好地促进预算资金更加有效的利用。

(4) 提供回应性服务。新公共管理主义采纳企业的"顾客至上"理念,将民众看作"消费者",这样就打破了传统的行政管理中追求整齐划一、忽略公共服务多样性的缺点,为民众提供更加人性化的公共服务。

(5) 小型化和分散化的公共服务机构。新公共管理主义中最重要的结构

---

① POLLITT C, "The New Public Management: An Overview of Its Current Status", *ADMINISTRATIE SI MANAGEMENT PUBLIC*, 2007(8), pp.110－115.

② 陈振明:《评西方的"新公共管理"范式》,载《中国社会科学》,2000(06),第73－82,207页。

性变革理念在于，将原来庞大、臃肿的机构分解成多个半自治的小型执行机构，这些小型机构提供数目有限的公共服务。这样不仅缩小了官僚机构的规模和集中化程度，而且这些机构间通过制定合同等企业化的方式进行合作，可以提高政府公共服务供给的效率。

(6) 引入竞争机制。新公共管理主义主张用市场的方式来改造政府，通过公开招标等形式，使得公共部门与私人部门之间、公共部门之间展开充分竞争。引入市场竞争机制之后，通过优胜劣汰的方式，可以提升公共部门的服务效率。

(7) 采用私营部门的管理模式。新公共管理主义的拥趸者们坚信公共部门的管理和私营部门的管理在本质上是一致的，所以管理手段可以共用；私营部门的管理比公共部门的管理模式更加优越，效率更高。所以，将私营部门管理的方法、模式和经验应用到公共部门的管理中可以极大地提升公共部门的运行绩效。

(8) 改变管理者与政府、公众之间关系。新公共管理主义者认为，公共部门管理者与政府之间不应该是传统意义上的"发号施令者与唯命是从者"关系，而应该是一种更密切和灵活的关系；公共部门管理者与公众之间也不应是"管理与被管理"的关系，而应该将公众看待成"顾客"，积极听取公众的意见，满足公众的要求。

(二) 新公共管理主义下的高等教育改革

由于各国高等教育的传统不同、管理方式不同，所以在新公共管理主义理念下，各国的高等教育改革方式也呈现不同的形式。

马丁·特罗对 20 世纪 80 年代之后的英国高等教育改革历程进行了深入分析和研究，他发现在高等教育改革中，新公共管理主义有两种截然不同的应用模式："柔性概念(Soft Concept)"和"刚性概念(Hard Concept)"。[①]

"柔性概念"主要关注于如何提升高校的效率(Efficiency)，将管理的有效性(Managerial Effectiveness)视为实现低成本高质量的高等教育的一个重要因素。持有这种观点的多为高校中的行政管理人员和部分教师，他们认为，过去的英国大学自满而保守、管理效率低下、不屑于和企业合作、拘于精英教育的模式不愿意扩大招生规模，所以他们完全认同新公共管理主义的理念，赞同对

---

① TROW M., "Managerialism and the Academic Profession: The Case of England", *Higher Education Policy*, 1994, 7(2), pp.11 - 18.

高等教育进行彻底改革，以提升整体绩效。尽管如此，持"柔性概念"的人们仍然认同高校的自治性(autonomous)，希望按照高校既有的规则和传统，由学术共同体自己采用更有效率、更合理的方式进行自我改革。

"刚性概念"的核心思想是高等教育必须改革现有的管理制度，通过持续推动高等教育供给服务的不断完善，来完成高等教育的重构和改革。"刚性概念"认为首先要建立一整套标准和机制来对教育产出进行绩效评估，然后通过与评估结果挂钩的拨款机制实现对高校的奖惩，最终实现高等教育质量和效率的不断提升。持"刚性概念"的大多为政府和企业界人士，他们不相信学术共同体具有自我改革的智慧和能力，希望通过一整套绩效拨款制度、审计制度和来自企业的各种管理制度从外部对高等教育进行重构和改革。商业模式(business models)是"刚性概念"的核心理念，政府认为一旦把商业模式应用到高等教育领域中，那么高校就可以被改造成类似于商业公司的组织，从而就能采用相似的方式对它们进行管理和评估。

布鲁诺・布鲁克尔(Broucker, 2015)在分析前人研究的基础上，总结出了新公共管理主义下高等教育改革所呈现的 4 类不同的领域："市场化改革(Market-based Reforms)""预算改革(Budgetary Reforms)""问责和绩效下的自治(Autonomy, Accountability and Performance)""新的管理方式和技术(New Management Style and New Management Techniques)"。具体内容如表 2－1 所示。

表 2－1　新公共管理主义下高等教育改革领域

	Marginson(2009)	Hénard and Mitterle (2006)	Bleiklie and Michelsen (2013)	Ferlie et al. (2008)
市场化改革	私营机构的角色扩展；鼓励商业活动；创造竞争	公共机构与私营机构之间的竞争		对于新生和资金的竞争；市场准入机制和容忍失败
预算制度改革	增加学生学费	财政激励	限制预算	物有所值；增加学费和其他发展性收入；限制预算
问责和绩效下的自治	构建教育产出模型	激励	评估的规范化和提升自治度	绩效测量与监控；审计；垂直操控

（续表）

	Marginson(2009)	Hénard and Mitterle (2006)	Bleiklie and Michelsen (2013)	Ferlie et al. (2008)
新的管理方式和技术	公司化改革	领导原则	层级化	发展强有力的执行和管理角色；减少教师代表权；减少地方政府的影响力

资料来源：Broucker, De Wit, & Leisyte, 2015：7.

布鲁克尔等从上述4个领域出发，对5种不同高等教育治理传统中的10个国家（地区）在新公共管理主义在高等教育中的改革方式进行了分析。这10个国家（地区）分别是：英美传统（Anglo-American tradition），代表国家有英格兰、新西兰和美国；日耳曼传统（Germanic tradition），代表国家有荷兰和法兰德斯；拿破仑传统（Napoleonic tradition），代表国家是葡萄牙；斯堪的纳维亚传统（Scandinavian tradition），代表国家是芬兰；东欧传统（Former Socialist/Soviet Traditions），代表国家是拉脱维亚、立陶宛和匈牙利。

研究结果显示，尽管这10个国家的高等教育传统不同，进行基于新公共管理主义的改革时间也不尽相同，但新公共管理主义已经渗透到这些国家的高等教育治理理念中，他们的改革在总体方向上呈现出显而易见的相似性：引入了市场化的元素、削减了高等教育的公共预算并使之具有竞争力、赋予问责下的自主权、垂直化的管理结构。[①]

二、评估型政府理论

（一）评估性政府理论的产生

英国学者盖伊·尼夫在对1980年代以来西欧高等教育发展趋势进行持续观察和研究的基础上，提出了“评估型政府（Evaluative State）”理论。尼夫认为，评估型政府是“一种用以替代官僚指令管理（Regulation by Bureaucratic Fiat）的管理方式。通过对高等教育产出进行评估的管理手段，政府就无需以

① BROUCKER B., DE WIT K., LEISYTE L., *An evaluation of new public management in higher education: Same rationale, different implementation*, Austria: 2015.

细致和直接的管理行为来要求高校满足国家的政策需求了。因为评估的重点转移到教育产出质量上,高校也就拥有了更大的自主权”。[①]

经济和管理理念上的变化是“评估型政府”出现的一个主要原因。20 世纪 70 年代,西方资本主义经历了最严重的一次经济危机,之前推行多年的凯恩斯主义的国家干预政策失效,新自由主义思潮开始泛滥。当时美国的里根政府和英国的撒切尔政府开始推行市场新自由主义经济政策,强调市场机制,减少经济干预,放松管制,推行私有化,旨在重新界定国家、市场与政治体制之间的关系。经济改革的成功也促使人们开始重新审视国家公共行政管理中的沉疴,对以往在国家公共行政管理中呈现出来的浪费、冗员、低效等提出了广泛批判,效率、经济、节约、竞争等明显带有类市场的一些基本管理理念开始占据主导位置。在这种情况下,审计、绩效责任、绩效模型等“理性”的企业管理策略被应用到高等教育领域,贯穿在“监督”“质量保证”等各种活动之下,成为政府管理高校的主要手段之一。[②]

政治和思想上的困境是“评估型政府”出现的另一个原因。1973 年,德国哲学家、社会理论家尤尔根·哈贝马斯(J. Habermas)提出了“合法化危机(Legitimation Crisis)”理论,在此基础上,汉斯·魏勒(H. Weiler)发展并提出了“补偿性合法化(Compensatory Legitimation)”理论。尼夫认为,这两种理论的提出有力解释了评估型政府出现的缘由。“合法化危机”理论认为,现代技术的高速增长使得政府的管理和控制能力不断加强,干预的领域也不断扩大,由此必然产生一系列新的危机。政治系统对文化系统的干预,加速了作为私人范畴的生活领域的政治化,随着民众对“专家社会(Expert Society)”和“大政府(Big Government)”的不断怀疑,反而促使民众更加积极地参与政治活动,要求更进一步扩大决策的参与范围,从而导致“合法化危机”。为了解决“危机”,魏勒提出了“补偿性合法化”,即政府需要将管理责任转交给第三方,让更广泛的民众能够参与其中,从而解决政府权力的合法化危机[③][④]。所以,“评估型政府”

---

① NEAVE G., “On the Cultivation of Quality, Efficiency and Enterprise: An Overview of Recent Trends in Higher Education in Western Europe, 1986 - 1988”, *European Journal of Education*, 1988, 23(1/2), pp. 7 - 23.

② 阚阅:《当代英国高等教育绩效评估研究》,北京:高等教育出版社,2010 年,第 59 页。

③ WEILER N., “Legalization, Expertise, and Participation: Strategies of Compensatory Legitimation in Educational Policy”, *Comparative Education Review*, 1983, 27(2), pp. 259 - 277.

④ NEAVE G., “The Evaluative State Reconsidered”, *European Journal of Education*, 1998, 33(3), pp. 265 - 284.

是“补偿性合法化”行为的典范，政府以后验性评估取代先验性评估方式，放宽高校的自主权，以考察绩效的方式，满足民众对高校教育领域的问责要求，提升民众的参与度。

高等教育规模的扩张是“评估型政府”产生的最直接原因之一。从20世纪60年代开始，西方主要发达国家的高等教育开始从“精英教育”阶段进入“大众教育”阶段，高等教育观念、职能、管理模式发生了一系列剧烈变化，尤其是在大众化初期阶段出现的学生类型和需求的多样化、高等教育质量下降、政府财政负担加重等问题，迫使政府不得不重新审视其管理高等教育的方式，重新认识政府、市场和学术之间的关系，由此“评估型政府”应运而生。尼夫认为，高等教育办学规模的不断扩张，加剧了高等教育的复杂度，传统的管理理念和手段已无法发挥有效的作用。所以，评估型政府的出现是西欧各国政府为应对高等教育大众化而采取的一种有效措施。①

（二）“评估型政府”的基本特征

1. 以后验性评估取代先验性评估

高等教育评估模式从“先验(Priori)”转向“后验(Posteriori)”是“评估型政府”的一个关键特征。在欧洲，传统评估可以分为维护性评估(System Maintenance Evaluation)和战略性评估(Strategic Evaluation)两种。维护性评估是一种常规评估(Routine Evaluation)，一般与年度预算有关，在采用教育中央集权制的欧洲国家中较为普遍，如法国、瑞典、西班牙和荷兰等。每年这些国家的教育部[在瑞典则是全国大学和学院委员会(National Board of Universities and Colleges)]，负责对各所大学在经费、教师数、招生数上的需求进行分析并分配年度经费，以保证高校有能力实现政府设定的人才培养和科学研究目标。战略性评估，顾名思义，是为了实现国家制定的一个长期的高等教育战略目标，对所需要投入的经费、设施、人员等各种资源数量进行评估。战略评估的关注点比较广泛，比如高等院校的开放性、大学生入学机会的均等性、不同学科分布结构、发展平衡性等。比如，在入学机会均等性领域的“战略评估”的典型案例是英国于1983年发布的《罗宾斯报告》，其中就设定了“所有具备入学能力和资格

---

① NEAVE G. “On the Cultivation of Quality, Efficiency and Enterprise: An Overview of Recent Trends in Higher Education in Western Europe, 1986 - 1988”, *European Journal of Education*, 1988, 23(1/2).

并希望接受高等教育的青年都应该获得高等教育机会”的原则[①]。

但是，无论是维护性评估还是战略性评估都是在“先验”的基础上开展的，都属于“先验性评估”。也就是说，政府首先设定合理的预期，然后根据经验来确定完成这个目标所需要的各种资源，所以政府评估的重点自然就集中在输入(input)和过程(process)。这样就不可避免地加重了政府的责任和负担，无论是在财政上还是在管理上，因为高校的关注重点集中在如何从政府手中获取更多的资源，所以也同样可以轻而易举地将不成功的原因归咎于政府在资源分配上的不公。

因此，随着“评估型政府”的兴起，“后验”评估开始成为政府对高校进行管理的主要手段。后验性评估的关注点显然在于对“结果”的评估，是通过对“结果”的控制，而不是对“过程”的控制来发挥作用，后验性评估使用“引导(steering)”的手段来使得高校的发展更加符合“国家优先发展战略”，这是高校教育政策领域一个非常重要的转变。首先，这代表着政府的关注点发生了转移，不再重点关注于“投入”方面，高等教育“投入”涉及高等教育的供给与入学、社会平等和公平等问题，这些问题在高等教育从精英阶段演变为大众化阶段过程中往往占主导地位，在进入大众化阶段之后，这些问题就不再那么重要了。其次，对高等教育产出的关注，尤其是对产出质量的关注体现出国家经济发展对高等教育的新需求，即高等教育的目标不仅要满足个体自我提升的要求，也要不断满足市场的需求。最后，这也是一种强有力的工具，来帮助政府更加有效地、精细地规范(regulate)每一所高校。

2. 关注高等教育的绩效与社会责任

关注绩效和社会责任是“评估型政府”的另一个特征。在市场新自由主义看来，高校在本质上就是“知识生产企业”，其产品就是教育和科研服务。所以，对于依靠国家拨款的公立大学来说，像企业一样提高其教育效率和效能将是责无旁贷的核心使命和社会责任。所以政府对高校的绩效评价就成为对高校管理的首要任务之一，提高教育效率、实现资源配置的最优化也成为高等教育改革的重要内容。

大卫·迪尔(David Dill)认为对高等教育绩效和社会责任的重视使得政府的角色发生了如下转变：①从管理者和资金提供者转变为服务的购买者；②更加

---

① 徐辉、郑继伟：《英国教育史》，长春：吉林人民出版社，1993年，第333页。

重视高等教育产出结果，比如加大了对绩效的测量；③赋予高校在投入和资源配置与利用方面的更多的决策权，通过问责方式来实现管控；④通过签订合同、鼓励高校间竞争以及政府代理机构的私有化等方式来促进对高校绩效的问责。[①]

3. “集权中的分权”与“分权中的集权”相结合

“评估型政府”最显著的一个特征就是政府角色和作用的转换。“放松管控”“分权”“市场化”“问责”成为政府角色转化的关键词。尼夫认为，根据教育制度、教育传统的不同，有两种截然不同的转换模式：一种是“欧洲的和政治的(European and Political)”，另外一种是“美国的和经济的(American and Economic)”。[②]

前一种方式的代表国家有法国、瑞典、比利时以及西班牙，它们在传统上都是高等教育中央集权式国家，所以主张将权力下放，以“共同掌权(Collective Authority)”来代替中央集权，将对高等教育的直接管理转变为宏观调控，通过各种政策工具(如质量评估、绩效评估和拨款机制等)对高等教育进行“远程控制”，这样高校就具有了更大的自主决策权，实现了“集权中的分权”。

后一种方式的代表国家有英国、美国和荷兰等高等教育地方分权制度国家，在这些国家，地方政府和高校拥有较大的自主权。在“评估型政府”的转型过程中，政府一方面采用市场机制代替对高等教育的直接管理，促使高等教育更加主动地迎合市场的需求，提升教育绩效；另一方面，通过所谓第三方独立机构对高校进行绩效评估，并通过拨款制度改革的手段，将评估结果与财政拨款挂钩，在事实上加强了政府对高校的监督与控制，削弱了高校的办学自主权，实现了“分权中的集权”。

4. 工具理性占据主导地位

“评估型政府”的出现使得政府在高等教育的价值取向上更加注重“工具理性(Instrumental Reason)”的功利性教育行为，更加强调管理制度体系中的技术维度，当绩效指标、质量指标、学术标准与规范、院校排名成为政府“远程控制”高校的有效杠杆之后，在政府看来，高校就变成了可以进行量化式管理的知识生产机构，运用一系列的技术手段之后，就能诱使高等院校自觉地按照政府

---

① DILL D., “Evaluating the ‘Evaluative State’: Implications for Research in Higher Education”, *European Journal of Education*, 1998, 33(3), pp.361－377.

② NEAVE G., “The Evaluative State Reconsidered”, *European Journal of Education*, 1998, 33(3), pp.265－284.

所希望的方式运转，实现政府制定的高等教育预期目标。

此外，从市场的角度来说，由于高校必须迎合市场需求，使得高等教育也不可避免地呈现越来越强的内在趋利性，高校越来越像是一个追求利润最大化的“经纪人”。这样，一方面使得高校能够运用其学术优势，更好地为社会提供服务，成为推进经济发展的主力军；但另一方面，又迫使高校放弃原有的传统价值观，势必牺牲知识的公共性和高等教育的公益性。

综上所述，“评估型政府”实际上是政府、市场和学术三者之间关系的新平衡，在新的管理架构下，政府不再是单纯的高等教育的“所有者”或者资金提供者，而成为“远程调控”的管理者，在不断扩大高校自主权的基础上，通过绩效和问责方式，促使高校持续满足政府设定的目标和市场的需求。

三、第四代评价理论

（一）第四代评价理论的产生

20 世纪 80 年代末，美国学者埃贡·古贝（E. G. Guba）和伊冯娜·林肯（Y. S. Lincoln）出版了《第四代评价》（*Fourth Generation Evaluation*）一书，在这本专著中，他们在所崇尚的自然主义范式（Naturalistic Paradigm）基础上提出了第四代评价理论。

作为教育评价领域的研究者，古贝和林肯一直认为运用理性范式（Rationalistic Paradigm）来进行教育评价存在很大的局限性。1981 年，他们在《有效的评价》（*Effective Evaluation: Improving the Usefulness of Evaluation Results through Responsive and Naturalistic Approaches*）一书中提出，有效评价应该使用自然主义范式来回应利益相关者的诉求①。在发表于 1982 年的《自然主义探究的认识论和方法论基础》（*Epistemological and Methodological Bases of Naturalistic Inquiry*）一文中，古贝和林肯从方法论的角度更加明确地提出理性主义范式并不适用于关注人类行为的研究，“理性范式的研究结果的意义如此之小，以至于应用它们的尝试都会被认为是浪费”②。他们主张自

---

① KELLY E., “Review of Effective Evaluation: Improving the Usefulness of Evaluation Results through Responsive and Naturalistic Approaches”, *Educational Communication and Technology*. 1983(31), pp.60－62.

② GUBA E., LINCOLN Y., “Epistemological and Methodological Bases of Naturalistic Inquiry”, *Educational Communication and Technology Journal*, 1982(30), pp.233－252.

然主义探究方法能在自然情境下进行，通过建构性的方式构建出利益相关者的共识，从而体现评价应有的深度和意义。

在《第四代评价》一书中，古贝和林肯将教育评价划分为四个阶段：第一阶段是建立在统计学和测量学基础上的测量（measurement）阶段；第二阶段是以教育目标来评估教育效果的描述（description）阶段；第三阶段是为实现有效管理的判断（judgment）阶段；第四阶段是尊重多元价值的建构（constructivist）阶段。第一阶段起源很早，发表于1897年的第一篇教育研究的论文《无效的拼写炼狱》（*The Futility of the Spelling Grind*）就使用测量结果作为研究依据。1908年出版的《数学测试推断瑰宝》（*Stone Reasoning Test in Arithmetic*）首开学校测验的先河，其后，在美国掀起了一场教育测量运动，期间有三千多种测验方法问世。第二阶段始于20世纪30年代，其标志性事件是由泰勒主持的“八年研究（The Eight-Year Study）”。1933年至1940年，泰勒（R. Tyler）主持开展了一项课程改革实验研究，他使用一套全新的教育评价方法，通过测量学生的逻辑思维、创造性思维和解决问题能力的进步程度来评价教育效果。由于这项研究采用根据教学目标来评价教育效果的方式，并以此提出改进建议，使之更有效地达到教育目标以及更加接近教育理想，奠定了教育评估的学科理论基础，使教育评估成为教育学科的一个独立分支。后人把研究成果《史密斯—泰勒报告》，称为“划时代的教育评估宣言”。第三阶段始于20世纪60年代，一些学者开始对泰勒所提出的评价理论进行反思，斯泰克认为，教育评价中不能过于重视基于定量测量的“描述”，而要提升基于定性观察的“判断”，所以评价者的判断力是一个重要因素①。其后，很多学者提出了一系列新的评价模型，比如斯泰克的全貌模型（Stake, 1967）、差异评价模型（Provus, 1971）、CIPP决策导向模型（Stufflebeam等，1971）和效果导向模型（Scriven, 1973）等。这期间，评价研究的主导思想认为评价就是要满足管理者、评价发起者的评价意愿，评价者应该是评判员，评价的主要目的是为了实现对教育活动的有效管理。②

从前三代评价的发展史来看，每一代评价理论都是在前一代的基础上发展而来的，都试图纠正前一代评价理论的不足之处，以符合所处时代的教育发展

---

① STAKE R E., “The Countenance of Educational Evaluation”, *Teachers College Record*, 1967(68), pp.523－540.

② [美]埃贡·G·古贝、伊冯娜·S·林肯：《第四代评价》，秦森等译，北京：中国人民大学出版社，2008年，第2－9页。

需求。不过,前三代评价理论都暗含一个单一价值观假设,即评价发生的情景中所有参与者都秉持着共同的价值观[①]。这导致前三代评价理论存在如下三点不足:

第一,存在"管理主义倾向"。由于评价者一般都处于优势地位,评价话语权完全被评价者独占,被评价对象被排除在评价活动之外,这导致评价者与被评价对象之间形成了相互对立关系。同时,评价者的"管理主义倾向"使得评价活动的目的被简化为评价结论的获得,使得评价结论无法得到被评价对象的认可,影响到后期改进过程。

第二,"忽视价值的多元化"。前三代评价者广泛采用定量方法进行评价,因为评价者宣称定量方法具有"价值无涉""价值中立"的特点,但在评价活动中,由于被评价对象的缺席,所以事实上评价者的价值观成为评价工作的唯一尺度,常常存在文化多元造成的"价值差异"等问题。

第三,过分强调"调查的科学范式"。从第一阶段开始,量化测评就成为教育评价活动中的评价信息资料收集的最主要方法,这使得评价过程成为一个严格的、刚性的、固定的程序,缺乏必要的灵活性和弹性,无法适应评价场景的变化。此外,"科学实证主义"无法准确测量被评价对象在道德义务方面的追求,使得价值评价缺席。

针对前三阶段评价理论存在的不足,古贝和林肯从建构主义哲学角度出发,提出"评价行为的最后产出并不是对'事情是什么''事情如何进行'以及事物的某种'真实'状态进行描述,而是提出有意义的解释,即个体或者群体行为为'理解'自身所存在的环境而作的构建"。因此,他们认为评价不应该是一个所谓的"纯客观"的过程,而应该是一个评价者与评价对象共同参与,通过不断沟通、交流、交互,形成共同的"建构"的过程。在这样的建构过程中,不同利益相关者从自己的价值观出发,通过对话协商,逐步消除分歧,最终形成共识。这就是第四代评价理论。

(二) 第四代评价理论的主要内容

第四代评价为了打破以往评价中浓重的管理主义倾向,"忽视多元文化"和过分强调"调查的科学范式"的不足之处,提出要使评价成为利益相关者之间形成的"共同的建构"的过程。第四代评价依赖于两个因素:一是响应式聚焦

---

① [美]沃尔博格:《教育评价》,张莉莉等译,重庆:西南师范大学出版社,2011 年,第 60 - 63 页。

(Responsive Focusing),即在利益相关者参与下确定评价的目标和内容;二是建构主义方法论(Constructivist Methodology),主要遵循以"回应—协商—共同建构"为主线的评估方法。

1. 回应

第四代评价理论认为,评价的出发点是对利益相关者所关切问题的"回应"。这就需要明确两个问题:首先,有哪些利益相关者;其次,回应他们的哪些问题。

第四代评价理论将评价活动的利益相关者分为三类,评价活动的代理人、评价活动的受益者和评价活动的受害者[①]。评价活动的代理人包含评价活动的要求者、实施者和结果的使用者等,发起者是以往评价活动中处于优势地位的一方,掌握话语权。评价活动的受益者分为三类:直接受益者、间接受益者和因评价工作而受益的人。评价活动的发起者或者推动者都是直接受益者,评价活动因为他们的诉求才得以开展。间接受益者是因为评价活动获得正面影响的利益相关者,比如因为评价活动而受到表彰的评价对象。因评价工作而受益的人常常是评价活动的实施方,他们因为提供评价所需要的各种资源而获益。评价活动的受害者,在以往的评价理论中常常被忽视。这些利益相关者因为评价活动而受到伤害,比如,因评价结果不好而受到惩罚的评价对象等[②]。

第四代评价理论将回应的问题分为三种,分别是"主张""焦虑"和"争议"(claims, concerns and issues,简称 CC & I)。"主张"是指"某一利益相关者提出的有利于评估对象的方案",是评价活动中需要去验证、去证实的评价内容。比如,某学校表示其人才培养成效显著,就业率领先其他同类高校,这就是一个"主张",需要通过评价去证实。"焦虑"是指"利益相关者提出的不利于评估对象的方案"。比如,当学校推广混合式教学改革方案,教师们可能会认为新的改革方案对自律能力较弱的学生将产生不良影响,这就是一种"焦虑"。"争议"就是"理智的人不一定都赞同的某种事情状态"。"争议"是评价设计中的难点和焦点,是不可回避的。显然,不同的利益相关者从各自角度出发,持有不同的"主张""焦虑"和"争议",第四代评价理论认为评价者的重要工作就是要发掘出

---

① [美]埃贡·古贝、伊冯娜·林肯:《第四代评价》,秦森等译,北京:中国人民大学出版社,2008 年,第 14 页。

② 卢立涛:《回应、协商、共同建构——"第四代评价理论"述评》,载《内蒙古师范大学学报(教育科学版)》,2008(08),第 1-6 页。

这些不同,并在评价中解决这些问题[①]。

2. 协商

第四代评价理论中所谓的“协商”,就是所有利益相关者不断发现新问题,通过对话与沟通,逐渐达成共识的过程。古贝和林肯特别推崇“建构性探究方法”(Methodology of Constructive Inquiry),在此方法指引下,他们提出进行“协商”的三个步骤:“进入条件”“探究过程”和“探究结果”。

第四代评价理论认为,建构是在一定的时间、空间和条件下形成的,不同的时空、条件会形成不同的心理建构[②]。所以,要获得真正有价值的信息,就需要让每一名利益相关者在“自然条件”下平等地、开诚布公地发表意见。评价指标的构建者采用质性研究方法,通过观察、访谈等方式记录、发掘、提炼出大家的观点。由此,古贝和林肯提出“诠释性辩证循环圈”(Hermeneutic Dialectic Circle)的评价指标探究式构建过程,如图 2-1 所示。其运作原理是:首先,要听取利益相关者对评价活动的看法与意见;其次,从自己的角度出发对其他人的观点进行进行分析和讨论,经过多轮的互相沟通与交流,最后形成一个大家都能接受的评价,这就是“共同建构”的过程。

3. 共同建构

“共同建构”是第四代评价的本质所在。第四代评价理论与前三代评价理论在本体论、认识论和方法论方面都存在较大差别。前三代评价理论秉承现实主义的本体论,认为存在遵守自然法则和因果规律的唯一的客观现实,由于评价者与评价对象之间是主客体的二元关系,所以观察者与评价对象之间只要保持一定的距离,就能超越主客体的价值观,观察到真正的“客观现实”,找到事物的本质,得出价值观无涉的、真实的、合理的评价结论。第四代评价理论主张的是相对主义本体论,认为并不存在绝对客观的“现实”,所谓的“现实”不过是人们在与对象交互作用中形成的、复杂的、不受任何自然法则或因果关系控制的、被一致认同的社会建构现实,显然这样的“建构物”必然受到社会、心理、文化等诸多复杂因素的影响。因此,评价并不是一个发掘“完全客观现实”的过程,评价内容与评价结论也就不再是评价对象真正的、客观的“现实”,而是评价者关

---

① [美]埃贡·古贝、伊冯娜·林肯:《第四代评价》,秦森等译,北京:中国人民大学出版社,2008 年,第 15 页。

② 张民选:《回应、协商与共同建构——“第四代评价理论”评述》,载《外国教育资料》,1995(03),第 53-59 页。

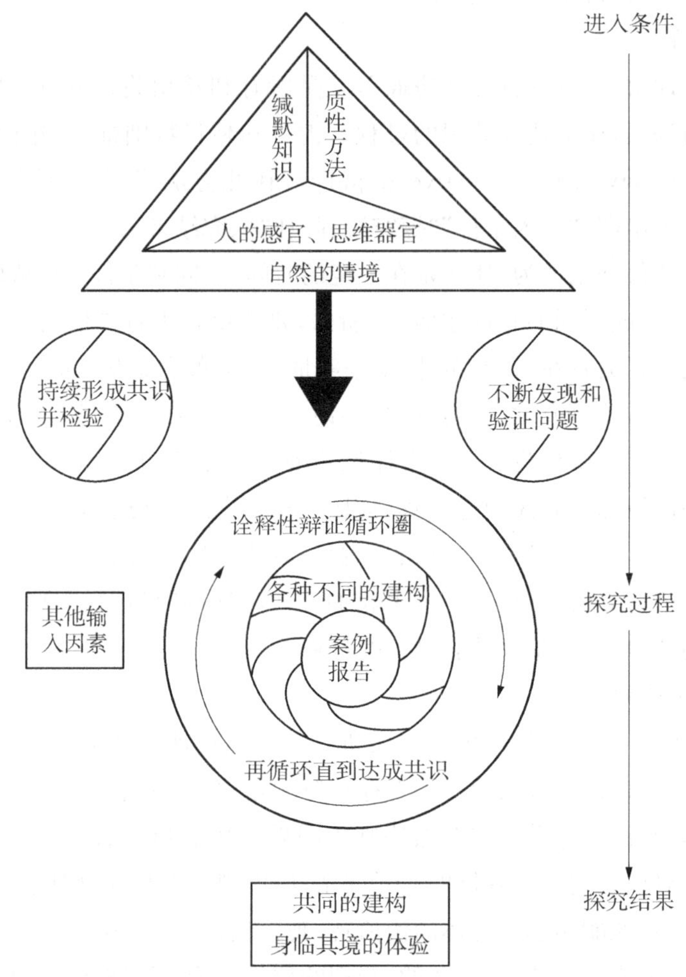

图 2-1　建构主义者的调查方法论

于评价对象的一种主观性的建构而已，评价者是不可能与评价内容分离的，评价内容与评价结论也必然受到评价者的价值观影响。①②

第四代评价理论从所秉承的相对主体本体论、一元主观主义认识论和解释学方法论出发来看待评价活动，由此，评价就变成评价发起者、实施者的主观行

① 刘五驹：《评价标准：科学性还是人文性——"第四代评价"难题破析》，载《教育理论与实践》，2014(16)，第23-26页。

② [美]埃贡·G·古贝、伊冯娜·S·林肯：《第四代评价》，秦森等译，北京：中国人民大学出版社，2008年，第51-90页。

为,而非其宣称的为了发现"客观现实",评价发起者、实施者的权威性就失去了合理性依据。按照这样的思路,第四代评价理论提出,所有的利益相关者都应该是具有平等地位的评价主体,真正具有现实意义的评价应该是一个所有利益相关者共同实施的行为,真正有效的评价结果应该是一个所有利益相关者都认可的评价结果。从价值观角度来看,经过协商之后的评价过程与评价结果自然就不是某一方的价值观体现,而是能尊重并涵盖多方的价值多元的结果。这就是"共同建构"。

(三) 第四代评价理论的不足与启示

从历史发展的轨迹来看,第四代评价理论是在对以往评价理论进行反思的基础上发展起来的,其主旨是批判以往评价活动中的管理主义倾向,试图纠正评价发起者将评价作为一种管理手段强压给被评价对象,将评价对象置于"被告"地位上的工具理性倾向。其主张重视利益相关者具有平等的权益,将评价活动变为一个利益相关者之间进行充分协商,达成共识的"共同建构"过程,可以消除以往评价理论中的错误倾向,使得评价能从真正意义上成为不断去伪存真、追求"真理"的探求过程。

当然,第四代评价理论仍存在显然的局限性。

首先,从认识论角度来看,第四代评价理论过于强调人的主体性和能动性,强调人对客观主体认知的相对性,而忽视了客观主体的绝对性与客观性,难免会陷入相对主义和主观唯心主义的误区和陷阱之中。①

其次,从方法论角度来看,第四代评价理论采用解释学方法论,其流程看似容易,操作起来难度非常大,尤其对于大规模的评价活动,比如要对全国 1 400 多所高职院校进行评估,其涉及的利益相关者人数众多,要组织这么多人员进行"协商",显然是很不容易完成的任务。

再次,从"共同建构"目标来看,根据诠释学的观点,需要在平等的、非强制性的"自然环境"下通过双向沟通和多重解释来达成"共识"。但在现实世界中,囿于参与讨论人员之间在知识能力、认知水平、个人利益等各方面存在着的巨大差异,"共识"恰恰是很难达成的。

最后,第四代评价理论对前三代评价的"管理主义倾向"进行了反思,但不能否认,教育评价本身早已成为重要的管理手段,教育评价的目标之一就是评

---

① 桑新民:《建构主义的历史、哲学、文化与教育解读》,载《全球教育展望》,2005(04),第 50-55 页。

价教育活动是否达到管理者提出的要求。所以，第四代评价理论试图通过容纳多元价值观来纠正管理主义倾向，在现实世界中显然会“水土不服”。

尽管第四代评价理论存在着一些不足，但还是提出了许多新颖的观点，对教育评价的研究与实践具有很多启示：

首先，在评价目的上，第四代评价理论非常重视评价活动促进发展的功能，提出要从关注结果的审核性评价转向关注发展的诊断性评价。

其次，在评价主体上，进一步强调评价全面参与的原则，要改变自上而下的管理性思维，改变评价发起者与评价对象之间的不平等关系，倡导评价者和评价对象之间的平等协商、共同参与。

再次，在评价方法上，要强调方法的多样性，要纠正过分依赖量化指标的倾向，要把质性评价与量化评价结合起来，对量化评价结果要采用质性方法进行分析。

最后，在评价标准上，要强调适切性和弹性，要摒弃采用统一标准去衡量不同评价对象的做法，要能够制定更适合评价对象的评价标准。

第二节　研究的概念界定

一、高等职业教育

职业教育(Vocational Education)作为一种教育类型，是指让受教育者具备从事某种职业或职业发展所需要的专业知识、技术技能和职业道德而实施的教育活动，其目标是为经济发展培养多样化的技术技能型人才。职业教育与普通教育具有同等重要的地位，与普通教育相比，职业教育更加重视职业技能的培养。

职业教育分为初等、中等和高等职业教育三类，其中高等职业教育是具有中国特色的教育概念，在其他国家较少使用。我国的高等职业教育起步于20世纪80年代，是改革开放后经济发展催生的新鲜事物，随着高等职业教育理论探索与实践的不断深入，对高等职业教育的内涵和概念认识也在不断发生变化[①]。

目前，我国教育界较广泛接受的是“高等职业教育是与研究型高等教育并

---

① 唐文忠:《中国高等职业教育发展的经济学研究》，博士学位论文，福建师范大学，2015年，第15－16页。

行的、以培养素质型高等应用型专门人才为目标的一种高等教育类型,是职业教育的高级层次和一种全新的教育形式”[①]。高等职业教育在学历上包括专科、本科、研究生三个层次,在非学历上包括职业资格证书、技术等级培训等。

在具体实践中,高等职业院校主要提供专科层次的学历职业教育,所以本研究中所指的高等职业教育特指专科层次的学历职业教育。该层次的高等职业教育以接收高中或中等职业教育以上的毕业生为主,以培养面向特定职业的技术技能型人才为目标。

二、专业

“专业”的内涵非常丰富,在不同的领域和不同的语境下其概念常常发生改变,一般来说,专业内涵分为广义和狭义两种。广义的专业是指“专业性的职业(Professional Occupation)”,“专业性的职业”具有以下三个特征:第一,专业是正式的、全职性的职业;第二,专业需要具有完备而复杂的知识体系和较高的技术技能要求;第三,专业要提供高质量的服务。[②] 狭义的专业一般指普通高等院校中设定的专业,是高等院校的教育基本单位或教育的基本组织形式。[③][④]

在教育学领域讨论专业时,使用狭义的专业定义。潘懋元先生认为“专业是课程的一种组织形式,不同的组合方式形成不同的专业”。[⑤] 显然,潘懋元先生并没有将专业作为一个具体的实体,而是将专业视为课程的一种组织形式,不同形式的课程组合就形成了不同的专业,从课程定义专业的视角揭示专业与课程之间的本质联系。这种观点与国际上通用的定义比较一致,主要发达国家的高校中的专业就是采用课程组合专业的模式,比如美国高校中的主修(major)对应的就是我国高校中的专业,major 是指高校制定的具有一定逻辑关系的系列课程体系(program)。学生根据 program 修完这一系列的课程,就可以成为这个“major”的毕业生。[⑥]

---

① 陈英杰:《高职研究中概念和问题的梳理》,载《职业教育研究》,2006(09),第 4－6 页。

② 赵康:《专业、专业属性及判断成熟专业的六条标准——一个社会学角度的分析》,载《社会学研究》,2000(05),第 30－39 页。

③ 刘春生、徐长发:《职业教育学》,北京:教育科学出版社,2002 年,第 12 页。

④ 阳荣威:《高等学校专业设置与调控研究》,博士学位论文,华东师范大学,2006 年,第 14－28 页。

⑤ 潘懋元、于伟廉:《高等教育学》,福州:福州教育出版社,1995 年,第 12 页。

⑥ 张慧青:《基于产业结构演进的高职专业结构调整研究》,博士学位论文,华东师范大学,2017 年,第 30 页。

本研究采用狭义的专业定义，将专业定义为高等院校中讲授专业性职业所需知识体系的基本组织形式，是高等院校的教育基本单位。

三、绩效

从语义学的角度来分析，“绩效”是一个合成词，可以分解为“绩”和“效”两个词。1988 年出版的《现代汉语词典》将“绩”定义为功业和成果，将“效”定义为效果和效用。1979 年出版的《辞海》、1988 年出版的《辞源》和 1988 年出版的《现代汉语词典》都没有收录“绩效”这个词，可见在现代汉语中，“绩效”在最近三十年才被广泛使用，其核心概念主要来源于西方管理学。

绩效的英文为“performance”，《牛津现代高级英汉双解词典》(2017:30)中的相关释义是“执行；履行”和“成绩；表现；成就”；《柯林斯 COBUILD 高阶英语学习词典(第 8 版)》(2017:832)中的相关释义是“表现；业绩；性能；运行情况”。从管理学的角度来说，绩效具备多重层次的内涵。学术界一般认为，绩效具有三种不同的内涵：结果绩效、行为绩效和综合绩效。

本研究采取综合绩效观，将绩效看成执行过程和执行结果的统一体。

四、绩效评价

美国当代经济学家和社会心理学家西尔(Seashore)认为，绩效评价是管理者运用设计好的指标体系对某一组织的整体运营情况做出概括性评价的行为。最初，绩效评价的主体是企业，后来才发展到政府、高校、卫生等行政和公共事业部门等。不同研究领域对绩效评价的定义也各不相同。例如，郭清从卫生领域的视角提出的定义是“绩效评价是指运用数理统计和运筹学方法，采用特定的指标体系，对照统一的评估标准，按照一定的程序，通过定量定性对比评估，对组织一定经营时期的经营效益和经营者业绩，做出科学、客观、公正和准确的综合评判”。[①] 张男星等从教育领域的视角提出的定义是“组织绩效评价是对组织的整体运行效率和效益进行综合性评价，以揭示组织的机构运作能力和对社会的贡献”。[②] 本研究采用张男星的定义。

由此可见，绩效评价是对组织整体活动效果的评价，它从维持和发展组织

① 郭清：《数字卫生示范应用》，北京：科学出版社，2012 年，第 10 页。

② 张男星等：《高等学校绩效评价论》，北京：教育科学出版社，2012 年，第 45 页。

的角度出发考虑绩效问题，是人们判断一个组织整体经营水平和能力的直接依据。

五、专业建设绩效评价

综合上述相关概念，本研究所进行的绩效评价，是将高职院校专业建设作为一个整体，依据设定的发展目标与人才培养定位，构建出全面的评价指标体系，综合运用定量与定性的评价方法，对专业建设投入产出的运行效率进行综合性评价的活动。

第三节　研究的思路与步骤

一、研究问题的确立

基于对国内外已有研究与实践的分析与反思，笔者认为，绩效评价的对象应该从院校评价转向更加微观的专业建设评价，评价的重点应该从仅仅关注产出效益转向以考察效率为重点的绩效评价，在数据密集型评估范式出现之后，更应该积极尝试和应用这种新型的评价模式。所以，本研究遵循“是什么—为什么—怎么办”的逻辑，首先描摹出高职院校专业建设绩效的现状，然后再进一步分析影响因素，最后提出绩效提升建议。当然，要完成上述研究，需要先制定出专业建设绩效评价的指标体系。综上，本研究将试图解决如下三个研究问题：

第一，应该以什么样的方式来构建一套绩效指标体系，使之既能够符合我国高职院校发展现状的现实需求，又能兼顾高等职业教育发展规律的学理要求。

第二，新构建的绩效评价指标体系能否准确描摹出高职院校专业建设绩效现状，挖掘出影响绩效的相关因素。

第三，新构建的绩效评价指标体系能否发挥诊断性评价作用，即准确诊断出问题，为高职院校专业建设的自我改进提供参考依据。

二、研究思路与步骤

对应上述三个研究问题，本研究的研究步骤分为三个阶段，如图 2－2 所示：

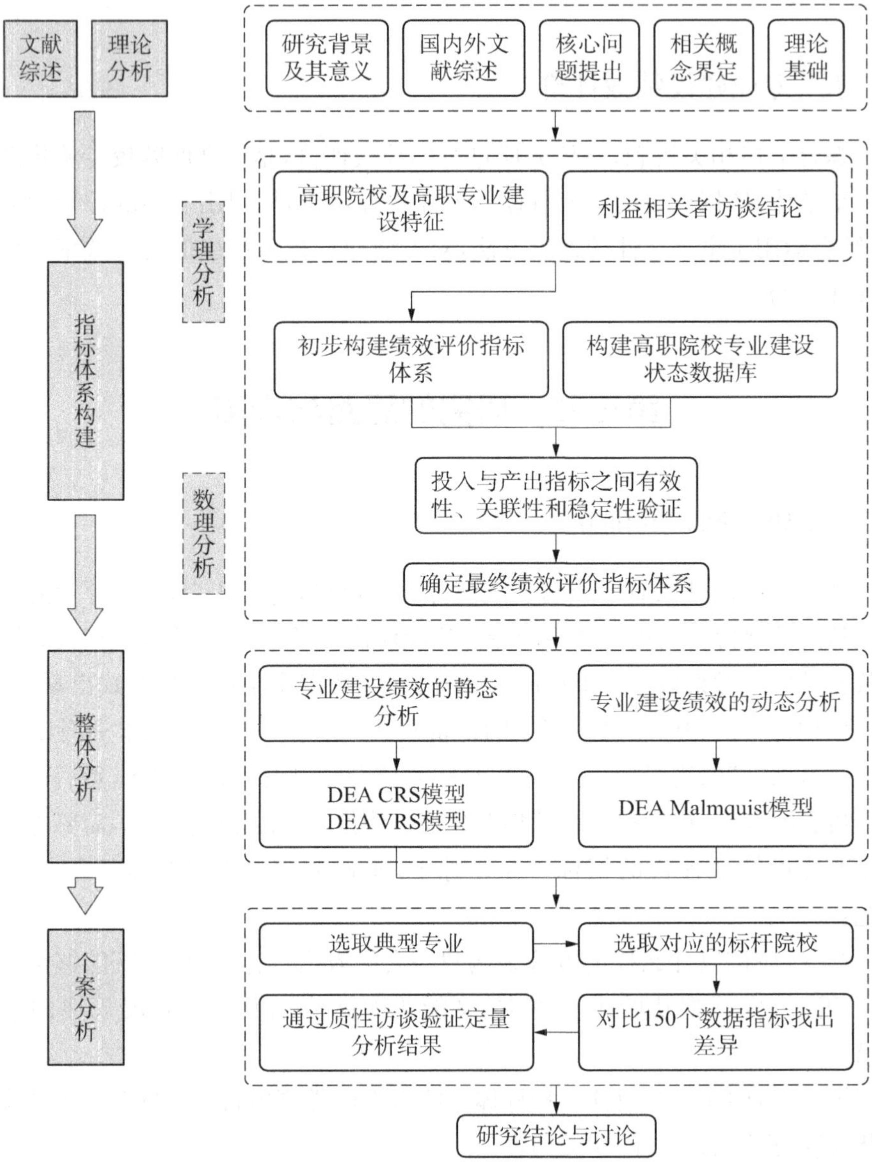

图 2-2　研究步骤

第一阶段是绩效评价指标体系的构建。绩效评价指标体系的构建是本研究的关键所在。任何一种评价指标体系的构建与应用都会面临一个相同的难题，那就是囿于高等教育教育过程的复杂性、办学产出的内隐性，并非所有的办学投入、过程和产出都能用量化指标直接反映出来。① 但是,我们又不得不承认,高校的办学过程终归会以某种数据方式呈现出来,那么基于一定理念和方法论对这些数据进行梳理,所形成的高校绩效评价的指标体系,就是对高校办学质量的一种有效的表达。②

所以,第一步,从学理角度出发,对评价对象特征进行提炼,即总结提炼出高等职业教育和高等职业教育专业建设蕴含的共性特征,特别是高等职业教育特有的办学特征。本研究计划采用两种方式来展开相关研究。首先,运用文献研究法综述与总结学者们对高职院校和高职院校专业建设的相关研究,看看学界形成了哪些共识。其次,运用访谈法来获取高职院校的利益相关者对高等职业教育的办学质量观,尤其是对办学产出的诉求。最后,将两者的研究结论综合起来,初步形成绩效评价的指标体系。这里需要说明的是,本研究将采用分类评价的思路,分别构建两套指标体系,以分别适用文科和理工科专业。

第二步,从数理角度对初步构建的指标体系进行筛选。与传统的评价范式不同的是,数据密集型评估范式的评价思路是先搜集、整理好评价用数据库,然后在已有数据库基础上,运用数学方法确定指标体系。所以,在进行这一步之前,需要先构建出高职院校专业建设的完全面板数据库,本研究计划使用2015—2020年江苏省高等职业院校人才培养工作状态数据库(以下简称状态数据库)。状态数据库是教育部为及时掌握分析全国所有高职院校人才培养工作状态而专门开发的数据库系统,每年在全国范围内进行一次数据采集,并由省级教育主管部门审核、汇总后,上报教育部。所以状态数据库具有广泛性、真实性和持续性等特点,是目前相对而言最权威、最完整的江苏省高等职业教育数据库,特别适合本研究对于数据的需求。

在这个数据库基础上,本研究将进行相关字段的组合与拆分,形成面向专业的专业建设数据库。然后,在专业建设数据库的基础上,使用严密、科学的计量分析方法来判定初步构建的评价指标体系,确保在数理逻辑方面的合理性。由此,确定最终的绩效评价指标体系。

这样,构建出来的绩效评价指标体系能同时满足学理和数理两个方面的要求,找到一个平衡点。

---

① 张男星等:《高等学校绩效评价研究》,北京:科学出版社,2018年,第5页。

② 张男星、王春春、姜朝晖:《高校绩效评价:实践探索的理论思考》,载《教育研究》,2015(06),第19-28页。

第二阶段是对专业建设的绩效情况进行整体评价。这一阶段的研究重点是，运用构建出来的指标体系对高职院校专业建设的绩效进行整体评价。

从前述文献综述可知，常用的绩效定量计算方法有三种：最小二乘法计量经济生产模型（least-squares econometric production model）、数据包络分析法（data envelopment analysis，DEA）和随机前沿分析法（stochastic frontier analysis）。其中DEA适用于多投入—多产出的场景，所以它获得了最为广泛的应用。本研究使用DEA方法进行绩效评价。

使用DEA对高职院校专业建设的绩效进行整体评价将从两个方面进行：静态评价和动态评价。静态分析计划采用2019年的截面数据（Cross-section Data）来考察一年的专业建设绩效状况，然后从不同维度对计算结果进行分析。动态分析则采用2015年至2020年的完全面板数据（Panel Data），采用DEA Malmquist方法，计算出不同时期的Malmquist生产率指数（malmquist index，MI）变化状况，然后从不同维度对变化情况进行分析。

第三阶段是对专业建设绩效情况进行个案分析。这一阶段的研究步骤是，首先在第二阶段数据分析基础上，遴选出四所院校的四个非DEA有效的专业，然后运用标杆管理理论（benchmarking），为这四个专业找出可以对标的标杆院校，接着进行对比，找出可能导致其绩效较低的差距所在，最后提出改进意见。

第三章

他山之石：国内外相关研究的评述

现代学术论文的写作范式源于亚里士多德提出的写作模式：先设定一个问题，然后历数前人对这个问题的种种看法，接着对前人的观点进行讨论与批判，最后提出自己的看法。[①] 所以在展开研究之前，笔者需要先对学者们在高等教育绩效评价方面的已有研究与实践进行回顾与讨论，在总结前人经验的基础上，提出自己的研究路径。

相关研究与实践的回顾按照如下思路展开：

首先，对绩效和绩效评价概念的发展演进过程进行总结，厘清其发展的脉络，在此基础上明确本研究中绩效和绩效评价概念的内涵与边界。

其次，对主流的绩效评价的定量研究方法进行综述。

再次，综述国内学者在高等教育绩效评价方面的研究。主要关注两个层面：第一是国内学者的研究脉络，总结学者们的研究方向；第二是回顾与分析在高职教育领域，学者们开展的已有研究。

最后，作为舶来品，绩效和绩效评价起源于英美，英美两国对高等教育进行绩效评价有着丰富的实践经验，英美的学者们对绩效评价也有着深入而全面的研究。所以，接着对英美两国在对高等教育进行绩效评价的研究与实践进行回顾，重点关注其学者们对绩效评价指标与评价效果的讨论与批判，指出两国在绩效评价方面的经验与不足。

---

① 吴国盛：《学术写作的三大意识》，载《学位与研究生教育》，2021(7)，第 1－6 页。

第一节　绩效评价内涵的相关研究

一、绩效的内涵研究

绩效(performance)是一个随着时间与领域不同而不断变化的新颖概念，人们对绩效的理解和界定在不同的时间段、不同的领域存在着不同程度上的差异。

杨杰等从词源上对“performance”的含义进行逐一剖析，选取了包括莫里斯(W. Moris)主编的 *The American Heritage Dictionary of the English Language* 等7本工具书，如表3-1所示，其解释主要集中在以下6个方面：①表示某种结果；②表示某种能力；③表示某种方式；④表示发展变化的过程，而不是静止孤立的一个点；⑤表示一种语言表现度；⑥表演或演出。[①]

表3-1　performance的英汉解释对照

序号	“performance”的英译	“performance”的中译
1	something accomplished: deed、feat	已经完成的事情：业绩、功绩
2	the ability to perform: efficiency	完成事情的能力：效率
3	(1) the manner in which a mechanism performs (2) the way in which someone or something functions (3) the manner of reacting to stimuli (4) behavior in which an organism engages in response to a task or activity which lead to results, especially to a result which modifies the environment in some way	(1) 机制运行的方式 (2) 某个人或某件事情运作的方式 (3) 对刺激作出反应的方式 (4) 机体组织对某项任务或活动作出反应并导致结果的行为，特别是导致以某种方式改变环境的行为
4	(1) the act of performing, or the state of being performed (2) the fulfillment of a claim, promise or request: implementation (3) the execution of an action (4) activity	(1) 执行某件事情的行为或者状态 (2) 履行某项要求、承诺或请求 (3) 实施一项行动 (4) 活动

① 杨杰、方俐洛、凌文铨：《关于绩效评价若干基本问题的思考》，载《自然辩证法通讯》，2001(02)，第40-51页。

（续表）

序号	“performance”的英译	“performance”的中译
5	linguistic behavior, contrasted with competence	语言的表现力,与能力相对应
6	(1) the action of representing a character in a play (2) a public presentation or exhibition (3) the act or style of performing a work or role before an audience	(1) 在剧中表演行为 (2) 公演 (3) 在观众面前表演作品或角色的行为或风格

资料来源:杨杰等,2001.

从管理学的角度来看,绩效具有三种不同的内涵:结果绩效、行为绩效和综合绩效。

结果绩效观是从绩效原始含义中直接演绎出来的。持这种绩效观的学者认为,绩效就是结果,即个人或者组织为了实现特定目标而实施一系列行为的结果。约翰·伯纳丁提出“绩效应该定义为工作结果,因为这些结果与组织的战略目标、顾客满意感及经济贡献高度关联”[①],杰弗里·凯恩认为绩效是个人工作完成之后的结果(record of the person's accomplishments),与工作目标不同。[②]。

持行为绩效观的学者认为,由于执行结果受到众多因素的影响,执行结果并不能等同于绩效结果,所以应该将执行行为本身看作绩效,而不是执行结果。约翰·坎贝尔认为绩效等同于行为,而不是结果,因为结果会受到多方面因素的影响;绩效是个人自行控制的,与组织设定的目标相一致的行为。[③] 坎贝尔基于行为绩效观,研究了员工工作投入度(Employee Engagement),对问卷调查数据进行回归计算的结果显示,员工工作投入度对工作绩效有显著性影响。[④]

① BERNADIN J., KANE S., ROSS S., et al., “Performance appraisal design, development and implementation” in FERRIS G., ROSEN S., BARNUM D., *Handbook of human resource management*, Cambridge, MASS: Blackwell, 1995.

② KANE S., “The conceptualization and representation of total performance effectiveness”, *Human Resource Management Review*, 1996, 6(2), pp.123-145.

③ CAMPBELL J.P., MCCLOY R.A., OPPLER S.H., et al., “A Theory of Performance”. In: SCHMITT N. and BORMAN W. C., Eds., *Personnel Selection in Organizations*, San Francisco: Jossey-Bass, 1993, pp.35-77.

④ CAMPBELL J.P., “Modeling the performance prediction problem in industrial and organizational psychology” in M.D. DUNNETTE and L.M. HOUGH (Eds.), *Handbook of industrial and organizational psychology*. Palo Alto: Consulting Psychologists Press, 1990, pp.687-732.

综合绩效观则综合了上面两种绩效观，是更加全面的绩效观，主张将绩效看成行为和结果的统一，也就是说，不仅要看是否达成了预期的结果，同时也要关注其工作过程是如何实现的。盖理·布里奇认为绩效应该是行为和结果的结合，执行者的行为实质上是将绩效由抽象的概念转变为行动，所以行为也是结果。[①] 富兰克林·哈特尔提出了绩效管理的混合模型，他认为在管理团队和个人的绩效时，需要同时考虑输入（行为）和输出（结果），所以混合模型同时涵盖对能力（competence）或能力水平（Capability Levels）与完成结果（achievements）的目标设定和审查。[②] 迈克尔·阿姆斯特朗（Armstrong，2000）也赞同这个观点，他认为“绩效就是关于如何工作（doing the work）以及所取得的成果”。[③]

通过文献梳理，可以看出综合绩效观更符合绩效在实际工作中的含义，即在进行绩效评估时，既要评价结果因素，也同样要对过程进行评价。所以在牛津出版社出版的词典 *The Concise Oxford English Dictionary*（1991：885）中对于“绩效”的定义就是综合绩效观：“the act or process of performing or carrying out”，明确了绩效包含执行过程和结果两部分。

随着新公共管理主义的兴起，政府越来越重视对公共部门的绩效评估。在这个背景下，美国审计署提出绩效评价的 3 个不同的构成要素：经济（economy）、效率（efficiency）和效益（effectiveness），这就是目前得到普遍认同和广泛采用的绩效“3E”内涵。[④] 联合国审计委员会给出了“3E”内涵的权威定义：经济即投入成本低；效率就是充分利用现有资源，评价现有资源的利益效率；效益指是否实现既定目标，评价执行结果的实际影响和预期影响。[⑤]

经济合作与发展组织在其颁布的《高等教育系统的绩效标准：概念框架和数据》报告中在总结已有研究的基础上，提出了高等教育绩效模型（Higher Education System Performance Model），对高等教育中的绩效“3E”内涵做了更

① BRUMBACH G. B.，“Some ideas，issues and predictions about performance management”，*Public Personnel Management*，1988(4)，pp. 387－402.

② HARTLE F.，*Transforming the performance management process*，London：Kogan Page，1997.

③ ARMSTRONG M.，*Performance management：key strategies and practical guidelines（2nd edition）*，London：Kogan Page，2000，p. 3.

④ 张男星等，《高等学校绩效评价报告（2013）》，北京：教育科学出版社，2015 年，第 14 页。

⑤ 联合国审计委员会：《审计委员会关于加强联合国系统的问责制、透明度和成本效益：澄清和加强审计委员会绩效审计中的作用的建议的报告》，2012 年，第 7 页。

加详尽的解释①,如图 3-1 所示。

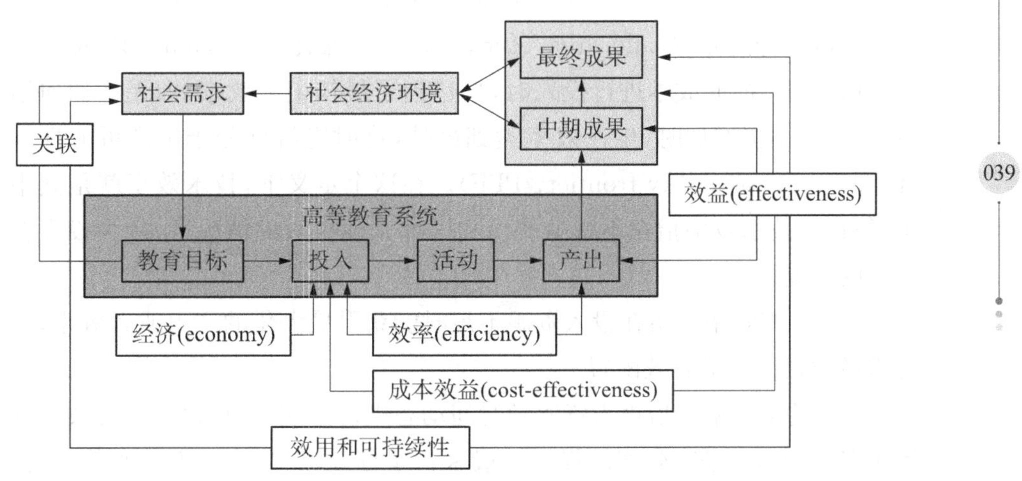

图 3-1　高等教育绩效模型(OECD, 2017:61)

根据综合绩效观,高等教育系统运行被分解成不同的组成部分:目标(objective)、投入(inputs)、活动(activities)、产出(outputs)和成果(outcomes)。其中,投入包括人、财、物等所有投入;产出指的是执行之后产生的直接结果;效果则表示执行结果所产生的影响,这个影响效果不仅仅是产出带来的,也会受到外界诸多因素的影响。所以,产出和成果是不同的概念,是需要进行区分的,不过在实际操作中,大部分时候还是将产出与成果混在一起讨论。

经过上述分解之后,就可以很清晰地明确"3E"的涵义:

(1) 经济(economy)就是要减少投入,投入越少就越经济。

(2) 效率(efficiency)就是投入(input)与产出(output)之比,在投入固定不变的情况下产出越多,效率就越高;也可以在产出不变的情况下,尽可能减少投入,也能提升效率。

(3) 效益(effectiveness)则是评价执行效果如何,是否达到了预先设定的目标,在效益概念下还可以细分出成本效益(cost-effectiveness),即成果与投入之比。

随着绩效评价的日益流行,效率和效益还产生了诸多的衍生词,澳大利亚

① OECD, *Benchmarking higher education system performance: Conceptual framework and data*, Paris: Enhancing Higher Education System Performance, OECD, 2017, p.61.

政府下属的生产力委员会对诸多衍生词进行了深入解释。[①]

将效率(efficiency)分为三个维度(dimensions):生产效率(productive efficiency)、分配效率(allocative efficiency)和动态效率(dynamic efficiency)。

(1) 当以最低成本进行投入时,且达到了最佳生产效率,即无论如何增加投入,产出不再增加时,生产效率达到最佳,这时经济性处于生产可能性前沿(production possibility frontier, PPF)。在这个定义下,技术效率就是其中一个子概念,技术效率指在不减少产出和增加其他投入的情况下,减少投入在技术上的可能性。

(2) 分配效率是指在投入资源不足时能获得最大化的产出或者效果,这就是常说的资源的最有效配置。

(3) 动态效率是指投入资源随时间动态进行分配,旨在提高经济效率和获得更多的产出。动态效率的提升一般来自于创新,比如管理方式改革、新技术发明与应用。

最佳生产效率是绩效的最终目标,但由于种种原因,更多时候最佳生产效率更像是一种追求,是很难达到的。人们常常更关注技术效率、分配效率和动态效率,即如何以更好(更有效率)的方式来实现目标,如何通过更有效的资源配置方式来提升产出。[②]

二、绩效评价的内涵研究

在英语中有三个不同的单词appraisal、assessment和evaluation都被翻译为中文的“评价”,但这三个英文单词的内涵并不相同。从词根的角度对这三个单词进行分析,appraisal的词根是prais, prais是preci的变形,preci来源于拉丁语pretium,意为价值,可见appraisal本意为评估某物的价格;assessment的词根是sess,表示“坐”,意思是坐在旁边协助,所以assessment内涵为“基于评价获得/提供帮助”;evaluation的字根是valuate,意思是做出估价,所以evaluation的内涵是“做出评价并确定价值”。[③] 因此,在英文中,在经济相关领

① Productivity Commission, *On Efficiency and Effectiveness: Some Definitions*, Staff Research Note, Canberra, 2013, p.3.

② Productivity Commission, *On Efficiency and Effectiveness: Some Definitions*, Staff Research Note, Canberra, 2013, p.5.

③ 郭芳芳,张男星:《高等教育绩效评价的需求、内涵与机制》,载《高教发展与评估》,2016(01),第22-32+119-120页。

域使用 performance appraisal,在教育和人力资源等领域则使用 performance assessment 和 performance evaluation。

随着绩效评价理念的不断推广,绩效评价活动也越来越频繁,对绩效评价的研究也日趋丰富。但是,由于所在学科领域不同,不同学者从不同研究角度出发,对绩效评价赋予了不同的内涵。李玲玲选取了 8 个比较有代表性的定义,如表 3-2 所示。

表 3-2　绩效评价的代表性定义

提出者	定　义
威廉姆斯(Williams, 2003)	绩效评估是一种基于事实的过程,其核心任务是有组织地、客观地评估每个人的资格、特征、习惯和态度的相对价值,评估每个人的能力、业务状态和工作适应性
美国审计总署(Chelinsky, 1989)	绩效评估是公共决策者获取有效信息的一种方式和手段,比如评估某一方案的实际有效性,为解决或缓解某一问题所采用策略的相对有效性等
蒙迪和诺埃(Mondy, Noe, 1998)	绩效评价是一种定期对员工或团队的工作行为和业绩进行考核、评估和测试的制度
菲利博(Flippo, 1961)	绩效评估是组织对员工在执行任务中的表现情况和升职潜力进行有组织、定期的、客观的评估
田松二则(范柏乃,2007)	绩效评估是人力资源管理体系的一个组成部分,由评估者对被评估者的职务行为进行有组织的记录,并在此基础上进行有目的的评价,以达到培养、发挥员工工作能力的目的
吴国存(1996)	绩效评估是组织对员工的个人性格、工作业绩、工作能力、工作态度和工作适应力等进行记录与评价的过程
张一驰(2004)	绩效考核是组织对员工在一段时间内的工作业绩和贡献做出评价的过程,主要从数量和质量两方面进行全面的评价
吕元智(2012)	绩效评估是指评估者依照授权,在搜集相关证据的基础上,运用科学的方法,对个人或团队的绩效做出评价,从而发现问题、分析问题和提出改进建议的活动

资料来源:李玲玲,2016:82-83.

综合上述不同观点,可以看出绩效评价是一个多维度的概念,主要包含了绩效指标和绩效测量两大部分。费里斯等认为,绩效测量是绩效评估的具体过程，其核心思想是对组织行为过程及其行为结果（产出）的直接量化。[①] 弗莱彻指出，绩效指标就是对绩效目标的具体化，主要体现了主要利益相关者的价值诉求，组织可以通过绩效评价指标的设置来确定自己的目标，以及实现目标的过程，如资源投入度、目标完成率等。[②]

归根到底，绩效评价的最终目标还是为了推进组织的不断改进和发展，绩效评价不是目的，而是手段和工作，组织通过绩效评价来实现自我的改进。[③] 绩效评价体现的是两种不同的观点：组织再造观和经济理性观。[④]

第二节　绩效评价方法的相关研究

在绩效评价的研究中常常使用的综合评价方法有层次分析法、模糊综合评价法、数理统计方法、数据包络分析法和随机前沿法等。层次分析法、模糊综合评价法属于主观评价法范畴，受人为因素影响，适用于难以量化的评价问题。数理统计方法、数据包络分析法和随机前沿法无需人为介入指标权重的设定，属于客观评价法。[⑤] 随着高校信息化建设的不断推进，高校累积了大量的过程数据，使用客观评价法进行绩效评价的研究越来越多，尤其是数据包络分析法和随机前沿分析法的应用最广。

一、数据包络分析法

数据包络分析法（data envelopment analysis, DEA）是美国学者查恩斯（A. Charnes）、库伯（W. W. Cooper）和罗兹（E. Rhodes）于 1978 年首先提出的一种以相对效率概念为基础，进行相对有效性评价的方法。这种方法运用线性

① FERRIS G. R., MUNYON T. P., BASIK K., et al., "The performance evaluation context: Social, emotional, cognitive, political, and relationship components", *Human Resource Management Review*, 2008, 18(3), pp. 146 - 163.

② FLETCHER C., "Performance appraisal and management: The developing research agenda", *Journal of Occupational & Organizational Psychology*, 2001, 74(4), pp. 473 - 487.

③ BOND L., "Unintended Consequences of Performance Assessment: Issues of Bias and Fairness", *Educational Measurement Issues & Practice*, 2010, 14(4), pp. 21 - 24.

④ 郭芳芳，张男星：《高等教育绩效评价的需求、内涵与机制》，载《高教发展与评估》，2016(01)，第 22 - 32＋119 - 120 页。

⑤ 张男星等，《高等学校绩效评价报告(2013)》，北京：教育科学出版社，2015 年，第 189 页。

规划(linear programming)方法来构建多指标输入和多指标输出的非参数分段前沿边界，然后根据这个前沿边界来比较相对效率。① 数据包络分析法有两种常用模型，查恩斯(A. Charnes)等首先提出的是投入导向(input orientation)模型(常称为 CCR 或 C^2R 模型)，这个模型假定具有规模收益不变(CRS)，即所有单位都已最优规划运营。但是在实际运行中这种假设并不成立，所以，法尔(R. Färe)、格罗斯克夫(S. Grosskopf)和洛根(J. Logan)于 1983 年，班克(R. D. Banker)、查恩斯(A. Charnes)和库伯(W. Cooper)于 1984 年先后提出可以对 CRS 模型进行改进，提出了规模收益可变(VRS)的模型(常称为 BCC 模型)，使用 VRS 设定可以在没有规模效益(scale efficiencies, SE)的情况下对技术效益(Technical Efficiency)进行计算。②③

数据包络分析法具有很多突出的特点：首先，数据包络分析法可以很好地处理多投入、多产出的复杂系统问题，这使得这种方法的适用面特别广泛；其次，数据包络分析法无需人为参与设定指标权重，具有一定的客观性；最后，数据包络分析法中使用相对有效性的概念，这与帕累托最优(Pareto Optimality)的思想一致。所以在高校绩效评价中，数据包络分析法得到了广泛应用。比如，在国内较早以高校作为对象进行绩效评价的研究就是运用数据包络分析法④，在中国知网中以篇名中包含 DEA 为搜索条件，搜索范围为"高等教育"和"职业教育"，共搜索出 461 篇文献。⑤

当然数据包络分析法也存在一些缺点：首先，数据包络分析法对于异常值相当敏感，数据误差会导致计算结果的不稳定；其次，数据包络分析法的计算结果无法提供改进建议，因为数据包络分析法无需知道投入与产出之间的函数关系，所以也就无法知道导致绩效低下的原因；最后，数据包络分析法是相对效率比较，而非绝对效率比较，也就是说计算结果与进行比较的单位有关，结果并不稳定。

---

① 蒂莫西·J·科埃利等著：《效率与生产率分析引论(第二版)》，王忠玉译，北京：中国人民大学出版社，2008 年，第 163 页。

② FÄRE R., GROSSKOPF S., LOGAN J., "The relative efficiency of Illinois electric utilities", *Resources and Energy*, 1983, 5(4), pp.349-367.

③ BANKER D., CHARNES A., COOPER W., "Some Models for Estimating Technical and Scale Inefficiencies in Data Envelopment Analysis", *Management Science*, 1984, 30(9), pp.1078-1092.

④ 侯光明、晋琳琳：《DEA 方法在研究型大学建设绩效评价中的应用》，载《高教发展与评估》，2005(05)，第 25-29 页。

⑤ 搜索时间为 2019 年 3 月 10 日。

二、随机前沿分析法

针对数据包络分析法无法知道投入与产出之间关系的缺陷，1977 年，艾格纳（Aigner）等、穆森和布勒克（Meeusen, Broeck）、巴提斯和科拉（Battese, Corra）分别提出随机前沿分析法（stochastic frontier analysis, SFA），他们认为投入与产出之间的关系可以用某种函数形式表示。[①][②][③] 常用的函数有线性函数、柯布—道格拉斯函数、二次函数、正规化二次函数、超越函数和常数替代函数等，这些函数一般被称为生产函数。相比于数据包络法，随机前沿分析法主要有两点优势，其一，它考虑了因为测量误差等诸多因素造成的随机误差，这些随机误差可能会导致实际产出偏离技术前沿；其二，因为引入了生产函数，所以不仅能够计算出投入与产出的绩效效率，还能解释效率差异产生的原因，能分析出投入是如何影响产出的。

不过，随机前沿分析法相比数据包络分析法更加复杂，所以在高等教育界的应用很少，截至 2019 年 3 月 10 日，在中国知网中仅能搜索出 16 篇文献。成刚等于 2008 年使用随机前沿分析法分析 2002—2005 年我国教育部直属高校的成本效率，结果发现高校的整体成本效率值为 0.59，这个研究结果给出了绝对效率比值，比其他使用数据包络分析法的研究更有参考价值。[④] 相旭东等则综合运用随机前沿分析法和数据包络分析法对福建省 15 所示范性高职院校的办学绩效进行分析，这是笔者能搜索到的唯一一篇运用随机前沿分析法对高职院校绩效进行分析的论文。[⑤]

三、DEA 方法指标的选取

对于一项评价研究来说，指标体系的选择与确立是最核心的任务之一。由

---

① AIGNER D., LOVELL K., SCHMIDT P., "Formulation and estimation of stochastic frontier production function models", *Journal of Econometrics*, 1977(6), pp.21－37.

② MEEUSEN W., VAN DEN BROECK J., "Efficiency estimation from Cobb-Douglas production functions with composed error", *International Economic Review*, 1977(18), pp.435－444.

③ BATTESE G.E., CORRA G.S., "Estimation of a production frontier model: with application to the pastoral zone of Eastern Australia", *Australian Journal of Agricultural and Resource Economics*, 1977, 21 (3), pp.169－179.

④ 成刚、林涛、穆素红：《基于 SFA 的教育部直属高校成本效率评价》，载《高等工程教育研究》，2008(06)，第 93－97＋102 页。

⑤ 相旭东、李泽圣、胡学平：《基于 DEA 模型和 SFA 模型的高职院校效率评价研究》，载《安庆师范大学学报(自然科学版)》，2016(03)，第 43－46 页。

于 DEA 方法是一种完全基于数据的定量评价方法,不同的指标因为其数理表达不同,会导致评价结果差异较大,所以具有其独特的指标选择逻辑。那么国内学者已开展研究中是如何选择评价指标体系的?学者们的指标选择有什么倾向或者规律呢?笔者在中国知网上选取从 2017 年至 2021 年,发表在 CSSCI 来源期刊上的 21 篇基于 DEA 方法的高等教育绩效评价论文,对其绩效评价指标体系的构建与选择进行综述与分析。

根据研究对象的不同,将这 21 篇论文分为两类,第一类论文的研究对象是各高校的科研绩效,共 11 篇论文,其他 10 篇论文归为第二类。第一类论文列表如表 3-3 所示,第二类论文列表如表 3-4 所示。

第一,综合分析这 21 篇论文中的指标体系可以看出,学者们将评价指标分为两大类:投入类指标与产出类指标,院校运行的过程类指标并不在其中。这样的分类方法符合使用 DEA 方法进行绩效评价的理念,专注于评价投入产出比。

第二,学者们普遍从生产要素理论角度出发,把投入指标分为三方面:人力投入、财力投入和物力投入。对于高校来说,人力投入通常使用师资人员总数来表示,根据评价对象不同,一般选用专任教师总数或者科研人员总数。[①][②][③] 财力投入在大部分研究中选用院校总支出或专项投入经费总额指标,这是因为高校的财务管理相对企业而言比较简单。学者们在物力投入指标的选择上出现了分歧。一部分学者根据高校教学科研的实际情况,将实验室数、教学仪器设备、校舍面积、图书数作为物力投入指标;[④][⑤][⑥][⑦]另外一部分学者则

① 廖帅、葛梅、苏雪晨、等:《我国不同区域高校科研效率评价研究——基于分类 DEA 模型的实证分析》,载《中国高校科技》,2021(Z1),第 38-42 页。

② 王忠、文宇峰、孙玉芳、等:《基于 DEA-Malmquist 方法的高校科研活动分类绩效评价实证研究》,载《暨南学报(哲学社会科学版)》,2021(06),第 121-132 页。

③ 刘润、尤建新、俞安愚:《面向高校内部的平行两阶段运营效率评价模型》,载《同济大学学报(自然科学版)》,2019(04),第 575-582 页。

④ 黄小平、刘光华、刘小强:《"双一流"背景下区域高校系统科技创新能力:绩效评价与提升路径》,载《江西师范大学学报(哲学社会科学版)》,2018(06),第 93-102 页。

⑤ 晋兴雨、张英姿、于丽英:《高校教学与科研综合绩效评价研究——基于 DEA 模型的实证分析》,载《教育发展研究》,2018(19),第 7-15 页。

⑥ 孙继红、翁秋怡:《2016 年高校绩效评价研究报告》,载《高教发展与评估》,2017(03),第 19-34+121-122 页。

⑦ 胡德鑫、王轶玮:《基于 DEA 的"985"高校科研竞争力评价》,载《北京理工大学学报(社会科学版)》,2017(04),第 163-168 页。

表 3-3 研究对象为高校科研绩效的部分文献列表

序号	文献作者	样本	方法	投入变量	产出变量
1	廖帅，葛梅，苏雪晨，等(2021)	各省市 2017 年度横截面数据	DEA 模型	研究与发展人员合计、研究与发展经费内部支出合计	研究与发展课题数、专利所有权转让及许可收入总金额、发表科技论文总数、出版科技著作总数、形成国家或行业标准数
2	马永霞，仇筎熙(2021)	2013—2017 年 38 所在京高校国家社科基金项目成果鉴定面板数据	DEA 模型	项目总数、经费总数	研究报告总数、专著总数、中外期刊论文总数
3	王忠，文宇峰，孙玉芳，等(2021)	2010—2017 年 40 所教育部直属高等学校面板数据	DEA Malmquist 模型	研究与发展人员数量、当年在读研究生数量、课题总数、政府科研经费投入总额、企事业单位委托的科技经费、所拥有科研平台/国家及省部级实验室数量	发表学术论文数量、申请专利数量、专利授权率、发明专利比率、科研骨干与产品研发人员培养数量、研究生培养数量、国家技术发明奖数量
4	马聪颖，吴宏超(2021)	2010—2017 年双一流大学面板数据	DEA - Malmquist 模型、DEA - Tobit 模型	研究与试验发展人员全时当量、研究与试验发展经费内部支出总金额	科技论文发表数、科技著作出版数和专利授权数、专利出售实际收入和技术转让实际收入
5	张家峰，李佳楠，陈红喜，等(2020)	2008—2017 年长三角高校面板数据	DEA - Malmquist 模型、DEA - Tobit 模型	教学与科研人员总数、科研经费总额	出版专著数、发表学术论文总数、签订合同数、科技成果获奖数
6	宗晓华，付呈祥(2019)	2006—2015 年教育部直属高校面板数据	超效率—非径向 DEA 模型	专任教师总数、科研经费投入总额	SCI/SSCI/A & HCI/CSSCI 论文总数、SCI/SSCI/CSSCI 论文被引频次、国家自然科学奖、国家技术发明奖、国家技术进步奖、人文社科

（续表）

序号	文献作者	样本	方法	投入变量	产出变量
					获奖总数、知识产权授权、研究报告采纳数、技术转让总金额、专利出售总金额
7	朱恬恬，胡霞，彭华荣(2018)	2011—2015年31所教育部直属“双一流”建设高校面板数据	DEA - Malmquist模型	研究与发展全时人员总数、研究与发展成果应用及科技服务全时人员、科技经费拨款	国外学术刊物发表学术论文数、出版科技著作数、国家级项目验收数、国家级奖励总数、发明专利授权数
8	刘天佐，许航(2018a)	2013—2015年湖南省27所公立本科院校的面板数据	DEA模型	专任教师与科研机构人员、科技经费	专著数、国内外发表的论文总数、鉴定成果数、成果授奖数、技术转让当年实际收入
9	刘天佐，许航(2018b)	2009—2016年各省市高等教育面板数据	DEA模型、DEA - Tobit模型	研究与试验发展全时当量、科技经费内部支出总额	专著数、国内外发表的论文总数、鉴定成果数、专利授权数、技术转让当年实际收入
10	黄小平，刘光华，刘小强(2018)	2010—2015年Z省17所高校面板数据	DEA模型	两院院士数量、长江学者数量、国家杰出青年科学基金项目获得者数、“千人计划”教师数量、国家创新团队数量、专任教师数量、副教授以上专任教师数量、国家重点实验室数量、国家工程技术中心数量、国防重点实验室数量、教育部重点实验室数量、国家重点学科数量、一级学科博士点数量、教育事业收入、科技经费	出版科技著作数量、发表高水平学术论文数量、鉴定成果数量、成果授奖、当年技术转让获得的实际收入量、入围世界前10% ESI学科数、一级学科排名学科数量、博士学位授予数量、硕士学位授予数量、本科毕业人数

（续表）

序号	文献作者	样本	方法	投入变量	产出变量
11	胡德鑫，王轶玮(2017)	32 所教育部直属“985”高校横截面数据	DEA 模型	折合教职工人数、教育事业经费收入总额、校舍总面积、教学科研仪器设备总值、学科建设相关总值	国家级教学成果奖总数、国家级别奖励成果奖总数、专利获奖总数、ESI 高被引论文的被引次数、三大国际高校排名综合得分的均值

表 3-4　研究对象为高校或者专业建设绩效的部分文献列表

序号	文献作者	样本	方法	投入变量	产出变量
1	马欣悦，汤霓，石伟平(2021)	2018 年 56 所“双高计划”高职院校横截面数据	PCA-DEA 模型	合并为 3 个投入因子指标（生均占地面积、生均校内实践基地建筑面积、生均教学科研及辅助用房面积、生均实验室实验场所面积、生均学生宿舍面积、生均纸质图书册数、生均教学科研仪器设备值、师均教学科研仪器设备值、学校年生均财政拨款、2018 年学校总支出、专业课时总数、校内专任教师数、双师素质专任教师比例、生师比）	合并为 3 个产出因子指标（学生国家级以上竞赛获奖数、应届毕业生初次就业率、国家级教学成果奖数、国家级职业教育专业教学资源库、校企合作开发课程数、校企合作开发教材数、企业技术服务人均年收入、国外/境外留学生数、非学历培训规模）
2	赖晓倩，陈蓉晖(2021)	2014—2017 年 31 个省级城乡学前教育资源面板数据	DEA 模型、DEA-Malmquist 模型	生均教育经费支出、专任教师中学历在专科以上的比例、生均校舍面积、生均图书册数	幼儿园毕业生、小学招生人数中受过学前教育的比例

（续表）

序号	文献作者	样本	方法	投入变量	产出变量
3	罗红云，庄馨予，张斌(2020)	2008—2017年省际教育面板数据	DEA - Malmquist模型	财政性职业教育经费投入总金额	职业教育学校数、职业教育专任教师数、职业教育学生数
4	彭迪，郭化林(2020)	2015—2018年32所“双一流”高校面板数据	DEA - Malmquist模型	基础研究投入人数、应用研究投入人数、试验发展投入人数、年度经费支出	标准毕业生数、就业率、出版科技著作、发表科技学术论文、国家级科技项目、专利授权数、专利收入、校友会大学排名得分
5	刘润，尤建新，俞安愚(2019)	2014年某高校横截面数据	平行网络SBM - DEA模型	专任教师数量、设备经费投入、科研经费投入	授课时数、专利数、出版物数、毕业生就业率、科研基金项目资助
6	王琨，丁超(2019)	2013—2017年全国31个省市区的高职教育面板数据	SBM - DEA模型、DEA - Malmquist模型	年生均财政拨款水平、生师比、“双师型”教师比例、生均教学科研仪器设备值、年生均校外实训基地实习时间、百名学生配教学用计算机台数	在校人数、签约率、专业对口率、毕业生人均月收入、毕业生满意度
7	华兴夏，黄凯南，杨丰政(2019)	2015—2017年入选江苏高校品牌专业建设工程一期项目的品牌专业面板数据	超效率DEA模型	高级职称人数、教师发展与教学团队建设经费、课程教材资源开发经费、实验实训条件建设经费、学生创新创业训练经费、国内外教学交流合作经费、教育教学研究与改革经费、其他经费、所在二级学院实验实践教学平台数	国际标准、国家级标准、省级标准

（续表）

序号	文献作者	样本	方法	投入变量	产出变量
8	晋兴雨，张英姿，于丽英(2018)	S大学20个学院年度横截面数据	DEA模型	学院人力资源总量、核拨各学院的人员经费数、学院使用的房产面积	本科生课堂教学贡献、本科生实践环节贡献、本科生教改与课外培养环节贡献、研究生人数、研究生课堂教学贡献、研究生质量贡献、科研项目贡献、论文论著总数、科研奖励贡献、重大学术活动贡献、知识产权贡献
9	苏荟，吴玉楠(2018)	2014—2016年全国30个省(自治区、直辖市)高职教育截面数据	PCA-DEA模型	将经费收入、生均财政拨款水平、生均教学科研仪器设备值、生均宿舍面积、生均实践场所面积、生均年进书量、百名学生配生均校内实践教学工位数、生师比、双师教师占比、专任教师人数合并为5个因子指标	将在校生人数、就业率、创业率、雇主满意度、专业建设个数、获取职业证书的比例、公益性培训服务、纵向科研经费、全日制境外留学生人数、非全日制境外人员培训量、横向技术服务到款额合并为4个因子指标
10	孙继红，翁秋怡(2017)	2006—2015年72所教育部直属高校	PCA-DEA模型、DEA-Malmquist模型	专任教师数、行政人员数、图书馆面积、固定资产、财政拨款收入等14个指标	当量在校生数、规划教材数、研究报告采纳数、发表论文总数等20个指标

认为,实验室等的物力投入所需资金大部分来源于财力投入的资金,具有很强的线性关系,所以没有必要再作为独立指标引入投入指标体系中,再加上与企业生产的物力投入不同,这些物力投入具有延续性,短期内不会发生变化,在进行动态绩效分析时并不适合作为年度物力投入指标,所以有些研究没有将物力投入加入投入指标体系之中[①②]。

第三,学者们大多围绕着教学、科研和社会服务产出这三个大学主要职能选择产出指标。在教学方面,在校生总数或者毕业生总数是常用的指标[③];在科研方面,学术出版物的数量、专利授权量、获得高水平奖项数等都是常用的指标项[④⑤⑥];在社会服务方面,学者们大多采用研究报告采纳数、制定各种政府标准数和技术转让总金额等来代表大学对社会的贡献[⑦⑧]。

第四,很多学者认为单纯使用绝对数量值会忽略各种指标项在质量和等级上的差异,这些差异导致这些指标无法精确反映投入与产出的实际情况,进而影响绩效评价结果的准确性,所以,在选用指标时需要将质量因素也考虑进去。比如,在选用人力投入指标时,有些学者采用了不同折算方法将不同职称、不同岗位性质等因素也融入到指标数量计算之中,如增加两院院士总数、长江学者总数等高水平师资人数指标[⑨],或者根据其科研贡献度的不同将专任教师、行政人员、教辅人员和工勤人员按 4∶2∶2∶1 进行折算[⑩],或者只统计高级职称

① 马永霞,仇筠熙:《“不唯”≠“不评”:论人文社会科学成果评价方式的改进》,载《重庆大学学报(社会科学版)》,2021(03),第 54 - 66 页。

② 潘健、宗晓华:《中国研究型大学科研生产率的动态分析——基于 DEA - Malmquist 指数的分解》,载《现代教育管理》,2016(03),第 37 - 42 页。

③ 王琨,丁超:《民族地区高职教育办学的绩效分析》,载《民族教育研究》,2019(03),第 116 - 127 页。

④ 马聪颖,吴宏超:《一流大学建设高校科技创新效率:差距、影响因素与提升路径》,载《高教探索》,2021(02),第 53 - 61 页。

⑤ 刘天佐、许航:《区域高校科研绩效分类评价》,载《高教发展与评估》,2018(01),第 20 - 29+120 页。

⑥ 刘天佐、许航:《我国不同区域高校科研投入产出绩效及其影响因素分析——基于 DEA - Tobit 模型的实证研究》,载《科技管理研究》,2018(13)年,第 113 - 118 页

⑦ 宗晓华,付呈祥:《我国研究型大学科研绩效及其影响因素——基于教育部直属高校相关数据的实证分析》,载《高校教育管理》,2019(05),第 26 - 35 页。

⑧ 华兴夏、黄凯南、杨丰政:《“双一流”背景下我国高校品牌专业建设绩效研究——以“江苏高校品牌专业建设工程”为例》,载《教育理论与实践》,2019(30),第 3 - 5 页。

⑨ 黄小平、刘光华、刘小强:《“双一流”背景下区域高校系统科技创新能力:绩效评价与提升路径》,载《江西师范大学学报(哲学社会科学版)》,2018(06),第 93 - 102 页。

⑩ 胡德鑫、王轶玮:《基于 DEA 的“985”高校科研竞争力评价》,载《北京理工大学学报(社会科学版)》,2017(04),第 163 - 168 页。

的师资人数等[①]。

第五,在指标数量是采用均值还是合计值上,学者们出现了不同倾向。研究高校科研绩效的学者们更倾向采用合计值,11 篇论文中所有的投入与产出指标都是合计值,如产出指标中的发表学术论文数指标采用的都是发表论文的总数,而不是师均值。研究院校或者专业建设绩效的学者在采用生均还是合计值上并没有形成共识,10 篇论文中有 4 篇采用了生均值,有 6 篇采用了合计值。此外,采用生均值的 4 篇论文中还有一些指标采用了合计值,比如人力投入指标中就使用了专任教师总人数指标[②]。需要特别说明的是,这 4 篇采用生均值的论文采用的是 PCA－DEA 模型,使用因子分析法(主成分分析法)将投入与产出的一系列指标进行提取、降维,合并成几个因子指标。对于这样的做法,有学者在实证研究的基础上提出了质疑,一方面,因子分析法需要先进行无量纲化,而无量纲化会导致 DEA 评价结果的偏差[③],另一方面,因子分析法获得的是损失部分原始信息的二次变量,而“过滤掉的信息可能刚好是反映一些院校绩效特殊性的地方”[④]。

根据经济学的相关理论,生产规模是影响绩效的重要因素之一,在最佳的规模下,最小的投入可以获得最多的产出,从而达到帕累托最优。所以,DEA 方法可以计算出规模效率情况。从这个角度出发,在投入或产出指标中采用生均值就忽略掉了规模效应,反而会影响到最终的评价结果。

因此,对 DEA 指标的选择还是需要审慎考虑,要满足学理并通过数理验证。

四、常见的 DEA 方法指标筛选方法

DEA 方法作为一种非参数方法,指标选择对评价结果非常敏感,加上无法采用传统的基于统计检验的方式来评价 DEA 的绩效评价指标的有效性,所以,国内外学者对于 DEA 指标的筛选方法进行了深入研究,总体来说,有如下

---

① 华兴夏、黄凯南、杨丰政:《“双一流”背景下我国高校品牌专业建设绩效研究——以“江苏高校品牌专业建设工程”为例》,载《教育理论与实践》,2019(30),第 3－5 页。

② 马欣悦、汤霓、石伟平:《“双高计划”院校办学绩效评估及建设策略》,载《四川师范大学学报(社会科学版)》,2021(02),第 119－129 页。

③ 胡永宏,路芳:《数据无量纲化和指标相关性对 DEA 评价结果的影响研究》,载《经济统计学(季刊)》,2017(02),第 56－72 页。

④ 潘健,宗晓华:《基于数据包络分析的大学科研效率评价指标体系研究》,载《清华大学教育研究》,2016(05),第 101－110 页。

四类方法：

（一）效率贡献测度法（efficiency contribution measure, ECM）

效率贡献测度法是帕斯特等人提出的一种基于指标对效率贡献程度来分析指标之间相关性的方法。[①] 这种方法类似于向前逐步回归法，首先选择基础性的输入和输出指标，然后在输入指标中选择一个候选变量，加入到模型中，接着，通过二项式统计检验来确定该变量对效率测量的影响，以决定是否应该加入这个指标变量。

（二）主成分分析法（principal component analysis, PCA－DEA）

有学者运用数学方法证明了：在 DEA 方法中当指标间存在完全线性关系时并不会影响评价结果，去掉部分高相关性指标并不会影响最后的模型结果[②]。当指标之间存在复杂线性关系时，可以使用 PCA，通过变量的加权线性组合来降低指标的维数[③]。通过 PCA 提取出来的主成分由于保存了原有指标变量的最大方差，即保留了原有指标变量中的核心信息，因此对 DEA 模型结果的影响较小，而且还提升了结果的鉴别能力（Discriminatory Power）。

（三）回归测试法（regression-based test, RB）

回归测试法是鲁杰罗（Ruggiero, 2005）提出的一种基于回归的变量选择方法。其算法是，先从一组已确定的投入、产出指标为基础模型计算出效率值，然后再将一个候选指标作为自变量、效率值作为因变量进行回归；如果回归中的系数具有统计显著性并具有适当的符号（系数值对于输入应为正，对于输出应为负），则候选变量可以保留。如此重复，当没有候选变量具有统计显著性且适当的符号时，筛选算法结束。[④]

（四）自举法（boot strapping, BS）

自举法是一种放回式（replacement）抽样统计法。其算法是，对数据集多

---

① PASTOR J. T., RUIZ J. L., SIRVENT I., "A Statistical Test for Nested Radial DEA Models", *Operations Research*, 2002, 50(4), pp.728－735.

② 吴广谋，盛昭瀚：《指标特性与 DEA 有效性的关系》，载《东南大学学报（自然科学版）》，1992(05)，第124－127页。

③ UEDA T., HOSHIAI Y., "Application of principal component analysis for parsimonious summarization of DEA inputs and/or outputs", *Journal of the Operations Research Society of Japan*, 1997, 40(4), pp.466－478.

④ RUGGIERO J., "Impact Assessment of Input Omission on DEA", *International Journal of Information Technology & Decision Making*, 2005, 04(03), pp.359－368.

次重复抽样，获得不同的数据子集，然后再对这些数据子集进行相应的计算，以衡量其中的不确定因素①。西马和威尔逊提出可以使用自举法来检测删除某个输入指标和输出指标之后的关联性，以此来确定指标的重要性。②

在实际使用中应该如何选取上述 4 种指标筛选方法呢？娜塔罗伽和约翰逊对这 4 种方法进行了评测，通过判断绩效评价结果的稳定性来确定这 4 种方法的优缺点和适用场景③。他们的研究成果显示：

(1) PCA－DEA 法运算量最小、运算时间最短，适用于投入变量相关性较高(＞0.8)的小样本量(n＜25)场景，但不适用于高维度的投入数据集。由于对投入进行了降维，所以无法获得真正的绩效值。

(2) ECM 法与 RB 法类似，都具有较好的适应性，当投入变量之间的相关性较低(r＜0.2)且样本量较大(n＞100)的情况下效果较好(在这种情况下，ECM 法要优于 RB 法)，但当投入变量之间的相关度较大时(r＞0.8)则效果较差。

(3) 当出现维度灾难(Curse of Dimensionality)时，ECM 法更容易受到影响，这时应该选择 RB 法。

(4) BS 法的计算量过大，性能表现最差。

潘健和宗晓华(2016)使用经验法则、ECM、PCA－DEA 构成的指标体系进行稳健性检验，实证研究结果显示，PCA－DEA 法的计算结果与其他两种差异较大，原因在于 PCA－DEA 计算得到的公因子的方差贡献率只有 80.375%，被省略的近 20%指标信息恰好是不同学校的特征所在。也就是说，PCA－DEA 法的稳健性较差。④

综合前人的研究成果，在本研究中，将首先对投入和产出指标进行相关性分析，根据相关性分析结果，使用效率贡献测度法对投入指标进行筛选。

---

① 加雷斯·詹姆斯，丹妮拉·威滕，特雷弗·哈斯帖，等：《统计学习导论：基于 R 应用》，王星译，北京：机械工业出版社，第 129－131 页。

② SIMAR L., WILSON P. W., "A General Methodology for Bootstrapping in Non-Parametric Frontier Models", *Journal of Applied Statistics*, 2000, 27(6), pp.779－802.

③ NATARAJA N. R., JOHNSON A. L., "Guidelines for Using Variable Selection Techniques in Data Envelopment Analysis", *European Journal of Operational Research*, 2011, 215(3), pp.662－669.

④ 潘健，宗晓华：《基于数据包络分析的大学科研效率评价指标体系研究》，载《清华大学教育研究》，2016(05)，第 101－110 页。

五、DEA - Malmquist 模型

经典的 DEA 模型使用截面数据，测量某一个时间节点的效率，由于组织的生产过程具有延续性，所以人们还关心历年来生产效率的变化情况。一般来说有四种方法可供选择①：

第一种方法比较简单，就是对比一下投入和产出的各自增长情况，由此来判断生产率的变化。如从时期 s 到时期 t 这段时间，投入增长了 40%，产出增长了 200%，那么显然该组织的生产率有所提高。这个方法叫作 Hicks-Moorsteen 指数方法。

第二种方法关注利润率的变化，将利润率的变化等同于生产率的变化。

第三种方法是道格拉斯·卡夫等人于 1982 年提出来的，叫作 CCD 方法②。该方法是使用瑞典经济学家斯坦·马尔奎斯特(S. Malmquist)于 1953 年提出的缩放因子概念，利用缩放因子之比构造生产效率指数，即通过比较时期 s 和时期 t，用两阶段投入可以得到的产出最高水平，即保持产出的组合不变，来测量生产率的变化。

第四种方法叫作测量生产率改变的基于部件方法，由伯特·巴尔克首先提出③。这种方法假设技术进步、效率变化以及运行规模的变化等多种因素会对生产率的改变产生影响，那么如果这些因素能被测量出来，总的生产率变化也就能被计算出来了。

第一种方法比较简单，便于测量与描述，但是却无法反映出生产效率变化的原因；第二种方法需要加入价格因素，显然应用面较窄；第三种方法和第四种方法具有更广泛的适用性，所以，学界将第三种和第四种方法结合起来使用，一般叫作 DEA - Malmquist 指数法。其模型描述如公式 3 - 1 所示：

$$M_o^{t+1,t}(y_{t+1}, x_{t+1}, y_t, x_t) = \left[\frac{D_o^t(y_{t+1}, x_{t+1})}{D_o^t(y_t, x_t)} \times \frac{D_o^{t+1}(y_{t+1}, x_{t+1})}{D_o^{t+1}(y_t, x_t)}\right]^{1/2}$$

（公式 3 - 1）

① 寇里等：《效率和生产率分析引论（第 2 版）》，刘大成译，北京：清华大学出版社，2009 年，第 45 页。

② CAVES D., CHRISTENSEN L., DIEWERT E., "The Economic Theory of Index Numbers and the Measurement of Input, Output and Productivity", *Econometrica*, 1982(50), pp. 1393 - 1414.

③ Balk M., "Scale Efficiency and Productivity Change", *Journal of Productivity Analysis*, 2001(15), pp. 159 - 183.

公式 3－1 中 x 表示投入量，y 表示产出量，M 表示生产率，D 表示距离函数，o 表示基于产出导向。公式左边表示，时期 t 和时期 $t+1$ 生产技术效率变动的 Malmquist 生产率指数(Malmquist Productivity Index, MPI)。

根据伯特·巴尔克的研究，Malmquist 生产率指数可以被分解为三个因素：

一是技术进步(technological change, TC)，即新知识、新技术的应用带来的生产率的变化。TC 指数又被称为“增长效应”，当 TC>1 时，表明技术进步带来了生产率的提升，即在生产活动中，新知识、新技术的广泛应用带动了生产前沿面“向上”移动。

二是纯技术效率变化(pure technical efficiency change, PTEC)，即通过改善内部管理水平、优化资源配置等方式更有效率地使用投入并使之接近技术前沿面，以实现生产率的增长。PTEC 指数被称为“追赶效应”，当 PTEC>1 时，表明因为重构了组织机构、优化了资源配置结构、提高了内部管理水平，生产决策单元更接近现有生产前沿面，反映出生产决策单元对生产前沿面的追赶。

三是规模效率变化(scale efficiency change, SEC)，即通过提升生产规模，使之移动到技术最佳生产规模点(TOPS)。SEC 指数被称为“规模效应”，当 SEC>1 时，表明决策生产单元处于规模收益递增状态，可以进一步扩张规模、提升生产率；当 SEC≤1，表明生产决策单元处于规模收益递减或不变状态，规模的扩张并不能提升生产率。三项指标的变化情况及其意义见表 3－5。

表 3－5　MPI、TC、PTEC、SEC 指数的变化情况及其含义

项目	指数意义	指数变化情况		
		>1	=1	<1
MPI 指数	决策单元在两个时期内生产率变化情况	提高	不变	下降
TC 指数	两个时期内生产前沿面移动情况(即技术进步情况)	外移	不变	内移
PTEC 指数	在无技术创新和规模变动下，DMU 生产效率变化情况	提高	不变	下降
SEC 指数	决策单元在两个时期内规模收益状态变化情况	提高	不变	下降

注：表格引用自潘健，宗晓华，2016.

由此，Malmquist 生产率指数的模型可以用公式 3－2 表示。

$$Malmquist\ Index = TC \times PTEC \times SEC \qquad (公式\ 3-2)$$

此外，需要说明的是，Malmquist 生产率指数是乘积分解，所以，计算结果的均值使用的是几何平均数（Geometric Mean），而非算术平均值（Arithmetic Mean）。

第三节　国内相关研究与实践评述

在中国知网上以篇名包含“绩效评估”或“绩效评价”或“绩效管理”为关键词进行搜索，搜索范围设定为教育学分类下“教育理论与教育管理”“高等教育”“职业教育”“成人教育与特殊教育”[①]，发表时间设定为 1983 年—2018 年，共搜索到 4 950 篇文献。年度发表文献数如表 3 - 6 和图 3 - 2 所示。

表 3 - 6　中国关于高校绩效研究的文献数

年份	文献数	年份	文献数
1983	1	2007	217
1994	1	2008	251
1995	1	2009	302
1998	1	2010	354
1999	4	2011	384
2000	3	2012	410
2001	7	2013	476
2002	3	2014	480
2003	19	2015	474
2004	32	2016	452
2005	52	2017	473
2006	133	2018	420

我国学者对于高等院校的绩效研究起始于 20 世纪 80 年代，搜索出的最早的关于高校绩效研究的文献是贾九洲发表于 1983 年的论文，他提出“所谓绩效管理就是及时地将学校中的人力、物力、财力组织起来，动员起来，做到最充分、

① 搜索时间为：2019 年 3 月 5 日。

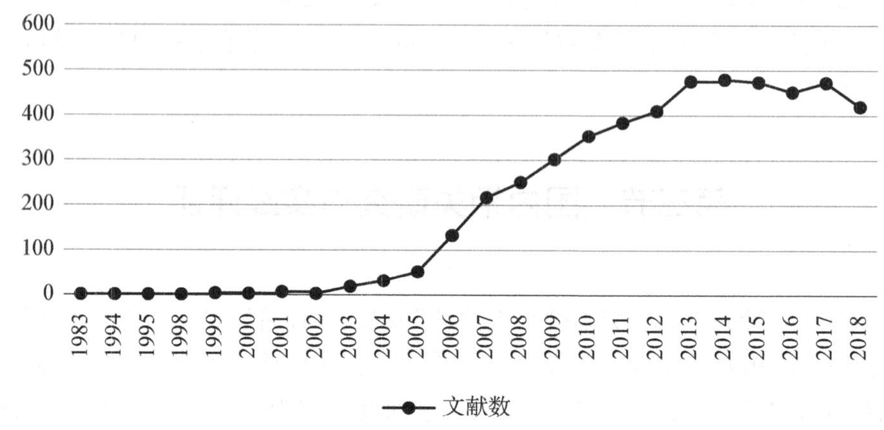

图 3-2　中国关于高校绩效研究趋势图

最有效、最合理的利用”。① 从现在的视角来看，这个定义还是准确地表述出了绩效的内涵。

此后，国内相关研究基本处于酝酿阶段，关注者不多。直到 2006 年，才有更多的学者开始关注高校的绩效研究，全年发表文献数首次超过 100 篇。郭芳芳和张男星在对 2004 年之后的绩效研究文献进行梳理之后，提出根据研究内容不同可以把其划分为四类：第一类研究以高等院校为研究对象，以“投入—产出”理论为基础，研究高校整体绩效，或科研、社会服务等办学职能的绩效；第二类研究主要关注大学教师的绩效评价与管理；第三类则关注高校对于财政支出的绩效；第四类主要介绍国外高等教育绩效评价的发展状况，研究高等教育绩效评价的合理性与可行性。② 下面对以院校为对象的研究进行评述。

大部分研究将“投入—产出”作为理论基础，将高校作为主要研究对象，研究高校的整体绩效或者科研、社会服务等办学职能。

国内对高校绩效评价指标的研究起步较晚，2005 年侯光明与晋琳琳发表了第一篇以高校为对象进行绩效指标研究的论文。他们以“投入—产出”为理论技术构建了研究型大学绩效评价指标体系，并根据指标体系运用 DEA 方法

① 贾九洲：《高等学校绩效管理初探》，载《四川大学学报(哲学社会科学版)》，1983(1)，第 34-46 页。
② 郭芳芳、张男星：《高等教育绩效评价的需求、内涵与机制》，载《高教发展与评估》，2016(01)，第 22-32+119-120 页。

计算各高校的绩效情况[①]。宋丽平和安宁也较早进行了高校绩效评价研究,他们的研究更加关注高校资金利用的效益与效率。[②]

中国教育科学研究院课题组的系列研究是国内较早、较有影响的研究。2009年,中央教育科学研究所(现中国教育科学研究院)发布了《高等学校绩效评价报告》,这是我国首次对教育部直属的72所高校的绩效情况进行综合评价。[③] 研究结果显示有一半高校的"投入低于产出",即绩效较低,最终排名结果与常规排名存在一定的差异,很多知名高校排名较靠后,引起了中国高等教育界的普遍关注,争议不断。赞同者认为绩效评价是对业已存在的高校各种评价的有益补充,能够督促高校更加关注办学效率,提升办学质量。[④] 反对者认为将投入和产出的绝对量作为评价依据,容易导致一些负面影响,而且评价结果没有反映出高校绩效的变化趋势,没有充分体现出高校的资源利用状况。

该课题组从不同维度分析了高等教育领域中实施绩效评价的必然性和合理性,他们认为:第一,高深知识生产模式已经从模式1到模式2变化,符合高等教育质量管理诉求的变迁需求。[⑤] 第二,从本体论角度来说,既然高校是生产高深知识的场所,那么知识在生产、保存、传播和应用的过程中必然会产生出一系列可计算的计量要素,那么"这些源自高校本体存在过程中的计量要素,就是对高校进行绩效评价的合理性原则";从政治论角度来说,政府要求高校必须提升办学绩效;从实践论角度来说,在国内外已经开展了多年的绩效评价实践。第三,作为定量评价方式,绩效评价是可以通过结构性的量化方式反映出高校办学质量的,因为高校办学质量是建立在数量化的活动积累之上的,高校办学质量是可以通过"数量集群"体现出来的,所以高校具有实施绩效评价的本然要素。[⑥]

2011年,该课题组发布了第二次绩效评价报告,对产出指标进行了调整,

---

① 侯光明、晋琳琳:《DEA方法在研究型大学建设绩效评价中的应用》,载《高教发展与评估》,2005(05),第25-29页。

② 宋丽平、安宁:《高校绩效评价指标体系构建》,载《财会月刊》,2006(08),第9-11页。

③ 张男星:《高等学校绩效评价论》,北京:教育科学出版社,2012年。

④ 顾海良:《高校绩效评价是对中国高校评估模式的积极探索——兼评〈高等学校绩效评价论〉》,载《教育研究》,2013(03),第148-149页。

⑤ 郭芳芳、张男星:《高深知识的生产变革与高等教育绩效评价》,载《复旦教育论坛》,2012(06),第5-9页。

⑥ 张男星、姜朝晖、王春春:《高校绩效评价:实践探索的理论思考》,载《教育研究》,2015(06),第19-28页。

增加了反映教学产出的“优势学科数”“特色专业数”“精品课程数”和“规划教材数”等 4 个指标，增加了反映科研论文质量的“CSSCI 与人文社会科学发表论文数之比”和“自然科学国外刊物发表论文数与其论文总数之比”等 2 个指标，删除了“百篇优秀博士学位论文数”这个指标，并且将绩效评价周期调整为 5 年。①

2012 年，该课题组发布了第三次绩效评价报告，对绩效指标再次进行了调整，其中最突出之处是构建了高校分类绩效评价指标体系，将教育部直属 72 所高校划分为 3 类：27 所综合类高校、32 所大理类高校、13 所大文类高校，三类高校的投入指标完全一样，产出指标各有不同，体现了分类评价的思路。②

2013 年，该课题组发布了第四次绩效评价报告，在对绩效评价算法的合理性进行进一步研究的基础上，比较了评价周期为 3 年、5 年和 8 年的差别，结论是 5 年和 8 年的差异很小，评价周期设定为 5 年比较合适；比较了 4 种无量纲化算法：标准化法、极值法、线性功效系数法和指数型功效系数法对绩效评价结果的影响，结论是 4 种方法在统计学意义上无显著性差异；采用修正主成分法比传统主成分法更能反映指标信息量差异的影响，体现了指标权重的重要性。③

国内学者对高职院校的绩效评价研究起步略晚。2007 年，麦海燕运用平衡计分卡法从客户维度、内部流程维度、财务维度和学习与成长维度等 4 个维度出发，构建了高职院校的绩效指标体系，包括 24 个一级指标。④ 其后的很多研究都采用平衡计分卡法进行高职院校的绩效研究，由于研究的理论基础一样，所以构建的指标体系差别不大，创新不足。⑤⑥⑦ 类似比较有创新的是王进思和王孝斌根据高职院校的实际运行状况对平衡计分卡模型进行了调整，将财务维度修正为经济维度，客户维度修正为社会维度，因为一方面财务角度比较狭窄，不能完全体现高校非营利组织的特点，所以调整为范围更大的经济角度；另一方面，高校输出人才会对整个社会产生影响，而不仅仅是利益相关者，所以

---

① 张男星等：《高等学校绩效评价报告（2012）》，北京：教育科学出版社，2013 年，第 90－92 页。

② 张男星等：《高等学校绩效评价报告（2012）》，北京：教育科学出版社，2013 年，第 117－121 页。

③ 张男星等，《高等学校绩效评价报告（2013）》，北京：教育科学出版社，2015 年。

④ 麦海燕：《高职院校绩效评价平衡计分卡指标体系的构建》，载《财会月刊》，2007(09)，第 69－71 页。

⑤ 徐继红：《基于平衡计分卡的高职院校绩效评价方案研究》，载《会计之友（中旬刊）》，2007(04)，第 89－91 页。

⑥ 廖钦初：《平衡计分卡在高职院校绩效评价中的应用》，载《职业技术教育》，2010(23)，第 68－71 页。

⑦ 杨德山：《基于平衡计分卡的高职院校科研绩效评价研究》，载《中国成人教育》，2011(05)，第 71－73 页。

转化为社会维度。[①] 不过上述研究仅仅提出了绩效评价指标,并没有进行实证性的数据验证。

此外还有几位研究者的研究方法值得注意。王守龙主要从绩效产出角度构建高职院校绩效评估指标体系,分别是立项指标、成果指标、延伸指标和派生指标。[②] 蔡晓旭基于非营利性组织运作中的 5 项基本要素——服务对象(Clients)、业务运作(Operations)、资源(Resources)、参与者(Participants)、服务(Services)选取了 14 个指标,运用主成分分析法计算出指标权重,然后对 23 所国家示范高职院校的绩效状况进行评价,发现高职院校整体效率呈现出东西高、中间低的分布状态,“高投入—低产出—低效率”“高投入—高产出—低效率”状况较为普遍。[③] 金荣学等综合运用层次分析法(Analytic Hierarchy Process)和熵权法(Entropy Weight Method),从教育经费、基础设施、师资水平和学生质量四个维度确定了绩效评价指标体系和权重,然后利用湖北省高职院校的数据进行了实证研究,实证结果表明双师比例、校内外实训基地和师均建设经费等指标是影响高等职业教育绩效的重要因素。[④] 龚冷西等在对美国高校绩效评价指标进行深入分析的基础上,建构了高职院校绩效评价体系,共 9 个一级指标,分别是:基础性投入度、设施设备投入度、校企合作度、师资队伍建设、实习实训投入、技能产出率、学生对学校满意度、学生专业获得能力和毕业生就业能力。[⑤] 苏荟和吴玉楠在参考教育部发布的高校基本办学条件指标的基础上,选定了 12 个投入指标和 11 个产出指标,然后利用主成分分析法和 Super - SBM 模型分析了 30 个省市高职教育办学绩效表现。[⑥] 其研究结论与王守龙的研究相同,省际高职教育绩效呈现东西高、中间低的分布,很多省份在纯技术效率和规模效率上并不能都达到有效,办学绩效有待提升。

---

① 王进思,王孝斌:《基于平衡记分卡的高职院校示范建设绩效评价——以湖北交通职业技术学院为例》,载《高教发展与评估》,2012(04),第 114 - 118 页。

② 王守龙:《高职院校绩效评估指标体系构建的研究》,载《江淮论坛》,2010(01),第 178 - 181 页。

③ 蔡晓旭:《基于 CORPS 模式因子分析的国家示范性高职院校绩效评价研究》,载《职业技术教育》,2012(07),第 53 - 57 页。

④ 金荣学、毛琼枝、张说:《基于 AHP 和熵权法的我国高等职业教育绩效评价》,载《财会月刊》,2017(36),第 59 - 66 页。

⑤ 龚冷西、陈恩伦、贾玲:《基于美国高校绩效评价的高职绩效评价指标构建——以西部某省为例》,载《现代教育管理》,2017(01),第 68 - 73 页。

⑥ 苏荟,吴玉楠:《基于 PCA - DEA 模型的高职院校办学绩效评价研究》,载《现代教育管理》,2018(10),第 87 - 93 页。

上述研究的不足之处都体现在，构建绩效评价指标体系时，没有清晰描述指标体系的理论基础，也没有对已构建的指标体系进行实证检验，以验证指标体系的科学性和有效性。相比中国教育科学研究院课题组的系列研究，高职院校绩效评价的诸多研究，运用了不同的方法，从不同的角度进行指标构建，进行了有力的探索，但这些研究缺乏系统性和延续性，在很多研究细节上还不够严谨。

在对国内外相关的研究与实践进行梳理、总结之后，笔者认为尽管国内学者在高等教育领域的相关研究取得了阶段性成果，但是在如下方面还是值得做出进一步的探索：

第一，绩效评价的指标体系的构建方法还有待进一步探索。从前述的文献综述可以看出，国内的相关研究在指标体系构建方面的学理性和严谨性方面有待提升，大部分研究对于指标体系构建缺乏完整而严谨的论述。绩效评价体系由于其天然的定量属性，指标体系的一点点变化往往会造成评价结果的较大差异。

第二，绩效评价的对象还有待进一步扩展。已有的绩效评价大多针对院校，将院校作为一个完整的主体，但从高校运行管理的实践上看，高等教育同时具备学术自治性（autonomy）和科层制（bureaucracy）的特征，学科专业和院系才是高校运作的支撑点。所以，将评价对象局限于院校这个主体，会使得研究结论偏泛化，不太利于院校进行自我诊断与改进。将评价对象细化到专业层面，则可能对高等院校绩效提升更有帮助，而这恰恰是前述研究的盲点之一。

第三，国内绩效评价的应用还有待进一步深入。对英美国家的高校来说，其绩效评价带有很强的问责属性，要么与其财政拨款相挂钩，要么需要对外公开以体现其使用公共经费的公共责任，所以天生带有应用性。反观国内的相关绩效评价研究，大多属于学者们的学术探讨，再加上评价对象囿于院校，所以研究结论的应用性还有待加强，以加强对于高校办学绩效提升的指导意义。

第四节　英美两国相关研究与实践评述

一、美国

在 1862 年颁布的《莫雷尔法案》(Morrill Land-Grant Act)的影响下，美国

各州政府以赠地的形式建立了大量的州立大学。这些州立大学在创立伊始，各州政府在尊重高校办学自主权的理念下，并没有采用公共部门问责机制(Public Accountability)将高校置于严格的财政控制之下，而是通过“自我抑制法规”(Self-denying Ordinance)抑制自己的权力，把管理权交由州高等教育委员会或校董事会等法定组织，所以美国的公立大学普遍拥有较高的办学自主权，基本上不受各州政府的直接控制。①

但是在进入高等教育大众化阶段之后，美国高等教育出现质量下滑的问题，政府和公众对高等教育信心下降，对高校进行问责管理的呼声越来越高。进入 1980 年代之后，在新公共管理主义思潮的影响下，高等教育领域的质量和绩效问题得到了广泛关注。在这样的背景下，绩效问责制成为美国政府对高等教育进行管理和激励的重要手段，进入 21 世纪之后，大部分州政府都出台了一种或者两种形式的绩效问责制度。总体上，美国公立高校绩效问责制有三种形式:第一种是绩效拨款制度(Performance Funding)，这种制度将州政府的财政拨款与高校的绩效表现关联起来，高校完成绩效指标体系中设定的任务之后，州政府就会划拨一定比例的绩效拨款;第二种是绩效预算制度(Performance Budgeting)，在这种制度下州政府的拨款要参考高校的绩效表现;第三种是绩效报告制度(Accountability Report)，这种制度要求高校必须向政府和公众发布绩效报告，接受政府和公众的监督，但是绩效情况与获得拨款无关。②

绩效预算制度因为没有明确的指标体系将绩效结果与预算资金联系起来，所以近年来这种制度越来越被边缘化;绩效报告制度虽然没有和拨款资金挂钩，但是其主要推动高校自我意识和公众声誉的变化;绩效拨款制度则有明确的指标体系，将高校的绩效表现与政府拨款紧密结合，所以受到越来越多的州政府的推崇。③

因此，绩效拨款制度和绩效报告制度被广泛采纳，相关的研究也较多，所以下面主要对这两种绩效评价方法的相关研究进行综述。

① [英]迈克尔·夏托克编:《高等教育的结构和管理》，王义端译，上海:华东师范大学出版社，1987 年，第 77 页。

② 张男星等，《高等学校绩效评价报告(2013)》，北京:教育科学出版社，2015 年。

③ DOUGHERTY K., REDDY V., "Performance Funding for Higher Education: What Are the Mechanisms? What Are the Impacts?", *Community College Research Center*, 2013.

(一) 绩效拨款制度的相关研究

1974年,田纳西高等教育委员会(Tennessee Higher Education Commission, THEC)主席约翰·福尔杰(J. Folger)和格雷迪·博格(G. Bogue)首次提出"绩效拨款"(Performance Funding)概念,他们想通过建立专门的基金来促使大学提升其教育质量。① 1977年,田纳西州开始进行绩效拨款制度的试点,1979年,田纳西州正式实施绩效拨款政策,将州立大学的绩效评估结果与政府拨款结合起来。在其后的数十年间,绩效拨款政策获得了美国联邦政府和大多数州政府的认可,2011年,美国教育部明确要求各州政府"采用基于完成率和其他质量目标的高等教育绩效拨款制度"(Embrace Performance-based Funding of Higher Education Based on Progress Toward Completion and Other Quality Goals)。② 截至2016年1月,共有25个州政府已经实施了绩效拨款制度,8个州政府已经制定好绩效拨款政策并计划实施,5个州政府正在制定或者计划制定绩效拨款政策。③

在绩效拨款制度兴起伊始,学者们就开始对其进行跟踪研究。田纳西大学的特鲁迪·班塔是较早对其进行研究的学者之一,他以个案研究的方式对田纳西州绩效评估指标的设定、使用及其影响等进行系列跟踪研究。④⑤⑥

随着越来越多的州政府开始采纳绩效拨款制度,越来越多的学者开始关注绩效拨款制度,并从定义与分类、绩效评价指标演变、效果和影响等多方面进行研究。

1. 绩效拨款的定义和内涵

约瑟夫·伯克和亨里克·米纳肖恩斯认为,绩效拨款是指将州财政拨款与大学在某些绩效指标上的表现(如学生保持率、所修学分数、毕业率等)紧密、直

---

① 杨婕:《美国高等教育绩效拨款政策研究》,载《高教探索》,2018(02),第78-83页。

② US Department of Education, *College Completion Tool Kit*. US Department of Education, 2011, p.6.

③ SNYDER M., FOX B., *Driving Better Outcomes: Fiscal Year 2016 State Status & Typology Update*, HCM Strategists, 2016, p.6.

④ BANTA T. W., Fisher H.S., "Performance Funding: Tennessee's Experiment", *New Directions for Higher Education*, 1984(48), pp.29-41.

⑤ BANTA T. W., *Performance Funding in Higher Education: A Critical Analysis of Tennessee's Experience*, Boulder, CO: National Center for Higher Education Management System, 1986.

⑥ BANTA T. W. Moffett M. S., "Performance funding in Tennessee: Stimulus for program improvement", *New Directions for Higher Education*, 1987(59):35-43.

接相连的一种财政拨款方式。后续的研究者大多认同这个定义,并在这个定义的基础上提出了更多的内涵。[①] 比如有学者认为,绩效拨款作为一种拨款制度,与招生人数为基础的拨款制度相比,其特点在于更能体现大学的产出和成果,而不是投入因素。[②] 还有学者认为绩效拨款不仅是财政拨款的工具,更是政府对高等教育进行问责和监控的工具,政府通过绩效指标来表达对大学的要求,大学通过绩效考核结果应对公众的质疑,所以绩效指标从本质上来说,不仅仅是一个评价方式,更是一个复杂的、承载众多利益相关者利益诉求的政策工具。[③④]

2. 绩效拨款政策的分类

根据绩效拨款政策的施行时间和内容不同,一般将绩效拨款政策分为两种类型:"绩效拨款 1.0"和"绩效拨款 2.0"。[⑤⑥] "绩效拨款 1.0"开始于 1979 年,由田纳西州率先发起,随后被很多州采纳。2000 年左右,由于经济衰退等原因,很多州相继终止了这个政策。在这个阶段绩效拨款金额比较小,属于奖励性质拨款,仅占公立高校获得的州政府拨款的 1%至 6%左右,在绩效指标上主要关注产出和结果指标。[⑦]

"绩效拨款 2.0"始于 2007 年,由于"绩效拨款 1.0"的拨款金额较少,众多研究显示该政策对高校的影响较小,于是在"绩效拨款 2.0"中,州政府大幅度提升了绩效拨款在州政府拨款所占的比例。比如,在田纳西州与绩效结果挂钩

---

① BURKE J. C., MINASSIANS H., *Performance Reporting: "Real" Accountability or Accountability "Lite" Seventh Annual Survey* 2003, The Nelson A. Rockefeller Institute of Government, 2003, p.3.

② HALL K. B., *Tennessee Performance Funding and the University of Tennessee, Knoxville: A Case Study*, ProQuest Dissertations Publishing, 2000, p.3.

③ DOUGHERTY K. J., JONES S. M., LAHR H., et al., "Performance Funding for Higher Education: Forms, Origins, Impacts, and Futures", *The ANNALS of the American Academy of Political and Social Science*, 2014, 655(1), pp.163-184.

④ DOUGHERTY K. J., JONES S. M., Natow R. S., et al., "*Envisioning Performance Funding Impacts: The Espoused Theories of Action for State Higher Education Performance Funding in Three States*, Community College Research Center, 2017.

⑤ Albright B. N., *Tip sheet: Higher education performance funding 2.0 (Making Opportunity Affordable Initiative)*, Indianapolis: Lumina Foundation, 2009.

⑥ SNYDER M. J., *Role of performance funding in higher education's reform agenda: A glance at some state trends*, Denver: Presentation given at the Annual Legislative Institute on Higher Education, National Conference of State Legislatures, 2011.

⑦ DOUGHERTY K.J., REDDY V.R., *Performance Funding for Higher Education: What Are the Mechanisms? What Are the Impacts*, ASHE Higher Education Report, 2013.

的拨款占85%～90%，在俄亥俄州2014财年(fiscal year 2014)高等教育预算中，有80%的预算与大学生的课程通过率和毕业率挂钩。①②

随着绩效拨款制度被越来越多的州政府采纳、实施，上述的分类偏于简单，所以有学者根据绩效指标计算公式、绩效指标的优先指标项、绩效资金的占比、是否包含四年制本科和两年制社区大学、地区划分的尺度和比重、对弱势学生群体的关注度和绩效拨款制度实施时间等7个分类依据，将不同州政府的绩效拨款制度划分为四种不同的类型。类型Ⅰ处于初级阶段，绩效占比较少，类型Ⅳ最为健全，拨款政策完全反映出州政府对高等教育的诉求，类型Ⅱ和类型Ⅲ则分别处于类型Ⅰ和类型Ⅳ之间不同阶段。③

3. 绩效拨款指标的研究

不同的指标体系蕴含着政府和公众对高等教育的诉求，约瑟夫·伯克和亨里克·米纳肖恩斯于2002年对29个州的公立高等院校的158项绩效指标进行分析，列举出公立高等院校在绩效报告和绩效拨款的指标体系中最常用的8项绩效指标，这说明绩效指标是存在共性的，如表3-7所示。这些共性的绩效指标体现出政府和公众对于高等教育的主要关注点在于教育质量、教育公平和院校运行效率。④

表3-7 绩效拨款中八项常用的绩效指标排名

绩效指标	采纳数
1 毕业率或保留率	10
2 就业率	8
3 学生转学率	6
4 教师工作量	5
5 院校选择	5

① DOUGHERTY K. J., JONES S. M., LAHR H., et al., "Performance Funding for Higher Education: Forms, Origins, Impacts, and Futures", *The ANNALS of the American Academy of Political and Social Science*, 2014, 655(1), pp.163-184.

② Ohio Association of Community Colleges. SSI Allocation Recommendations[R/OL]. (2013-12) [2019-01-25]. http://www.gongwer-oh.com/public/130/2yrfunding1-6.pdf. Ohio: Ohio Association of Community Colleges, 2014, p.6.

③ SNYDER M., FOX B., *Driving Better Outcomes: Fiscal Year 2016 State Status & Typology Update*, HCM Strategists, 2016, p.36.

④ BURKE J. C., MINASSIANS H. P., "Reporting indicators: What do they indicate?", *New Directions for Institutional Research*, 2002(116), pp.33-58.

（续表）

绩效指标	采纳数
6 资格考核分数	4
7 获得学位的时间	4
8 劳动力与经济发展	4

资料来源：Burke，Minassians，2002.

绩效指标的演变也是学者们研究的重点。由于田纳西州最早采用绩效拨款制度，所以很多关于绩效指标的演变研究都聚焦于田纳西州。从评价方法和过程角度来说，田纳西州的绩效评价是一种自我评价基础之上的第三方分类评价，在指标体系中大量采用了第三方评价结果，具有周密的评价过程，强调计划性和周期性，而且非常注重对绩效评价本身的质量保障。① 从评价指标特征角度来看：一，专业教育与通识教育的质量评价是评价体系的核心，其表现是与专业教育和通识教育相关的四个指标被持续保留；二，学生满意度调查成为体系中的常规指标，其表现是 NSSE 和 CCSSE 调查结果被持续保留；三，学生学业成就指标在体系中趋于稳定；四，关注特殊学生群体成为体系发展的新动向，如成人学生的入学及学业质量成为新兴指标。② 从评价对比维度来看，田纳西州的绩效评估体系是教育质量的发展性评估，并不是高校间的竞争性评估，各校与自己进行纵向对比，根据进步情况评分，绩效拨款指标的变化反映出政府和公众对高等教育的诉求变化。③

4. 绩效拨款政策的影响研究

在绩效拨款制度施行多年之后，学者们开始研究绩效拨款制度对公立大学带来的影响，比如是否影响公立大学的政策和项目运作，是否如愿提升了学生的学习产出和成果(Student Outcomes)等，以及公立大学所面临的障碍和所带来的意外影响(Unintended Impacts)。

在对院校的影响方面，众多研究发现，公立高校像预期的那样更加关注绩

① 王春春、张男星：《美国公立高校绩效评价体系内容与特点分析——以田纳西州为例》，载《比较教育研究》，2012(1)，第 25－29 页。

② 李维维、樊秀娣：《21 世纪以来美国田纳西州高等教育绩效指标体系的演变》，载《世界教育信息》，2017(14)，第 39－45 页。

③ 张松、张国栋、杜朝辉：《美国田纳西州高等教育绩效评估体系的历史演变及启示》，载《清华大学教育研究》，2014(3)，第 81－86 页。

效指标中的引导指标项目，但并未对院校整体进行大幅度的调整。公立大学按照政府期望的那样，变得更加关注于绩效指标中所强调的学习成果指标项，如学生发展、课程通过率、社区大学的升本率等。有研究发现，为了能够在短期内完成指标任务，公立大学降低了入学标准并为提升毕业率和课程完成率而自发降低学术标准。① 在大学内部，绩效拨款制度带来的最主要的变化是课程（比如课程的 STERM 化、学生专升本率提升）和学生服务（比如学生预警）、学生资助政策的优化等方面，绩效拨款政策对于高校决定进行院校层面的变革的影响并不大。② 还有研究显示，绩效拨款制度实施之后，学生成绩似乎并没有得到提升。③

为什么绩效拨款制度没有发挥作用呢？拉腊·菲特（Pheatt 等，2014）在对俄亥俄州、田纳西州和印第安纳州的 39 名州政府官员、18 所大学的 222 名管理人员和教师的访谈后提出高校遇到的很多障碍：首先，对于持开放教育理念的大学（比如社区大学）来说，学生的入学基础比较差，所以很难像研究型大学那样能快速提升学生的毕业率；研究能力的缺乏是一个显著的障碍，信息技术能力（IT capability）、高素质师资不足、校园面积狭小也是公立大学完成绩效目标的障碍。④ 其他学者的研究也得到相似结论，包括大学生群体的学术能力较弱、绩效指标中存在不适当的衡量标准和大学基础支撑能力不足等。⑤⑥

---

① DOUGHERTY K.J., JONES S.M., LAHR H.E., et al., *Implementing Performance Funding in Three Leading States: Instruments, Outcomes, Obstacles, and Unintended Impacts*, CCRC working Paper No.74.

② NATOW R. S., PHEATT L. E., DOUGHERTY K. J., et al. *Institutional Changes to Organizational Policies, Practices, and Programs Following the Adoption of State-Level Performance Funding Policies*, CCRC working Paper No.76.

③ WARD J. D., "Performance Funding for Higher Education by Kevin J. Dougherty et al. (review)", *The Review of Higher Education*, 2018, 41(2), pp.313 - 316.

④ PHEATT L., LAHR H., DOUGHERTY K., et al., *Obstacles to the Effective Implementation of Performance Funding: A Multistate Cross-Case Analysis*, Community College Research Center, 2014.

⑤ JONES S., DOUGHERTY K., LAHR H., et al., "Organizational Learning by Colleges Responding to Performance Funding: Deliberative Structures and Their Challenges", *Community College Research Center*, 2015.

⑥ DOUGHERTY K., JONES S., LAHR H., et al., "Implementing Performance Funding in Three Leading States: Instruments, Outcomes, Obstacles, and Unintended Impacts", *Community College Research Center*, 2014.

由于上述研究都是研究"绩效拨款 1.0"政策的影响,而"绩效拨款 1.0"的拨款比例占公立高校所有政府拨款的比例较小,所以也有学者认为这是绩效拨款政策没有发挥很大作用的一个重要因素。在实施"绩效拨款 2.0"的州,大学生毕业数量的增长速度就超过了入学人数。[①] 不过也有反对者提出,在没有进行基于数据的定量研究结论出现之前,对于"绩效拨款 2.0"的影响需要持谨慎态度。首先,绩效拨款政策将进一步缩小大学的开放性,因为开放性将降低毕业率,影响绩效;其次,研究型大学认为绩效拨款制度对其不利,因为指标中没有科研相关指标。[②]

5. 绩效拨款政策效果的定量研究

不同的学者运用描述性统计(Descriptive Statistics)和推断性统计(Inferential Statistics)的方法对绩效拨款政策效果进行定量研究。

凯文·多尔蒂等对印第安纳州(Indiana)、俄亥俄州(Ohio)和田纳西州(Tennessee)的公立大学数据进行统计,结果显示在施行绩效拨款制度之后,三个州的公立大学的毕业率都有了大幅度提升。印第安纳州的公立大学 2013 学年的毕业人数相比 2008 学年提升了 16.1%,同期入学人数仅提升 8.9%,也就是说,毕业率有了大幅度的提升。社区大学的毕业率提升更加显著,毕业人数提升了 199.22%,入学人数仅提升 21.7%。俄亥俄州和田纳西州的相关数据也有了大幅度提升。但是,多尔蒂也冷静地指出,由于毕业率的提升受到很多外在因素的影响,所以不能简单地得出毕业率提升就是绩效拨款制度作用的结论。

运用更加高级的统计学方法,如双重差分法(Differences-in-Differences, DID)、多层线性模型(Hierarchical Linear Model, HLM)等,通过对面板数据的计算,可以控制住其他相关影响因素,以获得更加准确的研究结果。表 3-8 所示为运用高级统计学方法的定量研究列表。

根据研究对象的不同,这些定量研究可以分为两类,一类是对施行绩效拨款的州进行的专门研究,另一类是在不同类型的州之间进行的对比研究。

---

① DOUGHERTY K., JONES S., LAHR H., et al., "Looking Inside the Black Box of Performance Funding for Higher Education: Policy Instruments, Organizational Obstacles, and Intended and Unintended Impacts", *RSF*, 2016, 2(1), pp.147-173.

② DOUGHERTY K., NATOW R., JONES S., et al., *The Political Origins of Performance Funding 2.0 in Indiana, Ohio, and Tennessee: Theoretical Perspectives and Comparisons with Performance Funding* 1.0, Community College Research Center, 2014.

表 3-8　高级定量相关研究列表

作者	因变量	时间跨度	计量方法	研究结论
Shin, Mitlon, 2004	graduation rates	1997—2001	HLM	没有效果
Volkwein, Tandberg, 2008	accountability score	2000—2006	TSA & OLS	没有效果
Shin, 2010	graduation rates & research funds	1997—2007	HLM	没有效果
Sanford, Hunter, 2011	graduation & retention rates	1995—2009	LMM	没有效果
Rabovsky, 2012	revenues & expenditures	1998—2009	OLS	混合型结果，大部分没有效果
Radford, Rabovsky, 2014	graduation rates, retention rates & degrees	1993—2010	OLS	没有效果，有些还是负相关
Hillman, Tandberg, Gross, 2014	bachelor's degrees	1990—2010	DID	没有效果
Tandberg, Hillman (2014)	bachelor's degrees	1990—2010	OLS	没有效果
Hillman, Tandberg, Fryar, 2015	associate's degrees & certificates	2002—2012	OLS	对短期证书有效
Kelchen, Stedrak (2016)	revenues, expenditures & financial aid	2003—2012	OLS	混合型结果，大部分没有效果
Umbricht, Fernandez, Ortagus (2017)	degrees, diversity & admissions	2003—2012	DID	没有效果
Hillman, Fryar, Crespín-trujillo, 2018	bachelor's & associate's degrees	2005—2014	DID	没有效果
Li, Kennedy (2018)	short-term & medium-term certificates, associate's degrees	1990—2013	DID	短期证书增加，中期证书没变化，副学位减少
Hutchinson, 2018	graduation rates	2005—2016	MSD & ITSA	没有效果

注：DID 为双重差分法(Differences-in-Differences)，HLM 为多层线性模型(Hierarchical Linear Model)，LMM 为混合线性模型(Linear Mixed Model)，TSA 为时间序列分析(Time Series Analytics)，OLS 为普通最小二乘法回归(Ordinary Least Square Regression)，MSD 为匹配样本设计(Matched Sample Design)，ITSA 为间断时间序列分析(Interrupted Time Series Analysis)。

田纳西州、俄亥俄州和印第安纳州是实施绩效拨款制度较早，也是一直坚持实施这个政策的三个州，所以是学者们研究的重点，此外也有学者关注宾夕法尼亚州、华盛顿州和德克萨斯州的绩效拨款政策的实施情况。从研究的结论上看，绩效拨款政策对四年制大学的学生保留率、毕业率并没有产生预期的影响，但是对社区学院的短期证书获得人数有显著影响；从研究方法上，学者们采用了差分回归（Difference-in-differences Regression）、匹配样本设计（Matched Sample Design）和间断时间序列分析（Interrupted Time Series Analysis）等多种研究方法。

其他学者采用在不同类型的州之间进行对比的研究方式，以控制住其他政策、经济发展等影响因素，研究结论同样显示实施绩效拨款的州并没有呈现特别的优势，对四年制大学没有体现出影响，对社区学院产生了一定的影响，其短期证书获得人数有提升。

当然，需要注意的是，由于数据积累的原因，上述研究结论大都是针对"绩效拨款 1.0"的实施效果，"绩效拨款 1.0"政策由于属于奖励性质的拨款政策，拨款金额较少，所以效果不够显著也是情有可原的。"绩效拨款 2.0"政策大幅度提升了绩效拨款金额所占比例，但从 2007 年才开始实施，其效果还有待进一步跟踪研究。

此外，政策的实施具有一定的延迟性，大卫・坦德伯格和尼古拉斯・希尔曼构建的持续时间模型显示，在政策实施的七年后，绩效拨款制度开始出现积极和显著的影响。[①]

（二）绩效报告制度研究

绩效报告（Performance Reporting）是指高校或第三方机构定期以书面报告的形式向政府和公众发布高校绩效信息的制度。与绩效拨款制度不同，绩效报告与公立高校的拨款直接关联。[②] 绩效报告通常是按照年度定期发布的，具有完整的绩效指标体系。

绩效报告制度得到了越来越多高校的青睐，截至 2003 年，实施绩效报告的

---

① TANDBERG D. A., HILLMAN N. W., "State Higher Education Performance Funding: Data, Outcomes, and Policy Implications", *Journal of Education Finance*, 2014, 39(3), pp.222－243.

② BURKE J. C., MINASSIANS H. P., *Performance Reporting: "Real" Accountability or Accountability "Lite" Seventh Annual Survey* 2003, The Nelson A. Rockefeller Institute of Government, 2003, pp.3－4.

州就已经达到46个，几乎遍布全美。其重要的原因在于，相比其他问责手段，绩效报告的发布主体是高校或其他第三方机构，这种方式在满足政府和公众问责需求的同时，更加尊重高校的自主权，所以获得了高校的广泛认同。州政府则可以通过在绩效报告的指标体系中增加州政府所关注的绩效指标来不断加强对高校的问责，通过指标体系来诊断高校存在的问题，通过历年的纵向对比来评估高校绩效情况，也间接促使高校承担更多的自我诊断和改进的责任。[①]

美国洛克菲勒研究所(The Nelson A. Rockefeller Institute of Government)的约瑟夫·伯克和亨里克·米纳肖恩斯于2002年对全美实施绩效报告的29个州所发布的绩效报告中的指标体系进行整理后，构建了一个通用绩效指标列表，该列表共包含158项绩效指标，最常用的8个指标如表3-9所示[②]。这些指标大多属于产出型(output)或结果型(outcomes)指标，可见绩效报告的重点在于对绩效结果的报告。

表3-9　绩效报告常用指标

指标	使用的州的数量
1　毕业率或保留率	24
2　入学机会和公平性	21
3　获得资助的科研项目	20
4　学生转学率	19
5　学费	18
6　补助活动	17
7　学位获得率	16
8　资格考核分数	16

从美国的高等教育实践上看，根据报告对象不同，可以分为两种类型的报告：区域性绩效报告和校级绩效报告。前者以全美公共政策与高等教育中心发布的《高等教育评价报告》为代表，报告对象为全美50个州的高校教育状况；后

① 姜华、李漫红、吕光洙等：《资源与效率：国外高等教育绩效评价研究》，北京：科学出版社，2015年，第40-43页。

② BURKE J. C., MINASSIANS H. P., "Reporting indicators: What do they indicate?", *New Directions for Institutional Research*, 2002(116), pp. 33-58.

者以加州大学系统为代表，其年度问责报告内容丰富、指标详尽，以 2018 年度报告为例，共设有 13 个一级指标，69 个二级指标。

1. 美国《高等教育评价报告》

全美公共政策与高等教育中心（The National Center for Public Policy and Higher Education）是一个独立的非营利性组织，于 1998 年成立。该中心对社会普遍关注的高等教育政策问题进行分析和研究，特别关注高等教育的入学机会和人才培养的有效性，其最终目的是提升美国整个高等教育的办学水平。从 2000 年开始，该中心每隔 2 年就发布《高等教育评价报告》，至 2008 年，该中心共发布了 5 份《高等教育评价报告》。《高等教育评价报告》以评估卡（report card）方式表现全美 50 个州的高等教育成效和改进。①

《高等教育评价报告》共使用 6 个一级指标，36 个二级指标。6 个一级指标分别是：高中生入学准备情况（preparation）、大学入学比例（participation）、学费负担能力（affordability）、学业完成率（completion）、学历收益率（benefits）和学习收获（learning）。具体一级和二级指标项如表 3－10 所示。

表 3－10　美国《高等教育评价报告》指标

一级指标	二级指标
1　高中生入学准备情况（高中生如何为接受高等教育并完成大学课程做好准备?）	（1）高中毕业率 （2）数学课 （3）科学课 （4）八年级代数课 （5）数学水平 （6）阅读水平 （7）科学水平 （8）写作水平 （9）低收入者的数学水平 （10）大学入学考试 （11）大学预科课程考试 （12）具备专业背景教师讲授率

① NCPPHE: *Measuring Up 2008: The National Report Card on Higher Education*, National Center for Public Policy and Higher Education, 2008.

(续表)

一级指标	二 级 指 标
2　大学入学比例 (年轻人和成年人是否有机会接受高中后教育和培训?)	(13) 大学入学机会 (14) 18～24 岁年轻人的大学入学率 (15) 25～44 岁成年人的大学入学率
3　学费负担能力 (如果把家庭收入、上大学的费用和学生的经济资助考虑在内,人们是否能负担得起大学学费?)	(16) 能负担社区学院学费的家庭比例 (17) 能负担公立四年制大学学费的家庭比例 (18) 能负担私立四年制大学学费的家庭比例 (19) 需要助学贷款比例 (20) 低学费大学比例 (21) 大学生最低贷款金额
4　学业完成率 (大学生是否坚持并最终获得大学毕业文凭和学位证书?)	(22) 两年制学院的学生复读率 (23) 四年制大学的学生保留率 (24) 百名学生中的学位获得人数 (25) 六年内学士学位的获取率 (26) 每千名成年人中的学位获取人数
5　学历收益率 (受过高等教育的公民是如何为每个州的经济和公民福祉做出贡献的?)	(27) 成年人中具有副学士学位或以上学位的比例 (28) 成年人中具有学士学位或以上学位的比例 (29) 因拥有大专文凭而增加的收入占比 (30) 因拥有本科文凭而增加的收入占比 (31) 投票比例 (32) 慈善捐款比例 (33) 志愿者比例 (34) 数理素养 (35) 写作素养 (36) 文档读写素养
6　学习收获 (受过高等教育的公民在各种知识和技能方面表现如何?)	由于无法获得每名学生在大学中的学习成绩,而且也无法进行对比,所以这一指标项目不进行计算。

注:该表根据 2000 年和 2008 年的《高等教育评价报告》编制。

每一次发布的《高等教育评价报告》都以州为单位,根据绩效指标体系进行评分,每个一级指标都分别给出五个等级(A 为最好,F 为最差),这个等级分值是相对的,是某一个州相比其他州的得分。其打分步骤如下:

步骤一,确定指标项目。这些指标项都具备如下四个特点:一,指标具有代表性，能评估出所属类别的表现；二，具有可靠的数据来源；三，具有可比性；四，能评价出绩效结果。

步骤二，为指标赋权重。每个二级指标根据其重要程度赋予一定的比重，每一个一级指标下的二级指标权重之和为100%。

步骤三，计算出每个一级指标中表现最好的五个州。使用前五个州的表现作为基准，将每个指标的原始值转换为百分制分值。从2004年开始，“学费负担能力”这个一级指标的基准值为20世纪90年代初分值最高的五个州为基准，其他一级指标继续使用当年的分值最高的五个州为基准。

步骤四，计算出每一个州的得分。先计算出每个州在每一个二级指标的分值，乘以权重相加之后，就是每个州在每一个一级指标上的原始分值。然后再根据计算好的基准值，转换成百分制分值。

步骤五，确定等级。最后将百分制转换成五分制等级。

《高等教育评价报告》的数据全部来源于公开数据，而且还有专门的《技术报告》，详细说明每一个数据的来源以及数据处理方式，在网上公布全部一级、二级指标项的数值和得分，并且提供专门的对比查询网页，供公众进行查询。

《高等教育评价报告》对各个州高等教育的整体状况进行评价，为公众提供客观、直观的绩效评价结果。《高等教育评价报告》一经推出就受到了广泛的关注。例如，在美国州长峰会上，该报告使得公众认识到，基础教育和高等教育必须协同发展，而不是各自为政。各州政府也根据报告的结果提出政策建议，《高等教育评价报告》成为美国高等教育体系中重要的绩效问责手段之一。[①]

2. 加利福尼亚州州立大学年度问责报告

1991年，迫于公众问责的压力，加利福尼亚州通过了《加州高等教育问责报告法》(Higher education accountability programs, Assembly Bill 1808)，这个法规要求加州大学的公立高校必须定期公布年度问责报告，问责报告须涵盖适龄入学人数、财政状况、申请入学人数、录取人数和成功毕业人数等五大部分。[②] 不过因为是面向行政管理部门的报告，而不是面向普通民众的，所以问责压力并未减轻。2008年受全球性的经济危机影响，美国高校普遍面临政府拨款下滑、学费上涨的压力，公众尤其是学生家长普遍质疑学费上涨所带来的

---

① 张男星等：《高等学校绩效评价论》，北京：教育科学出版社，2012年，第114-115页。

② TROW M., “Trust, markets and accountability in higher education: a comparative perspective”, *Higher Education Policy*, 1996(9), pp.309-324.

收益。2009年，在时任加州大学校长马克·尤杜夫(M. Youdof)的推动下，加州大学开始向公众公开发布全新的年度问责报告。其目的就是回应上述质疑，问责报告用详尽的数据来说明加州大学在人才培养、科学研究和社会服务方面的成就与贡献，尤其说明其必要的办学成本和资金使用效率。

加州大学年度问责报告的内容非常丰富，指标体系完备。从内容上，报告分为三个部分：第一章是年度总结，对年度重点工作进行分析和汇报；第二章是报告主体，根据指标体系逐一进行汇报说明；第三章是附录，对重要名词进行解释。

从指标体系上看，2018年度报告共分为13个一级指标，69个二级指标，涉及学校办学的各个方面，如表3-11所示。

表3-11 《加州大学系统2018年度问责报告》指标体系

一级指标		二级指标
1	本科招生与入学	每年本科生的申请、录取和注册人数；新生人口学情况等；新生的入学准备情况；国际学生和非加州学生
2	本科生支付能力	学费情况；学费的来源(如奖学金、助学金等)；学生获取贷款情况
3	本科生学业成就	毕业率；保留率；学习投入时长；毕业生和校友对学校的满意度
4	学术学位和专业学位研究生概况	学术学位和专业学位研究生的录取情况、支付能力、就业情况等
5	教师和其他学术雇员	教师和其他学术雇员的数量、年龄分布和薪资待遇等
6	职员情况	教职工的人口学情况和薪资待遇等
7	师生的种族多样性	教职工和学生在性别和种族多样性方面的情况
8	教学和学习	师资队伍人数、本科生的科研经历、本科生在学习能力方面的自我评价等
9	科研	科研人员人数、研究课题数量、研究经费使用情况等
10	社会服务	对加州农业、自然资源的贡献；对生态环境的贡献；对加州社会和经济的贡献情况
11	卫生科学与医疗服务	加州大学医学院在卫生科学和医疗方面对教学、科研和公共服务方面的支持情况
12	预算和财务	财政收支情况，如州政府拨款、营业性收入、校友捐赠情况等
13	获奖和大学排名	教师获奖情况，如获得诺贝尔奖或全国性奖项情况；纽约时报发布的"大学入学指数"排名；在代际流动方面的贡献；在全球两大大学排行榜的排名情况

注：该表根据2018年加州大学问责报告编制。

加州大学年度问责报告非常具有代表性，主要具备如下特点：指标体系较为完备，涵盖的内容广泛；报告以翔实的数据说话，凸显“以学生为中心”的理念，关注以绩效为核心的动态评估；报告以自愿问责的方式，解决了高校与社会之间在问责方面的矛盾。[①] 此外，加州大学年度问责报告体现出鲜明的绩效意识：在微观层面，办学相关指标重点展现教育投入和教育输出情况，强化以投入产出效率为核心的绩效评价理念；在宏观层面，问责报告还汇报加州大学在实现社会公正等方面做出的贡献，如照顾帮扶弱势群体、促进社会阶层流动等，贯彻了“社会公共利益至上”的社会绩效理念，表现出加州大学的公共责任。[②]

但绩效报告制度由于与高校的拨款没有关联，2003 年对美国高等教育财务官员的一项调查表明，高等教育协调机构在制定政策时很少参考高校的绩效报告，超过 25%的人认为“应用很少”“没有应用”或“无从判断”。[③] 姜华等也提出了绩效报告制度的六个问题：“一是绩效报告内容的冗余性和格式的杂乱性；二是绩效报告可能会成为‘象征性’政策；三是绩效报告实施过程中的责任的模糊性；四是高等院校中、低层领导对绩效报告的熟悉程度低；五是绩效指标没能完全反映州政府优先考虑解决的问题；六是绩效报告的实施缺乏一个反馈过程”。[④]

二、英国

英国是较早实施高校教育绩效评价的国家，也是最具有典型性和代表性的国家之一。20 世纪 80 年代以来，新公共管理主义和货币主义盛行，英国高等教育发生了持续而激烈的变革。1979 年，玛格丽特 · 撒切尔（M. Thatcher）就任英国首相之后，推行激进的政府改革计划，开始对传统的公众部门进行大刀阔斧的改革。[⑤] 在这种形势之下，高等教育被视为一项没有效率和效益的“费钱”的公共项目，英国政府开始想尽办法削减对大学的经常性拨款，效率、经济

---

① 余平：《公立大学回应社会问责的新思路——基于〈加州大学 2014 年问责报告〉的解析》，载《高教探索》，2015(9)，第 32 - 37 页。

② 王硕旺，黄敏：《公立大学如何回应社会问责——基于美国加州大学年度问责报告的比较研究》，载《中国高教研究》，2014(7)，第 48 - 53 页。

③ 张男星等：《高等学校绩效评价论》，北京：教育科学出版社，2012 年，第 42 - 43 页。

④ 姜华、李漫红、吕光洙等：《资源与效率：国外高等教育绩效评价研究》，北京：科学出版社，第 40 - 43 页。

⑤ SHORE C., WRIGHT S., “Audit Culture and Anthropology: Neo-Liberalism in British Higher Education”, *Journal of the Royal Anthropological Institute*, 1999, 5(4), pp. 557 - 575.

和标准成为高等教育改革的中心议题。

英国绩效评估政策的历史演变可划分为三个阶段:第一阶段主要关注高等教育效率的提升;第二阶段始于 20 世纪 90 年代,政策关注重点开始转向高等教育质量;第三阶段从 20 世纪 90 年代末开始,进入效率和质量并举阶段。① 进入 21 世纪之后,尤其是经历了 2008 年全球性的金融危机之后,英国政府在巨大的财政支出压力下,进一步减少了公共财政拨款,开始施行新的绩效拨款方案,教学拨款转变为以公式法为基础的绩效拨款,同时增加了以校企互动绩效为基础的知识交换(Knowledge Exchange)拨款。②

2016 年 5 月 16 日,英国政府发布了白皮书《知识经济时代的成功:卓越教学、社会流动和学生选择》(*Success as a Knowledge Economy: Teaching Excellence, Social Mobility and Student Choice*),开启了新一轮高等教育改革。首先,颁布并实施"卓越教学框架"(teaching excellence framework),贯彻"以学生为中心"的理念;其次,组建全新的学生办公室(Office for Student),凸显人才培养的重要性;最后,建立单独的研究和创新机构——英国研究和创新委员会(UK Research and Innovation),由其下属的英格兰研究委员会(Research England)负责大学的科研拨款管理,这样的组织架构变化进一步强化了高校科研的社会服务功能。

总体来说,英国高等教育的绩效评价实践可以分为三个不同部分:年度绩效报告、基于科研卓越框架(research excellence framework, REF)的科研拨款制度和基于卓越教学框架(teaching excellence framework, TEF)的教学拨款制度。由于科研卓越框架采用同行评议的方式进行评价,而非定量评价方式,所以下面仅综述年度绩效报告和卓越教学框架。

(一) 年度绩效报告

1985 年 3 月 29 日,由时任伯明翰大学校长的亚历克斯·贾勒特(A. Jarratt)牵头组建的"大学效率研究指导委员会"(Steering Committee for Efficiency Studies in the Universities)向时任大学校长委员会(Committee of Vice-Chancellors and Principals)主席莫里斯·沙克(M. Shock)提交了名为

---

① 阚阅:《当代英国高等教育绩效评估研究》,北京:高等教育出版社,2010 年,第 65 - 110 页。

② 张红峰:《英国高等教育基金委员会拨款方法的变迁研究》,载《中国高教研究》,2017(5),第 62 - 67 页。

《大学效率研究指导委员会汇报》(*Report of the Steering Committee for Efficiency Studies in Universities*)的研究报告,这就是著名的《贾勒特报告》(*Jarratt Report*)。《贾勒特报告》明确提出了要把绩效管理的方式引入高校的管理,报告中提出"人们已经形成共识,需要设计一套可靠而稳定的绩效指标体系。所以,应尽快为所有大学和大学中的部门开发出绩效指标,并将其作为规划和资源分配的一个必要组成部分"(CVCP, 1985:22),报告还提供了涵盖三大类 20 项的绩效指标体系。[①]

尽管在学术界受到冷遇,但是《贾勒特报告》得到了英国政府的重视,同年 5 月,英国教育和科学大臣、苏格兰事务大臣、威尔士事务大臣和北爱尔兰事务大臣联合向议会提交的绿皮书《1990 年代高等教育的发展》(*The Development of Higher Education into the 1990s*)。绿皮书提出:"有效的管理应不仅基于资源的有效利用(投入),也应基于取得结果的有效性(产出)。这意味着有必要开发和使用绩效测量方法。……政府认为,定期公布高校和院系的单位成本和其他一些绩效指标是有益的。因此,我们欢迎《贾勒特报告》中有关开发可靠而稳定的绩效指标以用于各大学及彼此之间比较的建议。开发这些指标对高校的内部管理以及更广泛的资源分配政策的发展都将具有重要的意义"。[②][③]

为了响应《贾勒特报告》和《1990 年代高等教育的发展》,1985 年 7 月,英国大学校长委员会和大学拨款委员会成立了"绩效指标联合工作组"(Joint CVCP/UGC Working Group on Performance Indicators)专门负责绩效指标的开发。该工作组随后开展了一系列的工作,通过发布系列申明报告(Statement)阐明绩效指标体系的开发原则,并于 1987 年年底首次推出年度绩效报告《大学管理统计与绩效指标》(*University Statistical Management and Performance Indicators*)。1988 年,工作组对指标体系进行了优化,增加了 15 项指标,最终确定为 11 个大类(表格),54 项指标,如表 3 - 12 所示。其后,一直沿用这个绩效指标体系来发布英国大学绩效报告,直到 1995 年发布的《大学管理统计与绩效指标》都没有改变(阚阅,2010:116 - 121)。

① CVCP, *Report of the Steering Committee for Efficiency Studies in Universities*, London: CVCP, 1985, p.22.

② DES. *The Development of Higher Education into the 1990s*, London: HMSO, 1985, p.31.

③ 阚阅:《当代英国高等教育绩效评估研究》,北京:高等教育出版社,2010 年,第 75 - 76 页。

表 3-12　1988 年版《大学管理统计与绩效指标》中的绩效指标体系

序号	绩效指标	使用范围		
		成本中心	院校	学科组
表格 1				
1	全日制学生的生均开支	√		
2	全职教师的人均开支	√		
3	全职教师辅助人员的人均开支	√		
4	全职教师设备设施的人均开支	√		
5	全职教师的人均科研收入	√		
表格 2				
6	研究型研究生占全日制学生的比例	√		
7	教学型研究生占全日制学生的比例	√		
8	所有研究生占全日制学生的比例	√		
表格 2a				
9	全日制学生与全职教师的比例	√		
表格 3				
10	学校行政开支占整个开支的比例		√	
11	学校行政人员工资开支占学校行政开支的比例		√	
12	全日制学生的生均学校行政开支		√	
13	全职教师的人均学校行政开支		√	
表格 4				
14	图书馆开支占整个开支的比例		√	
15	出版物开支占图书馆开支的比例		√	
16	全日制学生的生均图书馆开支		√	
17	全职教师的人均图书馆开支		√	
18	全日制学生的生均图书馆开支		√	
19	全日制学生的生均期刊开支		√	
表格 5				
20	计算机服务开支占整个开支的比例		√	
21	计算机服务人员开支占计算机服务开支的比例		√	
22	全日制学生的生均计算机服务开支		√	
23	全职教师的人均计算机服务开支		√	
表格 6				
24	校舍开支占整个一般性开支的比例		√	
25	校舍管理人员工资开支占整个预算开支的比例		√	
26	取暖、水、电开支占整个一般性开支的比例		√	
27	卫生、保安服务开支占整个一般性开支的比例		√	

（续表）

序号	绩效指标	使用范围		
		成本中心	院校	学科组
28	设备维修、维护开支占整个一般性开支的比例		√	
29	电话费开支占整个一般性开支的比例		√	
30	全日制学生的生均校舍开支		√	
31	全日制学生的生均校舍管理人员工资开支		√	
32	全日制学生的生均取暖、水、电开支		√	
33	全日制学生的生均卫生、保安开支		√	
34	全日制学生的生均设备维修、维护开支		√	
35	全日制学生的生均电话费开支		√	
表格 7				
36	全日制学生的生均职业指导开支		√	
37	全日制学生的生均学生会和社团活动开支		√	
表格 8				
38	本科毕业生 6 个月后的就业情况		√	
表格 9				
39	已知去向的毕业生数		√	√
40	没就业或短期没就业的毕业生数		√	√
41	第 39 项预期的数字		√	√
42	第 40 项和第 41 项的差额		√	√
43	差额的百分比		√	√
表格 9a				
44	本科毕业生就业与未就业的人数比例		√	
表格 10				
45	如期毕业的毕业生的人数		√	
46	延期毕业的毕业生比例	√	√	
47	修课时间长度	√	√	
48	如期毕业的毕业生学期平均到课率	√	√	
49	课程占整个学制时间的比例	√	√	
表格 11				
50	入学资格:中学高级水平考试(ALevel)人数	√	√	
51	入学资格:中学高级水平考试(ALevel)分数	√	√	
52	入学资格:苏格兰高中毕业生人数	√	√	
53	入学资格:苏格兰高中分数	√	√	
54	入学资格:其他入学资格	√	√	

资料来源:FILIP 等,1990:16－17.

1998 年，随着英国高等教育发展形势的变化和高等教育政策重心的调整，英国政府要求四所英国高等教育资助机构牵头，重新设计高等院校绩效指标，新的指标体系必须兼顾到高校的多样性，必须满足不同利益相关者的需求。英格兰高等教育拨款委员会（Higher Education Funding Council for England, HEFCE）代表所有四所资助机构于 1999 年 12 月发布了新的绩效指标体系（UK performance indicators, UKPI），其后不断对指标体系进行修订。2004 年之后，改由高等教育统计局（Higher Education Statistics Agency, HESA）负责制定绩效指标体系，定期发布绩效报告。

HEFCE 和 HESA 发布的绩效指标有了大幅度的删减，以 2018 年发布的绩效指标体系为例，整个指标体系分为三个部分：入学公平性指标（Widening Participation）、辍学率指标（Non-continuation Rates）和就业率指标（Employment of Graduates），具体指标项如表 3 - 13 所示。

表 3 - 13　英国高校绩效指标体系(2018 年版)[①]

所属指标大类	指标表格	绩效指标
入学公平性指标	T1a	青年在全日制公立大学的本科入学率
	T1b	青年在全日制公立大学的本科入学率（弱势群体）
	T1c	成人在全日制公立大学的本科入学率
	T2a	成人在非全日制公立大学本科入学率
	T7	获得补助的残疾学生入学率
辍学率指标	T3a	全日制本科生一年后在本校续读率
	T3b	全日制本科生一年后转学率
	T3c	全日制本科生一年后辍学率
	T3d	非全日制本科生两年后的续读率、转学率和辍学率
	T4	辍学之后的复读率
	T5	预期的学业成果和学习效率
就业率指标	E1	毕业生的就业率

与美国不同，英国高校的绩效报告历来由半官方形式统一发布，以实现对高校的监督和指导。按照 HESA 的说法，绩效报告制度主要实现如下五个目标：一，提供英国高校运行的可靠数据和信息；二，实现同类型高校之间的比较；三，高校能有效地评价自己的运行绩效；四，为高等教育政策制定提供信息；五，

促进高校履行公共责任。[①]

(二)卓越教学框架

2010年10月12日,约翰·布朗向英国政府提交了题为《确保未来的高等教育持续发展》(*Securing a Sustainable Future for Higher Education*)的报告,简称《布朗报告》。[②] 该报告在对英国高等教育的财政情况进行了细致分析之后提出取消英国高校学费上限的建议。受到金融危机的影响,从2012年开始,英国政府大幅度削减了对高等教育的拨款,同时将大学每学年的学费上限由先前的3290英镑调至9000英镑。英国政府的这一举措引起了众多的质疑和反对的声音,英国大学生们甚至采用抗议游行的方式表达不满。[③] 英国高等教育学会(Higher Education Academy, HEA)和高等教育政策研究所(Higher Education Policy Institute, HEPI)联合发布的《2017年度学生学术体验调查报告》(*Student Academic Experience Survey*)中的数据显示,认为大学课程物有所值(value for money of your present course)的大学生比例从2012年的53%一直下滑到2017年的35%,觉得物非所值的大学生比例从18%上升到34%。[④]

为回应公众对大学教学质量的质疑,体现高学费所带来的高质量,2015年11月,英国政府连续发布了高等教育绿皮书《实现我们的潜能:卓越教学、社会流动与学生选择》(*Fulfilling our potential: teaching excellence, social mobility and student choice*)和白皮书《知识经济时代的成功:卓越的教学、社会流动和学生的选择》(*Success as a knowledge economy: teaching excellence, social mobility and student choice*)。这两份报告提出要实施"卓越教学框架"(teaching excellence framework),建立对教学质量的绩效评估指标体系,将教学经费与评估结果挂钩。《高等教育和科研法案2017》(*Higher Education and Research Act 2017*)中提出要新组建"学生事务办公室"(Office of Students),以全权负责卓越教学框架的实施。这一系列举措正式开启了英国

---

① HESA: *Guide to the UKPIs*, https://www.hesa.ac.uk/data-and-analysis/performance-indicators/guide, 2019-02-21.

② BROWNE J., *Securing A Sustainable Future for Higher Education: An Independent Review of Higher Education Funding & Student Finance*. 2010.

③ 观察者网:《英国大学生示威抗议涨学费引发骚乱 警方镇压逮捕11人》,2014年11月20日,https://www.guancha.cn/europe/2014_11_20_301131.shtml,2019年02月23日。

④ NEVES J., HILLMAN N., *2017 Student Academic Experience Survey*, HEA & HEPI, 2017, p. 12.

高等教育的新一轮改革，以贯彻“以学生为中心”理念为核心，进一步凸显高等教育人才培养的重要性。[①]

根据绿皮书，卓越教学框架的目标包括如下 6 点：[②]

(1) 聚焦教学，鼓励高校为全体学生提供优质教学。

(2) 树立榜样，通过推广优秀案例的方式，促进教学质量的全面提升。

(3) 营造文化，在高校中推广教学与科研具有同等重要性的理念。

(4) 公开信息，向社会公布大学的教学质量评价结果，以方便学生择校。

(5) 促进就业，为毕业生提供更清晰的企业录用指导信息。

(6) 开放标准，认可并尊重高校的教学自主权，以及优质教学质量标准的多样性。

为实现上述目标，卓越教学框架采用逐步迭代演进的方式，前后将经历四个阶段，历时四年左右时间，各阶段的时间安排和主要任务如表 3-14 所示。

表 3-14 “卓越教学框架”实施阶段一览表

阶段	实施时间	主 要 任 务
第一阶段	2016 年至 2017 年	制定评估指标，参照以往的最新英国高等教育质量保障署报告，确定教学质量的基准线。符合教学质量要求的高校可以提升学费
第二阶段	2017 年至 2108 年	根据制定的指标体系，对高校进行评估，评估结果分为三个层级，金牌、银牌和铜牌
第三阶段	2018 年至 2019 年	根据第二阶段的评估结果，各高校可实行差异化的学费涨幅；试行学科(或专业)层面的教学质量评估
第四阶段	2019 年至 2020 年	实施学科或专业层面的教学质量评估，尝试对研究生教学质量进行评估

资料来源：HUBBLE，2017：11-13.

在高等教育中，什么是优质的教学(Good Teaching)并没有一个公认的定义和标准。在不同层次、不同类型的院校，不同的学科、不同的专业，教学模式、

---

① HUBBLE S., *The Teaching Excellence Framework*, House of Commons, 2017, pp.6-10.

② Department for Business, Innovation and Skills, *Fulfilling our Potential: Teaching Excellence, Social Mobility and Student Choice*, the Government of United Kingdom. 2015, p.18.

教学方式相差很大,所以,英国政府采用测量代理变量的方式作为教学质量判断的代理变量。这份绿皮书建议,卓越教学框架可以基于三个指标,即就业/毕业生去向、辍学率和学生满意度。最终的指标体系中包含"教学质量"(Teaching Quality)、"学习环境"(Learning Environment)和"学习成果与获得"(Student Outcomes and Learning Gain)3 个维度 6 个核心指标,所使用的数据皆来源于已有的全国性的大型数据库。指标体系如表 3-15 所示。

表 3-15 "卓越教学框架"指标体系一览表

一级指标	二级指标	数据来源
1 教学质量(teaching quality)	1.1 课程教学(course teaching)	全国大学生调查(NSS)Q1-4
	1.2 评估与反馈(assessment and feedback)	全国大学生调查(NSS)Q5-9
2 学习环境(learning environment)	2.1 学术支持(academic support)	全国大学生调查(NSS)Q10-12
	2.2 辍学率(non-continuation)	高等教育统计署(HESA)、个人学习记录(Individualized Learner Record)
3 学习成果与获得(student outcomes and learning gain)	3.1 就业率或继续深造比例(employment or further study)	大学毕业生就业去向调查(Destination of Leavers from Higher Education)
	3.2 高技能岗位就业率或继续深造比例(highly skilled employment or further study)	大学毕业生就业去向调查(Destination of Leavers from Higher Education)

资料来源:Hubble, 2017:11-13.

与科研水平评价采用定性同行评议的评价不同的是,卓越教学框架从一开始就采用以定量为主的绩效评价理念,在设计指标的时候就已经考虑到评估方法和数据来源。从评估方法上看,卓越教学框架评估希望最大程度地减轻高校的参评负担,参评高校自我申报,只需提交书面材料,材料中除了提供指标体系的数据之外,还可以对指标数据进行说明和解释,特别是针对不太理想的指标。指标的数据全部来自公开的大型数据库,比如全国学生调查(national student survey, NSS)、个人学习记录(individualized learner record, LHR)、大学毕业生就业去向调查(destination of leavers from higher education survey, DLHE)

等，这样参评高校就避免了繁杂的数据采集工作，减少了工作负担，大幅降低了资金成本和时间成本，在一定程度上还保证了评估结果的可靠性。

对于教学质量评价最大的难点在于，高校之间千差万别，高校之间的办学历史不同、办学层次不同、办学规模不同、招生生源不同、学科专业设置不同，这导致很难用指标数值对不同高校的教学质量进行机械的排序评价。为了使不同的高校间能进行比较，卓越教学框架专门为每一所高校计算出其基于绩效评价指标的评价基准(benchmark)。所谓基准是指在不同学生结构和学科专业下，计算出每一个指标项的加权平均值，这是判断参评高校在具体指标项上表现优劣的基本尺度。评价基准分为不同的计算维度，包括所学专业、入学成绩、入学年龄、种族、性别、是否为处于社会弱势地位的青年等，如表 3-16 所示。

计算出不同组别下的基数之后，就可以将一所高校的指标数值与这个计算进行比较。具体差异值用标准分——Z 分值表示，当指标值的 Z 分值达到 ±1.96 时，说明在 95%的置信区间上存在统计学上的显著性差异。相差值如果高于基准则获得一个“良好标签”(Positive Flag)，如低于基准则获得一个“不良标签”(Negative Flag)。最后进行标签统计，得到 3 个或以上“良好标签”且没有“不良标签”的高校，获得金牌；得到 2 个或以上“不良标签”的高校，被授予铜牌；其余高校被授予银牌。

137 所高校自愿参与首轮评价，其中有 45 所高校获得金牌，67 所高校获得银牌，25 所高校获得铜牌。值得注意的是，由于评估指标完全不考虑研究成果，所以评估结果有些出乎人们的预料。比如英国知名研究型大学联盟罗素集团(Russell Group)的 24 名成员中，获得金牌的有 8 所，获得银牌的有 10 所，获得铜牌的有 3 所，分别是伦敦政治经济学院、南安普顿大学、利物浦大学，还有 3 所高校未参加评估。

评价结果发布后引起了英国高等教育界的共同关注，英国教育行政部门、智库、大学协会、参评高校负责人和学术界纷纷发表评论，对评估的价值、评估指标合理性、带来的影响提出了不同看法。英国大学校长委员会(Universities UK)的一项调查结果显示，50%的高校表示卓越教学框架的评估结果会对学校决策产生影响，72%的高校表示会更重视教学工作；超过 70%的高校表示他们并不认同评价指标体系，认为评价结果没有准确反映真正的教学质量和教学

表 3-16 “卓越教学框架”的评价基准和组别分类一览表

基准	组别分类的说明	全国学生调查(NSS)	继续教育(continuation)	就业或进修(employment or further study)	高质量就业或进修(highly skilled employment or further study)	持续就业(sustained employment)	高于中位数收入阈值(above median earnings threshold)
所学专业	CAH 层次 2	√(33 类)	√(9 类)	√(9 类)	√(33 类)	√(33 类)	√(33 类)
入学成绩	HESA 划分的入学成绩		√(28 类,仅全日制)	√(4 类)	√(4 类)	√(4 类,仅全日制)	√(4 类)
入学年龄	21 岁以下青年、成人	√	√	√	√	√(仅全日制)	√(仅非全日制)
种族	亚裔、黑人、白人、其他	√	√	√	√	√	√
性别	男性、女性			√	√	√(仅全日制)	√
是否残疾	是、否	√			√		√
是否弱势群体	POLAR 1, 2、POLAR 3, 4 or 5		√		√		√
学位	本科生(第一学历)、其他本科生、本科课程生	√(仅全日制)	√(仅全日制)	√	√	√	√
学年	与指标相关的三个学年	√					
分类合计		全日制 4 752 类,非全日制 396 类	全日制 11 664 类,非全日制 144 类	1 728	25 344 类	全日制 6 336 类,非全日制 396 类	全日制 12 672 类,非全日制 25 344 类

资料来源:Department for Education UK, 2017:41.

水平。[1] 罗素集团执行主席蒂姆·布拉德肖(Tim Bradshaw)对卓越教学框架提出了谨慎的批评:"我们需要意识到,要设计出能真正反映英国卓越大学教学水平的有效评估工具,尚需假以时日。我们欢迎2017年初提出的对大学教学卓越框架教学评估开展独立评审的倡议。……现有的评估并没有测量教学质量本身;我们担心现有的通过基数和设定标签的测量方法可能产生重大的意外影响。"[2]谢菲尔德哈勒姆大学(Sheffield Hallam University)校长克里斯·哈斯本兹(Chris Husbands)作为"大学卓越框架"评估专家组组长在承认评估存在问题的基础上,认为其至少发挥了四个方面的作用:第一,评选出了教学质量优异的高校;第二,指出了哪些教学工作还需要进一步加强;第三,有助于提升教学工作的重要性,促使高校更加重视学生的学习获得;第四,为学生选择就读哪所大学提供了更多有价值的信息。[3]

英国高等教育政策研究所(HEPI)搜集了英国各界不同的观点,如表3-17所示。

表3-17 英国各界的主要观点

质疑	回应
评估指标存在缺陷,不能真正测量出大学的教与学	我们是使用现有的数据,还是一直等待合适的测量方法和数据出现
评估体系过于复杂,充满官僚气息	评估过程的复杂性正是对高等教育所独具复杂性的回应
评估结果与学费关联的方式并非主流方式且未经检验	如果不与学费挂钩,哪有高校愿意参与呢
金、银、铜牌的分类太简单粗暴	存在让所有人都满意的分类方式吗

资料来源:HEPI, 2017.

① HAMMONDS W., "Teaching Excellence Framework: what can we learn from the results", *Times Higher Education*, 2017-06-22, https://www.universitiesuk.ac.uk/blog/Pages/Teaching-Excellence-Framework-what-can-we-learn-from-the-results.aspx, 2019-02-25.

② PARR C., *Teaching excellence framework (TEF): higher education sector reaction* in Times Higher Education, 2017-06-22, Times Higher Education. https://www.timeshighereducation.com/blog/teaching-excellence-framework-tef-higher-education-sector-reaction, 2019-02-25.

③ HUSBANDS C., "The TEF is not perfect but let's focus on the gains", *Times Higher Education*, 2017-06-22, https://www.timeshighereducation.com/opinion/tef-not-perfect-but-lets-focus-on-gains, 2019-02-25.

总体来说，卓越教学框架是一种有效的评价教学质量的尝试，其评估理念、评估指标设计、评估计算方式都是有益的尝试，极大地促使英国高校更加重视教学质量。

在对美国和英国的绩效评价实践进行梳理之后，可以看出，尽管两国高等教育的体制不同，但两国政府和公众都特别关注高校的绩效评价，绩效评价实践已开展多年。两国的高校绩效评价具有如下四个特点：

（1）绩效评价是一种典型的外部评价模式，是由政府、企业等利益相关者发起的关注高等教育效率与效益的评价模式。

（2）从绩效指标体系的构成和变化趋势来看，政府主要关心的是以产出指标为主的效益指标，所以辍学率、就业质量等指标是体系中的核心指标和常规指标。此外，教育公平的相关指标也是关注重点。

（3）从评价对比维度来看，绩效评价是教育质量的诊断性评价，并不是高校间的竞争性评价，各校与自己进行纵向对比，这是绩效评价与其他评价的典型相异之处。英国的TEF尽管进行了排名，但其采用更为复杂的“基准评价”方式，而不是进行简单的指标数值对比。

（4）美国绩效拨款制度的实证研究发现，高校内部政策调整具有一定的延后性，大约在六七年之后才能发挥其显著的影响力。

第四章

指标构建:基于 DEA 的混合方法

对于任何一种评价而言,评价的指标体系的构建是其中至关重要的一环。一方面,不同的指标体系代表着不同的价值取向和评价导向;另一方面,指标体系的不同会直接导致评价结果的差异。所以,评价指标体系的确定必须遵循一整套严谨的制定规则和步骤,只有这样,制定出来的指标体系才更具有科学性、合理性。

本书主要遵循欧盟委员会下属的综合指标和计分牌能力中心(Competence Centre on Composite Indicators and Scoreboards, COIN)提出的指标体系的构建方法论,根据研究对象和研究内容的特点进行逐一展开:

第一步,根据"目的适应性原则(fitness-for-purpose principle)"确定指标体系的理论框架,首先通过文献研究法,明确高等职业教育专业建设的基本属性和基本特征,然后再辅以对利益相关者的访谈,从利益相关者的不同视角了解他们是如何评价高等职业教育专业建设成效的;第二步,在确定的理论框架基础上,初步构建出绩效评价指标体系;第三步,根据初步构建的指标体系,选择数据源,获取数据,整理数据,构建数据库;第四步,采用数理分析的方式,对初步构建的指标体系进行适用性验证,主要是运用多种统计分析方法来评价数据集中程度不同的指标的稳健性(soundness)、可测量性(measurability)、覆盖性(coverage)以及指标与被测现象之间的关联性(relevance)。依据验证结果对指标进行筛选,确定最终的绩效评价指标体系。

第一节　理论框架的构建

一、高等职业教育的特征

（一）发展定位

我国开展高等职业教育起步比较晚，直到 1980 年，才创建了第一所高等职业院校——金陵职业大学。在改革开放伊始，经济发展对初级、中级职业技术人才的需求非常旺盛，所以我国在 1985 年发布的《中共中央关于教育体制改革的决定》（中发〔1985〕12 号）中明确提出“发展职业技术教育要以中等职业技术教育为重点”，高等职业教育还处于起步阶段，要落后于中等职业教育。随着改革开放的不断深化，中等职业教育已经无法适应经济、社会发展的要求，所以在 1996 年 6 月召开的第三次全国职业教育工作会议上，时任国务院副总理的李岚清明确提出，要大力发展高等职业教育，“今后国家每年新增的高校招生计划，应主要用于发展高等职业教育”。这次大会明确提出要将高等职业教育作为中国高等教育体系中的重要组成部分，高等职业教育成为中国高等教育大众化进程中的重要推动力量之一。

伴随着高等职业教育的迅猛发展，学者们开始对其理念及内涵进行深入的研究和讨论。

1. 人才培养定位

在培养人才的定位上，培养“技术型”人才还是“技能型”人才的分歧是贯穿我国高职教育发展定位的一条探索主线。

梳理 20 世纪 80 年代以来政府颁发的职业教育政策制度之后发现，我国高等职业教育的人才培养定位先后经历了培养“技术型”人才、“技能型”人才、“技术技能型”人才三个不同阶段。

在早期的国家政策文件中，一般要求高等职业院校培养“应用型”“技术型”人才。如，1982 年教育部颁布的《中国短期职业大学和电视大学发展项目报告》中提出“使学生将来可担任技术员的工作”；1985 年颁布的《三所高等技术专科学校座谈会纪要》中要求“三所高等技术专科学校培养出大批中级和高级专业技术和管理人才”。

1991 年，在国务院颁布的《关于大力发展职业技术教育的决定》(国发〔1991〕55 号)中培养目标发生了转变，要求高职院校培养技艺性强的高级操作人员。在其后颁布的多份文件，如《关于国务院授权省、自治区、直辖市人民政府审批设立高等职业学校有关问题的通知》(教发〔2000〕19 号)、《2003—2007 年教育振兴行动计划》(国发〔2004〕5 号)、《关于以就业为导向深化高等职业教育改革的若干意见》(教高〔2004〕1 号)等中，都明确要求高职院校要培养满足生产第一线岗位需求的应用型、技能型人才。政府对高职教育培养目标的定位从“技术型”人才转变成为“技能型”人才。

2012 年，政府对高职教育培养目标的设定又一次发生了转变，从“技能型人才”转变为“技术技能型人才”。教育部颁布的《国家教育事业发展第十二个五年规划》(教发〔2012〕9 号)中将高职教育的人才培养目标定位为“产业转型升级和企业技术创新需要的发展型、复合型和创新型的技术技能人才”，2014 年国务院颁布的《国务院关于加快发展现代职业教育的决定》(国发〔2014〕19 号)中也明确提出高职院校要“培养服务区域发展的技术技能人才”。

在学术界，对于高职院校的办学定位，不同的学者也进行了深入的探究。有学者认为无论技术型人才还是技能型人才都属于应用型人才范畴：技术型人才介于工程师和技术工人之间，主要负责技术指导和一线生产管理；技能型人才是工作在一线的高级技术工人，是高级操作型人才，直接完成物质生产过程中的技术任务。在企业亟需大量高级操作型人才的情况下，高职院校自然需要培养大量的技能型人才以满足企业的需求。[①] 所以，高等职业教育作为一种以培养职业能力为主线、以市场需求和就业为导向的教育，培养高技能人才自然是其第一要务。[②]

对此，周建松和唐林伟提出了不同的意见，他们在对高技能人才的概念进行剖析之后，认为由于高技能人才的成长往往需要十年以上生产工作实践，所以高职院校根本无法培养出高技能人才，最多只能是“准高技能人才”，高技能人才培养的定位对我国高技术人才的培养产生了不利影响。[③] 有学者依照人

---

① 刘春生，高必道：《高级技能型人才应为高职培养主要任务》，载《职教论坛》，2001(04)，第 19 - 23 页。

② 晏新年：《关于高职院校技能型人才培养的思考》，载《武汉交通职业学院学报》，2005(02)，第 66 - 68+80 页。

③ 周建松、唐林伟：《高职教育人才培养目标的历史演变与科学定位——兼论培养高适应性职业化专业人才》，载《中国高教研究》，2013(02)，第 94 - 98 页。

才结构理论将人才分为理论型人才、工程型人才、技术型人才和技能型人才等四种类型,显然高职院校主要培养高层次的技术型人才。[①]

丁金昌在分析美国、法国、德国和英国开展高等职业教育的成功经验基础上,将技术型人才分为较低层级的技术型人才和较高层级的技术型人才,较低层级的技术型人才和高技能型人才差别不大,所以高职院校应该培养的是较低层级的技术型人才,也就是技术技能型人才。[②] 祝成林在对教育政策文件进行分析之后,也认为技术型人才和技能型人才之间并没有显著的界线,两者既有差异又有共性特征,所以各高职院校应该根据所在地区对人才的需求,灵活确定技术型和技能型的比重。[③]

总之,无论是技术型还是技能型,高等职业教育培养的是高素质的应用型人才,这是区别于研究型大学的本科教育的显著差别。

2. "高等性"和"职业性"的融合

高等职业教育兼有"高等性"和"职业性",但是以"高等性"为主还是以"职业性"为主,一直是高等职业教育实践中的焦点问题,长期困扰着很多高职院校。

高等职业教育作为一种特殊类型的教育,在教育层次上属于高等教育,在教育类型上属于职业教育,这毋庸置疑。但这两种属性如何平衡、融合,不同的学者提出了不同的观点。

在高等职业教育开展初期,诸多高职院校的办学思路仍然参照传统高等专科教育,无法适应政府和社会的需求,潘懋元先生对此提出了批评,他认为高职院校必须办出自己的特色,要特别强调高职教育的"职业性",要形成区别于传统高等教育的独特体系。[④][⑤] 诸多高职院校在实践中,也应努力走出"本科压缩饼干"的窘境。[⑥] 所以,无论是加强产学合作还是实践教学模式的推广,其实都

① 杨金土、孟广平、严雪怡等:《论高等职业教育的基本特征》,载《教育研究》,1999(04),第 57-62 页。

② 丁金昌:《高职教育技术型人才培养问题和路径选择》,载《中国高教研究》,2014(07),第 92-95 页。

③ 祝成林:《高职教育技术型人才培养目标的应然定位与路径选择》,载《温州职业技术学院学报》,2015(01),第 30-33 页。

④ 潘懋元:《当前高等职业教育发展的几个主要问题》,载《高等职业教育(天津职业大学学报)》,2003(06),第 13-15 页。

⑤ 潘懋元:《建立高等职业教育独立体系刍议》,载《教育研究》,2005(05),第 26-29 页。

⑥ 朱敏悦:《走出作本科压缩饼干的窘境——访武汉职业技术学院马必学院长》,载《计算机教育》,2005(02),第 31-34 页。

意味着"职业性"的强化。[1]

经过多年的实践，过分强化"职业性"也带来了意想不到的后果。朱祎等的实证显示，在高职大学生中存在着很有意思的"悖论"现象：高职大学生的学习目标具体而清晰，但缺乏学习目标的控制感；他们能够沉浸到学习过程当中，忘却时间，遇到困难时不会气馁，会继续努力直至达成目标，学习韧性、学习沉浸度都较高，但他们并不享受这忘我的学习过程，不会继续追求更加完美、极致的结果。这个"悖论"现象，说明过分强调"职业性"的教育理念下，学生只关注于微观的、具体化的实验实训目标，而不会去探究其背后的基本原理，缺乏对于整个学科体系、知识架构的宏观认识。[2]

因此，高职教育在强化"职业性"的同时，需要谨防走入误区。一方面，高等职业教育与"职业"并没有本质联系，"职业性"并非高职教育的专有属性[3]，另一方面，要注意因为过分强化"职业性"，而造成"高等性"被贬逐挤兑而出现的"异化"现象[4]。在新的时代背景下，高职院校发展"高等性"的落脚点在于培育以学术自治、学术自由为内核的大学文化[5]，同时也需要吸收国外高校的经验，平衡通识教育和职业教育之间的关系，将不同学科知识有效地融合在一起，着重培养学生的综合素质与能力[6]。

对于如何平衡"职业性"和"高等性"，学者们各抒己见。有学者认为，高职院校要在"职"字上办出特色，彰显核心优势；在"高"字上凸显水平，以提高其整体品质。[7] 也有观点认为"职业性"应该表现在培育职业素养、突出"职业技术"和重视智力技能等三方面，"高等性"需要同时在层次和类型上都体现出相对于中专和本科的差异来。[8]

---

① 吴万敏、张辉：《产学合作：发展高职教育的战略选择》，载《江苏高教》，2001(05)，第91-93+115页。

② 朱祎、朱燕菲、邵然：《高职生工匠精神要素及其结构模型》，载《高等工程教育研究》，2020(03)，第132-137+200页。

③ 裴云：《普通高校的职业性功能探析》，载《现代教育科学》，2002(11)，第50-52页。

④ 张健：《论高职教育实践教学模式的选择与建构》，载《教育与职业》，2005(18)，第12-14页。

⑤ 查吉德：《发展高职院校高等性 履行高职教育新使命》，载《中国职业技术教育》，2016(06)，第28-32页。

⑥ 朱祎：《威廉玛丽学院通识教育的探索及启示》，载《中国高等教育》，2019(21)，第63-64页。

⑦ 柴勤芳：《对高职教育"高等性"与"职业性"融合的思考》，载《中国高教研究》，2012(05)，第95-97页。

⑧ 刘智勇、赵前斌：《对高职教育"高等性"和"职业性"的再认识》，载《高教探索》，2011(04)，第108-111页。

（二）人才培养模式

如果说人才培养定位回答的是“培养什么样的人”的问题，那么人才培养模式就是在回答“怎么样培养人”的问题，所以人才培养模式是高职教育领域的核心研究问题之一。

1. 培养模式的基本特征

早在 1999 年 11 月召开的第一次全国高职高专教学工作会议上，时任教育部高教司司长的钟秉林就提出了高职教育在人才培养模式上的实施路径：要注重培养学生应用能力，要加强实践教学，要实施产学结合等[①]。2002 年，时任教育部高教司司长的张尧学进一步提出高职院校要与企业深度合作，与企业合作建设实习基地，使新的人才培养模式落到实处。在《教育部关于加强高职高专教育人才培养工作的意见》（教高〔2000〕2 号）中，教育部明确给出了高等职业教育人才培养模式的五点基本特征：一是人才培养方案的设计要以适应社会需要为目标、以培养技术应用能力为主线；二是课程和教学内容体系的构建要以“应用”为主旨和特征；三是实践教学要在教学计划中占有较大比重；四是要建设一支“双师型”师资队伍；五是人才培养的基本途径有学校与企业用人部门结合、师生与一线劳动者结合、理论与实践结合三种。

可见，教育主管部门认为高职教育人才培养模式的核心是着重培养学生的应用能力，以校企合作、产学融合的方式推进。

在办学实践中，各高职院校在这个指导思想下，互相学习、共同探索、各创特色。总体来说，我国高等职业教育的类型可以分为 5 种，分别是：产学研结合的人才培养模式、工学交替的人才培养模式、“2＋1”产学结合的人才培养模式、就业导向的人才培养模式和“订单式”人才培养模式。[②] 此外，在教育部的推动下，很多高职院校也开始进行现代学徒制人才培养模式的研究和试点[③]，尤其是在借鉴德国“双元制”的人才培养模式基础上，探索具有中国特色的培养模式[④]。

---

① 钟秉林：《努力开创高职高专教学工作的新局面——在第一次全国高职高专教学工作会议上的讲话摘要》，载《辽宁高职学报》，1999(03)，第 1－3 页。

② 熊剑、史瑞龙：《高等职业教育人才培养模式综述及启示》，载《泸州职业技术学院学报》，2014(03)，第 4－8 页。

③ 王振洪、成军：《现代学徒制：高技能人才培养新范式》，载《中国高教研究》，2012(08)，第 93－96 页。

④ 柯玲、周春平：《基于德国“双元制”的理虚实一体人才培养模式探索与实践》，载《中国职业技术教育》，2017(17)，第 54－57＋88 页。

针对实践中产生的问题，很多学者也进行了反思。首先，被广泛采用的“2＋1”人才培养模式存在时间分配不合理、顶岗实习质量没有保障等问题，需要缩短实习时间、提升实习质量[①]。其次，在办学理念落后、师资实践能力较弱、校企联合培养切入点较紊乱的前提下，“订单式”人才培养模式是无法取得预期效果的[②]。最后，“现代学徒制”的推行也面临着众多实践困境，主要是受制于企业利益不大、院校能力不强、学生前景不明和制度保障不够等因素，所以需要推行小范围的供给引导型试点，最终探索出一条适应国情的长效机制。[③]

2. 校企合作

在理念观念上，无论政府、院校还是社会已达成共识，高职教育一定要突出校企合作模式的建立和创新。对于校企合作的内涵，尽管众多学者给出了不同的解释，但其核心的观点比较一致。在国外，基于校企合作的教育叫作合作教育(co-operative education 或 work-integrated education)，世界合作教育协会(WACE)给出的内涵是：学校将实际工作经验融合到课堂教学中，学生投身到实际生产性工作中，完成理论知识与实践的融合[④]。国内学者大多从校和企之间的关系解释校企合作内涵，认为校企合作的内涵是校企互利、校企互惠的人才培养新模式，是和而不同的合作精神、知行合一的人才观念和以人为本的教育理念的结合，是高职院校办学体制的创新途径，是高职教育“职业性”特征的体现。[⑤⑥]

在合作模式上，不同的学者对高职院校的实践进行了总结和归纳，从不同的角度提出了不同的模式类型。根据企业参与方式的不同，可以将校企合作划分为 3 种模式：企业配合模式、校企联合培养模式、校企实体合作模式。根据合作深度的不同，可以将校企合作划分为 3 个层面的模式：浅层合作、专项深度合作和全面深度合作；根据合作目的的不同，校企合作可以分为以人才培养为目的的合作模式和以科技开发为目的的合作模式；根据合作规模的不同，校企合

---

① 潘艾华：《对高职院校 2＋1 人才培养模式的反思》，载《中国成人教育》，2011(03)，第 82－83 页。

② 宋健：《高职院校“订单教育”的现状反思与发展对策》，载《滁州职业技术学院学报》，2011(02)，第 15－17 页。

③ 张启富：《高职院校试行现代学徒制：困境与实践策略》，载《教育发展研究》，2015，35(03)，第 45－51 页。

④ 张炼：《国外产学研合作教育及其给我们的启示》，载《职业技术教育》，2004(06)，第 55－62 页。

⑤ 傅伟：《高职教育校企合作的内涵与特征》，载《中国成人教育》，2010(11)，第 90－91 页。

⑥ 范灵：《高等职业教育校企合作内涵与机制》，载《现代教育管理》，2016(02)，第 111－114 页。

作可以分为点式合作模式、链式合作模式和网式合作模式。[①②③]

很多学者也通过实证研究指出了校企合作中存在的问题。2009 年的一项对 135 家企业进行的调查显示，校企合作存在合作动力不足、合作深度不足、合作形式单一、合作质量不高等问题，比如调查发现超过 57％的校企合作属于浅层合作[④]。直到 2013 年，另一项问卷调查仍然显示，上述校企合作中的问题仍然存在，并没有得到解决[⑤]。在校企合作中“院校热、企业冷”是一个长期存在的现象，也是一个亟需解决的难题。

可见，我国的高职院校在人才培养中普遍与企业进行了多方面、多层次的合作，在模式上，还是采取以高职院校为主的浅层合作模式。

（三）师资队伍建设特征

高素质的师资队伍是高等职业教育的教育教学实践中的核心力量，但由于高等职业教育同时具有“高等性”和“职业性”的双重属性，这使得其师资队伍建设不能简单照搬普通本科院校的方式，必须走出一条独具特色的师资队伍建设道路。目前，不论在政府、理论界还是在高职院校已经形成基本共识：高职师资队伍建设必须走专兼结合的道路，既要建设一支理论基础扎实、技术应用能力强的“双师型”专任教师队伍，又要建设一支实践能力强、教学水平高的兼职教师队伍。

1. “双师型”专任教师队伍建设

“双师型”专任教师队伍是高职教育教学质量的核心保障力量，是高职教师队伍建设的着力点和方向。1997 年，在首次召开的全国性专门研究职教师资队伍建设工作的全国职教师资座谈会上，国家教委明确提出高职院校师资队伍建设要“以提高职教教师队伍的综合素质为核心，以建立‘双师型’职教教师队伍为重点”，为高职院校的师资队伍建设指明了方向。[⑥]

---

① 黄亚妮：《高职教育校企合作模式初探》，载《教育发展研究》，2006(10)，第 68－73 页。

② 许晓东、吴昌林：《产学关系的形成、障碍与合作模式》，载《高等工程教育研究》，2008(03)，第 15－19 页。

③ 林伟连，邹晓东：《我国产学研合作转型升级趋势分析》，载《教育发展研究》，2010(17)，第 74－77 页。

④ 王文槿：《关于校企合作的企业调查报告》，载《中国职业技术教育》，2009(02)，第 23－25＋41 页。

⑤ 潘海生、王世斌、龙德毅：《中国高职教育校企合作现状及影响因素分析》，载《高等工程教育研究》，2013(03)，第 143－148 页。

⑥ 老董：《首届〈全国职业教育师资队伍建设工作座谈会〉在青岛市召开》，载《中国职业技术教育》，1997(12)，第 7 页。

由于相关理论还未形成体系,对“双师型”教师内涵的理解还不成熟,对师资队伍的建设的方法与途径还没有形成较为完整的思路,所以学者们围绕着“双师型”教师的定义与内涵、建设的途径、培养模式和管理方法等方面开展了热烈而丰富的讨论。

1) 定义与内涵

“双师型”教师的定义与内涵一直处于不断发展和演化中,在不同阶段有着不同的表述。政府文件中对“双师型”教师的定义也处于不断变化的发展过程中。

从命名上,除了“双师型”之外还有“双师素质”的表述,早在 2004 年,教育部颁布的《高职高专院校人才培养工作水平评估方案(试行)》中首次提出“双师素质”教师的概念,在之后的各种政府文件中,这两种说法一直被混用,可见其内涵应该是一致的,为了表述方便,下文中统一采用“双师型”教师。

在不同的政府文件中,“双师型”教师的定义主要有“双证书”论、“双职称+双能力”论、“双证书+双能力”论这三种。

2000 年教育部在《教育部关于加强高职高专教育人才培养工作的意见》(教高〔2000〕2 号)中提出“鼓励从事工程和职业教育的教师取得相应的职业证书或技术等级证书,培养具有‘双师资格’的新型教师”,“双师型”教师既是教师又是工程师、会计师。这说明,只要同时持有教师证和职业证书的教师就是“双师型”教师,这就是所谓的“双证书”论。

2004 年颁布的《教育部办公厅关于全面开展高职高专院校人才培养工作水平评估的通知》(教高厅〔2004〕16 号)中,“双师型”教师的含义有了进一步丰富:“双师素质教师是指具有讲师(或以上)教师职称,又具备下列条件之一的专任教师:①有本专业实际工作的中级(或以上)技术职称(含行业特许的资格证书及其有专业资格或专业技能考评员资格者);②近五年中有两年以上(可累计)在企业第一线本专业实际工作经历,或参加教育部组织的教师专业技能培训获得合格证书,能全面指导学生专业实践实训活动;③近五年主持(或主要参与)两项应用技术研究,成果已被企业使用,效益良好;④近五年主持(或主要参与)两项校内实践教学设施建设或提升技术水平的设计安装工作,使用效果好,在省内同类院校中居先进水平。”这个评估指标体系,将“双师型”教师的内涵设定为“双职称+双能力”。

在 2008 年教育部颁布的《高等职业院校人才培养工作评估方案》(教高

〔2008〕5 号）中，对“双师型”教师的定义又进行了调整，将“讲师职称”变成了“教师资格”，取消了“参加教育部组织的教师专业技能培训获得合格证书”的要求，将“两项”应用技术研究或“两项”实践教学设施建设的要求都降为“一项”。2016 年国务院教育督导委员会颁布的《高等职业院校适应社会需求能力评估暂行办法》（国教督办〔2016〕3 号）中沿用了 2008 年的定义。这两份文件对“双师型”的内涵界定就由“双职称＋双能力”论改变为“双证书＋双能力”论。

在 2018 年颁布的《中共中央、国务院关于全面深化新时代教师队伍建设改革的意见》中提出“完善职业院校教师考核评价制度，双师型教师考核评价要充分体现技能水平和专业教学能力”，这份文件突出强调对“双师型”教师的“双能力”要求。

由于政府在不同时期对“双师型”教师的内涵给出了不同的定义，所以学术界对于“双师型”教师概念的讨论与研究，主要观点除了政府文件中已经提出的“双职称”论、“双证”论、“双能（双素质）”论外，还提出了“双层次”论、“双融合”论、“叠加”论、“特定”论和“双来源”论等五种。

“双层次”论认为，“双师型”教师应具备两个层次的基本素质和能力，第一层次是能力之师，即“教师（专业知识）＋技师（专业技术）”；第二层次是素质之师，即“人师（价值引导）＋事师（职业指导）”①。

“双融合”论与“叠加”论从本质上来说含义是一致的，是指真正的“双师型”教师要同时具有“双职称”“双证”和“双能”，“双职称”和“双证”是形式或外延，“双能”是内容或内涵，两者相辅相成②。

“特定”论认为“双师型”教师的说法只有在特定的情况下才有意义，因为离开高职人才培养目标去单纯地界定“双师型”教师是毫无意义的，如果高职教育培养的学生无法获得社会认同，再多的“双师型”教师都会失去应有的价值③。

“双来源”论则针对高职院校“双师型”教师培养的现实困境，提出可以通过结合“理论型”专任教师和来自企事业一线的兼职教师的方式构建“双师型”师资队伍。这种观点认为专任教师即使获得职业证书或者间歇性地到企业实习

① 兰杏芳：《高职“双师型”教师内涵解读》，载《辽宁高职学报》，2010(01)，第 94－96 页。
② 金星霖：《“双师型”教师的起源、内涵及其培养》，载《广州职业教育论坛》，2015(05)，第 16－20 页。
③ 覃武云：《高职院校“双师型”教师队伍的内涵和特点新探》，载《学术交流》，2012(02)，第 197－200 页。

也无法从真正意义上获得专业技术①。

"双师型"教师概念内涵发展的渐进性和多样性体现出高等职业教育的显著特征,促进了"双师型"教师理论的发展。

2）培养途径与模式

很多学者运用多种理论对目前高职教育"双师型"教师建设的现状进行了分析,提出了很多有关培养途径和培养模式的建议。

通过产学研合作与校企合作提升教师的职业技能是被广泛采用的培养途径之一。在对高职学前教育专业的实践经验进行分析之后,有学者指出校企合作培养师资存在企业不热心、合作内容形式单一和合作时间短等问题以及其后的深层次的原因,并提出了合作策略。② 在产学研的基础上,有学者特别提出要加强"用"字,认为"用"包含"应用"和"用户"两个概念,这两个概念都能充分体现出高等职业教育的特点。③ 在对高职网络技术专业为例进行分析之后,有学者更加细致地提出了校企合作培养师资的具体方法,包括:教师参加行业企业培训、校企合作进行项目化课程开发、教师赴合作企业挂职锻炼、教师指导或参加行业技能竞赛、校企合作进行教科研、引入企业兼职教师以提高社会服务能力。④

从本质上来说,大学是一个学术共同体,所以很多研究者认为可以通过构建"双师型"教师团队的方式来实现教师们的共同进步。比如,以构建实践共同体(community of practice)的方式,通过坚持相互的介入、共同的事业、共享的技艺库等三个要素,实现"建立关系""熟悉领域""参与实践""活力维持""身份获得"这五个阶段的转变。⑤ 教师团队可以为"双师型"教师提供一个良好的成长生态环境,所以提出了加强"双师型"教学团队建设的有效途径:完善"双向流动、互通互用"的制度;提高课程开发能力;重点培养专业带头人;在校企合作中培养团队骨干;实施教学团队建设攻坚计划;倡导教育家办学,营造良好的用人

---

① 张弛、张磊:《高职院校"双师型"教师队伍的概念辨析与建构策略》,载《教育与职业》,2013(09),第20－22页。

② 张晗,李悠:《校企合作培养"双师型"教师的策略研究——以高职学前教育专业为例》,载《中国成人教育》,2014(02),第97－99页。

③ 吴舒婷:《产学研用结合:高职院校提高专业教师双师素质的有效途径》,载《教育探索》,2011(02),第126－127页。

④ 刘学普:《基于校企合作的高职网络技术专业"双师型"教师队伍建设》,载《教育与职业》,2016(19),第75－77页。

⑤ 王屹,李天航:《基于实践共同体的职业教育"双师型"教师队伍培养》,载《现代教育管理》,2018(05),第88－92页。

环境等。[①] 一项从积极组织行为学视角的实证研究显示，通过建设“双师型”教学团队的方式能够增强教师的自我效能、希望和乐观等五个方面的指数，最终有助于提升教学团队的工作绩效。[②]

不同学者运用管理学、心理学、积极组织行为学等多学科的理论视角分析高职院校师资队伍建设中存在的问题，提出了多种培养举措。

有学者从管理学“流程再造”理论出发，从流程上重新审视了“双师型”师资队伍建设过程中存在的问题，为师资队伍建设提供了可操作性建议。[③] 有学者基于心理学中的赫茨伯格双因素理论，提出可以在师资队伍建设中运用包含保健因素和激励因素的激励策略。[④] 有学者从热力学中推导出来的耗散结构理论角度，指出高职院校师资队伍存在的熵增问题，这是高职教育处于远离平衡态和涨落状态的本质，提出师资队伍建设要营造开放系统引进负熵流、推进系统远离平衡态、强化非线性作用和探寻涨落有序规律等举措建议。[⑤] 有学者运用心理学家尤里・布朗芬布伦纳提出的生态系统理论，分析出“双师型”教师的社会生态系统由多层次、多个体因素构成，所以“双师型”教师的培养需要从微观系统、中观系统、外观系统和宏观系统四个层次出发，实现个体与多个体之间的协调、有序和动态平衡，最终形成良好的生态环境系统。[⑥]

3）国际比较研究

学者大多选择对我国与美国、德国、澳大利亚和日本等高职教育发展比较成熟的国家进行比较研究，比较国内外院校在师资队伍制度、管理模式、培养模式上的异同之处。

通过对比分析美国、德国、澳大利亚和日本等发达国家职业院校“双师型”师资队伍建设的教师入职资格规定、师资培训模式、师资管理模式和绩效激励

---

① 王凤珍：《高职院校“双师型”教学团队建设途径探究》，载《教育探索》，2014(06)，第 106－108 页。

② 吕淑芳：《从积极组织行为学视角论高职“双师型”教学团队建设——以广东省 3 个特色专业教学团队为例》，载《职业技术教育》，2014(35)，第 73－76 页。

③ 张小丽、王菁华：《基于“流程再造”理论的应用转型高校“双师型”师资队伍建设研究》，载《职业技术教育》，2018(17)，第 63－66 页。

④ 刘志兵、耿萌萌：《基于“双因素理论”的职教师资队伍建设》，载《机械职业教育》，2015(04)，第 58－60 页。

⑤ 卞华：《耗散结构理论视角下的高职院校师资队伍建设研究》，载《职教论坛》，2016(29)，第 13－16 页。

⑥ 李越恒、贺克：《基于生态系统理论的高职院校双师型教师的培养》，载《教育与职业》，2015(23)，第 48－50 页。

机制，可以发现我国高职教育在“双师型”师资队伍建设方面存在的不足，我国需要进一步明确高职“双师型”教师任职资格和标准，进一步完善选聘制度[①]，师资队伍培养的目标定位要从单项素质评价向综合素质评价转移、从“双师型”取向向“双师素质”取向转移。[②] 有学者在回顾德国职业教育师资培养的发展历史和合作培养模式之后，提出考虑采用理工科大学与师范院校合作培养的模式，这样可以更加有效地发挥资源优势，快速提升职业教育师资水平。[③] 澳大利亚的技术和继续教育学院(TAFE)“双师型”教师培训有三个不同阶段：起步阶段、改革阶段和发展阶段。我国高等职业教育“双师型”教师建设可以参照学习，在四个方面进行改进：协调培训体系运行，提高培训质量；落实教师企业实践制度；完善教师资格标准，实施教师专业标准；充分利用兼职教师资源。[④] 德国的“双元制”和日本的“产学结合”职教师资培养都是比较成功的模式，我国“双师型”师资队伍可以从内容选择和培养方式选择两方面进行改进。[⑤]

总体来说，各国对职业教育师资的资格都有较为严格的要求，一是必须在所教专业方面具有三年以上的实际工作经验；二是必须受过高等教育；三是必须掌握教育理论与教育实践课程，能够指导学生实习。在教师入职后，再通过一系列校企合作制度，采用企业深度合作的方式，不断提升他们的技术技能。

4）现状调查研究

自1999年教育部召开第一次全国高职高专教学工作会议至今，经过20多年的发展，高职教育界对于“双师型”专任教师队伍建设的内涵和建设途径已基本达成共识，那么“双师型”专任教师队伍建设现状到底如何呢，有学者尝试通过实证研究对其进行揭示。

2012年，一项对天津市21所高职院校进行的调查结果显示：“双师型”教师的数量和质量得到了提高，但存在不均衡现象；各校形成了各具特色的“双师型”教师管理机制，但科学性和规范性还有待改进；已经开展了多层级的“双师型”教师培训项目，但师资培训质量仍有待提高；已经出台了一系列的建设政

---

① 林杏花：《国外高职“双师型”教师队伍建设的经验及启示》，载《黑龙江高教研究》，2011(03)，第59-61页。

② 丁钢：《比较视野中我国高职师资培养的思考》，载《中国职业技术教育》，2005(02)，第17-18+51页。

③ 高松、申文缙：《德国职教师资合作培养模式探究》，载《现代教育管理》，2017(11)，第102-106页。

④ 刘丽平：《澳大利亚TAFE学院“双师型”教师培训的回顾与思考》，载《职业技术教育》，2016，37(31)，第68-73页。

⑤ 卢荷：《校企合作下的“双师型”职教师资培养》，载《教育与职业》，2016(22)，第74-76页。

策，但政策执行中仍存在偏差。[①] 另一项对 39 所国家骨干高职立项建设院校的数据和资料进行分析的研究发现，不同的年龄、性别、学位、专业的专任教师群体中，双师素质教师所占比例存在差异；各校对于“双师型”教师的资格标准还存在差异。[②] 一项针对湖北省 16 所高职院校的“双师型”教师队伍建设现状的调查发现了“双师型”教师比例相对偏低、结构不尽合理、建设经费不能保障、建设制度不够健全等问题。[③] 另一项针对浙江省高职院校的“双师型”教师队伍的现状的调查发现，尽管浙江省高职院校不断加大了师资建设的经费保障，强化了激励机制，完善了制度规范，但还是存在“双师型”教师的实践能力不强、激励政策落实不到位、培养途径不畅等问题。[④]

上述 4 项研究显示，“双师型”教师队伍建设还存在一些普遍性问题，比如比例偏低、结构不合理、管理制度的规范性不足等，离真正意义上建成“双能型”教师队伍还存在差距。

2. 兼职教师队伍建设

重视兼职教师队伍建设是高等职业教育师资队伍建设的特色与重点之一，聘用兼职教师的根本目的在于，由兼职教师承担部分专业课或实践教学任务，强化学生专业实践能力的培养。

1）概念界定与定位

由于我国高等职业教育起步较晚，在发展初期不得不面临师资短缺的窘境，所以在 1983 年《中共中央、国务院关于加强和改革农村学校教育若干问题的通知》中提出职业院校“可选调一部分科技人员担任专职或兼职教师”，1985 年，《中共中央关于教育体制改革的决定》也提出职业院校“可以聘请外单位的教师、科学技术人员兼任教师，还可以聘请专业技师、能工巧匠来传授技艺”。可以看出，这里的兼职教师是兼课教师或临时代课教师，显然当时政府希望通过聘任兼职教师的方式解决师资不足的问题，聘任兼职教师仅仅是一种应急手段而已。

---

① 孙翠香、吴炳岳、张元：《职业院校“双师型”教师队伍建设的问题及策略——基于天津市 41 所中、高职院校的调查》，载《教育理论与实践》，2012，32(33)，第 23 - 25 页。

② 庄榕霞、俞启定：《高职院校双师素质教师基本特征及资格标准研究——基于 39 所国家骨干高职立项建设院校的分析》，载《教师教育研究》，2014(01)，第 69 - 74 页。

③ 王孝斌，夏勇子：《高职院校“双师型”教师队伍建设现状——基于湖北省 16 所高职院校的调查与分析》，载《职业技术教育》，2015(30)，第 49 - 52 页。

④ 雷炜，王成方：《高职双师型队伍建设：成效、挑战与应对——基于浙江省高职院校的调查分析》，载《中国高校科技》，2018(04)，第 59 - 62 页。

随着职业教育的不断发展，兼职教师发挥了越来越大的作用，1995 年颁布的《国家教委关于开展建设示范性职业大学工作的通知》(教职〔1995〕15 号)提出要建"一支专兼结合、结构合理、素质较高的师资队伍"，兼职教师与专任教师并重，进一步凸显了兼职教师的重要作用。1996 年施行的《中华人民共和国职业教育法》中明确规定"职业学校和职业培训机构可以聘请专业技术人员、有特殊技能的人员和其他教育机构的教师担任兼职教师"，以法律的形式确立了兼职教师的合法地位。

2004 年颁布的《高职高专院校人才培养工作水平评估方案(试行)》中明确了兼职教师的概念界定，"兼职教师是指学校正式聘任的，已独立承担某一门专业课教学或实践教学任务的校外企业及社会中实践经验丰富的名师专家、高级技术人员或技师及能工巧匠"，而且还规定了兼职教师数量与结构。2008 年颁布的《高等职业院校人才培养工作评估方案》(教高〔2008〕5 号)对兼职教师的概念作了进一步细化，将其细分为校内兼课教师、校外兼课教师和校外兼职教师：校内兼课教师指校内兼课的非专任教师的教职工；校外兼课教师指聘请来校兼课的教师；校外兼职教师专指聘请兼课的一线管理、技术人员和能工巧匠。

2012 年，教育部、财政部、人力资源和社会保障部、国务院国有资产监督管理委员会等四部委联合印发的《职业学校兼职教师管理办法》提供了详细而具体的可操作的标准和规定，高职院校在兼职教师的聘用和管理方面有了政策依据和实践指南。至此，作为我国职业教育教师队伍建设一项长期坚持的政策，聘任兼职教师已成为高等职业教育师资队伍建设的重要组成部分。

2) 队伍建设与培养

尽管兼职教师的职业技能高超、实践经验丰富，有利于应用型人才的培养，但兼职教师同时还具有流动性强、稳定性弱、教学能力偏弱的特点，所以很多研究都集中在兼职教师队伍建设与培养方面。

首先，需要充分了解兼职教师队伍的建设现状。一项对某高职院校 2006—2008 年兼职教师流动情况研究的结论显示，某校近 3 年兼职教师流动率分别为 67.57%、58.96%、58.58%，兼职时间为"1 年以上"的兼职教师只有 19.60%，兼职时间为"2 年及以上"的只有 9.3%。① 另一项对浙江省 22 所示

① 何兴国，杨林生：《高职院校校外兼职教师队伍建设的问题与对策研究——对 T 学院的个案分析》，载《中国职业技术教育》，2010(01)，第 64 - 67+70 页。

范性高职院校的抽样调查也得出类似的结论，兼职教师的四年留用率仅为20%，绝大部分兼职老师在一学年甚至一学期结束后就不再留校任教，个别高职院校兼职教师的留用率还不足10%。[①] 有学者在对22所示范性高职院校的兼职教师数据进行分析后发现：第一，兼职教师的来源比较散乱，很多都是顶岗实习的实训教师；第二，兼职教师聘用缺乏长期规划，兼职教师职称比例不协调，容易出现断层；第三，兼职教师还有待进一步培养，年轻人偏多，教学能力偏弱。[②] 所以有学者根据职业生命周期理论提出，教师的职业生命周期一般分为"适应—稳定—再评估—平淡—闲适"五个阶段，但是绝大部分兼职教师的职业生命周期非常短暂，在第一阶段进入期就终止了，呈现断崖式发展状态，这显然无法真正发挥兼职教师的作用。[③]

很多研究者从不同层面来分析这样的现状，提出了解决对策。首先，由于教师资格制度法律体系存在滞后性，使得不同的法律、行政法规和政策之间还存在一定的法律效力冲突，所以需要对现有的相关法律体系进行调适，才能给予兼职教师明确的法律身份，才能从法治范式上解决兼职教师当下困境；[④]其次，要构建学校与兼职教师之间的情感纽带，即心理契约，发挥经济契约不可及的影响作用，但高职院校要通过一系列的改革手段，充分体现心理契约的约束力和激励作用；[⑤]最后，由于兼职教师具备多重职业身份，对教师身份认同感低、归属感低，导致其常处于被边缘化地位，这是制约兼职教师充分发挥作用的重要障碍[⑥]。所以可以通过聘前测试、聘期考核和聘后追评三个维度构建兼职教师考核评价指标体系，通过考评可以遴选出技术水平高、责任心强的兼职教师，最终提升兼职教师队伍的整体水平。[⑦] 此外众多学者都认为，只有通过深度的校企合作，由长期合作的企业为高职院校提供稳定而有专业针对性的兼职

---

① 郑雁：《高职院校兼职教师队伍建设实证研究》，载《中国职业技术教育》，2014(20)，第76－80页。

② 李海斌、邹吉权、张容等：《我国高职院校兼职教师聘用现状调查研究——基于22所示范性高职院校的数据分析》，载《中国职业技术教育》，2011(16)，第66－67＋81页。

③ 陈丽君，赵晓蒙：《职业院校兼职教师职业生命周期及其延长策略研究》，载《教育学术月刊》，2017(09)，第73－80页。

④ 孙玉中：《高职院校兼职教师法律身份问题研究与对策》，载《职教论坛》，2018(07)，第158－162页。

⑤ 高鹏：《基于心理契约的高职院校兼职教师队伍建设与激励机制》，载《职业技术教育》，2016(26)，第71－73页。

⑥ 贾文胜，梁宁森：《归属感提升：高职院校兼职教师激励与培养路径探析》，载《高等工程教育研究》，2015(06)，第162－166页。

⑦ 刘晓宁：《高职院校企业兼职教师考核与评价体系构建》，载《中国职业技术教育》，2017(06)，第72－77页。

教师，才是兼职教师队伍建设与培养的根本方式。[①②③]

3）国际比较研究

与我国类似，各主要发达国家在高等职业教育发展过程中也聘用了大量的兼职教师（adjunct），也称为“业余教师”（part-time faculty）。美国的社区学院中兼职教师比例超过60%，英国继续教育学院的兼职教师比例与美国类似，澳大利亚TAFE学院中兼职教师比例也在50%以上。[④] 国际比较研究的对象主要集中于美、英、德、澳等高职教育发展比较成熟的国家，比较研究范围主要集中在兼职教师的现状（如学历结构、人数占比等）、兼职教师的管理制度（如聘用标准等）、兼职教师的培养模式（如职业晋升机制、激励机制等）的介绍与比较。

美国国家教育统计中心的统计数据发现美国高校兼职教师比例在不断增长，从1975年的24%增长到2014年的40.93%，这是美国高校为降低办学成本而采取的方式，但与此同时，聘用大量兼职教师是会降低教育质量的，所以如何在保证专任教师核心地位的基础上，有效地发挥兼职教师的作用是一个需要审慎研究的问题。[⑤] 美国社区学院兼职教师比例已经超过50%，存在四个主要问题：重使用轻发展、身份边缘化、教学成效存在争议和缺乏专业发展路径。针对这些问题，美国的一些社区学院也实施了一些改进措施，比如让兼职教师全方位参与课程建设，为兼职教师提供多样的专业发展活动。[⑥] 比如，弗吉尼亚社区学院制定了兼职教师的聘任标准、要求和职业晋升机制，解决了部分问题，这些做法值得借鉴，以推进高职教师队伍的“职业更新”和“教学更新”。[⑦] 此外，我国也可以借鉴美国高校档案专业的兼职教师聘用、授课和评价等管理政策，聘用兼职教师来讲授实践性较强的课程，不仅可以减轻专任教师的教学负

① 杨春平，罗小秋：《关于高职兼职教师队伍建设的思考》，载《教育与职业》，2018(04)，第103-106页。

② 文晓梅：《校企合作下的高职院校兼职教师队伍建设——以宁夏工商职业技术学院为例》，载《中国职业技术教育》，2016(36)，第60-63页。

③ 钟真宜、姚伟卿、马承荣等：《现代职教体系下高职院校兼职教师资源开发与管理研究》，载《职业技术教育》，2017(19)，第53-57页。

④ 邹吉权：《高职院校兼职教师聘用与管理的国际比较研究》，载《职业技术教育》，2012(10)，第90-93页。

⑤ 张伟：《美国高校兼职教师的兴起、争议及启示》，载《外国教育研究》，2017(03)，第71-80页。

⑥ 陈仕清：《美国社区学院兼职教师专业发展：问题、对策与启示》，载《职业技术教育》，2015(04)，第69-74页。

⑦ 涂三广，王雨帆：《美国社区学院兼职教师发展特征对我国高职教师队伍建设的启示》，载《现代教育管理》，2017(11)，第93-97页。

担，也可以提升学生的动手实践能力。[①]

在澳大利亚，在大学企业化、市场化运作和专任教师老龄化这两种趋势的共同影响下，大学聘任了越来越多的兼职教师(sessional teachers)，随之也带来了个人和组织两个层面的多种问题，为此在政府和专业协会的资助下，澳大利亚推行了多个针对兼职教师的发展项目，从各方面支持兼职教师的发展。[②] 总体来说，澳大利亚的兼职教师队伍建设有如下三个特征：一是任职标准高、聘任严格，不仅需要三年以上的职业经历和较强的实际动手能力，还需要具有高校教师职业资格证书；二是年龄结构比较合理，40 岁以上的资深兼职教师占 60%以上；三是管理规范，政府颁布明晰、严格的管理政策，保证兼职教师队伍建设的有序性和合法性。[③]

德国实施的是以企业为主体的"双元制"职业教育制度，企业投入占职业教育投入的 2/3，企业是主要学习地点。[④] 所以，来自企业的兼职教师成为师资队伍的主体，有的学院甚至达到 80%，兼职教师承担的课时量约占总课时量的 80%。[⑤] 为此，德国政府颁布了一系列的制度以规范兼职教师的队伍建设，其中不断修订和完善的《企业培训师资质条例》(Ausbilder-Eignungs verordnung, AEVO)起到了关键性作用。条例中明确规定了兼职教师不仅要具有职业要求的技能、知识和能力，又要具有基于职业教育和劳动教育的教育教学能力，并且规定只有通过包括理论和实操两部分的考试，拿到培训师资格之后，才能成为兼职教师。[⑥]

英国的高等教育体系中承担职业教育的机构主要有地方教育局(Local Authority Adult Provision)、继续教育学院(Further Education Colleges)和高等教育学院(Higher Education Providers)等，其中继续教育学院是实施职业教育的主体。在英国的继续教育学院，兼职教师占比超过 60%，其中女性比例大大高于男性，平均年龄在 45 岁左右。为提升兼职教师的教学能力，英国教育与

① 赵芳：《美国高校档案学教育中兼职教师的聘用及其启示》，载《档案管理》，2017(06)，第 86－88 页。

② 徐晓红：《澳大利亚高校兼职教师发展研究》，载《高教探索》，2017(01)，第 46－50 页。

③ 胡中晓、王晶：《澳大利亚职业教育兼职教师的特点及其对我国的启示》，载《继续教育研究》，2015(02)，第 138－140 页。

④ 姜大源：《德国"双元制"职业教育再解读》，载《中国职业技术教育》，2013(33)，第 5－14 页。

⑤ 谷丽丽：《德国职教兼职教师的特点及启示》，载《教育与职业》，2011(25)，第 100－102 页。

⑥ 董显辉：《德国企业培训师资质标准及其对我国学徒制师傅队伍建设的启示》，载《职教论坛》，2016(27)，第 85－88 页。

技能部于2002年推出了一项名为《为了每个人的成功——继续教育与培训改革》(Success for All-Reforming Further Education and Training)的新法案，该法案规定所有教师必须取得教学资格之后才能进行教学。该法案出台后，继续教育学院的师资培训力度得到加强，2009年的统计数据显示有90.7%的兼职教师具有教师资格证书。与其他发达国家类似，英国的兼职教师在职业发展方面也存在着共同的问题，如无法享受到与全职教师同等的权利等。[①]

综合上述国际比较研究，为保证职业教育质量，各国对职业教育师资的资格都有严格要求：一是必须具有实际工作经验和较强的动手能力；二是必须掌握教育理论与技巧，必须取得高校教师资格证书。但基本都存在类似的问题，主要是兼职教师无法获得与专任教师一样的职业发展权利，在一定程度上限制了兼职教师在教育教学过程中的有效投入，直接影响了教学质量。

二、高职教育专业建设的特征

(一) 高职教育专业特征

我国高等职业教育的人才培养目标是培养高素质的应用型人才，高职院校专业以社会职业分工为基础，以市场需求为导向，面向职业岗位或岗位群，具有鲜明的职业性特征。

从专业属性上看，高等职业教育的专业是“技术专业”而非普通高等教育的“学科专业”，所以专业的知识体系不能追求学科意义上的完整性、系统性和逻辑性，而需具备职业技术工作的有效性、适用性和发展性，主要有三个显著特征：一是综合性，即以技术应用为中心，综合多学科的知识；二是情境性，即专业知识体系要能呈现出岗位的真实情境；三是案例性，即通过案例的形式，将岗位的技术知识积累、传承下来。[②] 这个观点提出得较早，而且非常契合高等职业教育的人才培养定位，体现了和普通本科教育之间的差别，获得了广泛的认同。不过，经过十几年的发展之后，也有学者提出了不同见解，认为在我国高等职业教育发展的初级阶段，淡化“学科”体系而强化以“专业”为抓手的技术技能培养是具有时代性的正确导向，但经过多年发展之后，这种导向却带来了很多失衡

① 邹吉权、李海滨、王丽华等：《英国职业教育中的兼职教师》，载《中国职业技术教育》，2011(06)，第57-61页。

② 张海峰：《论高职专业开发的目标、原则与机制》，载《职业技术教育》，2003(07)，第18-20页。

性的问题，比如学生动手能力提高了，但专业素养却下降了；教师的技术水平和实践能力提升了，但是学科理论水平却下降了。所以高等职业教育要培育跨领域的“一流专业应用学科”。[①]

在专业建设的理念与原则研究上，多数学者的论述都集中在“原则”而非“理念”，其指向大部分集中在专业设置的基本宗旨、价值观念和行为准则上。对多位学者的观点进行对比发现，在专业设置和建设原则上，学者们的观点比较一致，那就是必须遵循市场导向原则、前瞻性原则、特色原则和复合原则。比较有代表性的观点认为，高职教育的专业建设必须以市场需求为导向，就是要结合所在地方经济发展的需求和产业结构变化趋势，面向生产第一线确定专业体系主体框架。[②] 高职教育专业设置、调整和结构优化的基础应该紧跟社会职业的发展趋势、高技能人才市场需求，要遵循市场导向原则、为地方经济服务原则、科学规划原则、特色性原则、集群性原则、可行性原则、前瞻性原则、效益性原则。[③] 其后的学者基本是对上述原则的更加泛化或者细化的论述，比如，有学者提出要树立与产业转型升级相适应的专业建设新理念，即专业设置不仅要适应和满足当前社会经济发展的需要，也要适度超前，以引领产业经济发展，这个观点的本质就是前瞻性原则。[④] 有学者提出了高职专业设置的“两维四向”关系拓扑模型，提出专业建设四个向度的内在逻辑：产业需求为根本、学科基础为支撑、办学定位为目标、教育教学资源为基础。其核心理念也就是市场导向原则。[⑤]

（二）课程体系

课程体系是集中体现和实现专业建设的培养目标和人才培养定位的重要载体，随着人们对专业建设核心理念认识的不断提升，我国高等职业教育课程体系也经历了不同的发展阶段，主要表现为三种不同的课程体系设计模式[⑥]：

第一种模式是“学科中心”模式，这种模式中课程体系以专业知识为主线构

---

① 游明伦：《学科缺失：高职教育专业内涵发展之“短板”》，载《职教论坛》，2018(09)，第6－14页。

② 李建求：《论高职院校的专业建设》，载《高等教育研究》，2003(04)，第75－79页。

③ 方光罗：《高职院校专业设置的原则探析》，载《中国高教研究》，2008(05)，第81－82页。

④ 赵晓妮：《高职院校专业建设的现实之囿与治理之道——基于产业转型升级视角》，载《教育探索》，2016(10)，第34－39页。

⑤ 卢晓春、张俊平、朱强等：《高职院校专业设置的“两维四向”关系模型拓扑》，载《中国职业技术教育》，2018(11)，第15－19页。

⑥ 王凤基：《对我国高职课程体系改革的分析与思考》，载《高教探索》，2010(04)，第98－102页。

建，通常包括三部分：基础课、专业基础课、专业课，一般被称为“三段式”课程结构。

第二种模式是“能力本位”模式，课程体系以能力和技能训练为目的构建，包括两大模块，分别是通用能力模块和专业应用能力模块，专业应用能力模块又细分为两个子模块：专业基础能力模块和专业核心能力模块。由于“能力本位”模式符合高等职业教育的特征，所以教育部在《关于加强高职高专教育人才培养工作的意见》(教高〔2000〕2 号)中大力提倡“能力本位”模式。

第三种模式是“工作过程导向”模式，这种模式下的课程设置遵循企业实际的工作任务，按照企业的工作流程来设计开发课程。

具有代表性的高等职业教育课程观认为，学术型大学的课程观与技术型大学的课程观是两种不同的高等教育课程体系建构理念，学术型大学的课程体系观是以学科知识体系和理论思维训练为中心的价值观，技术型大学的课程体系观则是以技术知识体系和技术能力的获得为核心的价值观。所以高等职业教育应该采用“逆向制订法”的思路，按照“层次—模块”结构，以培养职业技能为核心，构建高职课程体系。①

在课程体系的构建思路和原则方面，大部分学者都赞同能力导向、分层分模块的构建思路。“学做合一”的课程体系构建的三原则是：以就业为导向，有效融合课程与职业标准；以能力为本位，有效衔接职业能力与通用能力；以工作过程为顺序，将学习环境与工作情境统一起来。② 后续学者的研究大多在此理念的基础上进行细化或者扩展，比如，有学者提出课程体系构建的基本方式为：以企业为主导、以满足企业需求为目的、以课程的项目化改造为手段③；课程体系构建三原则是基础课程体现高等教育属性、专业课程面向产业和职业岗位、技能课程直接对接实际需求④。高职专业课程体系构建的五步走的技术路线是：在按照专业大类对应产业、专业类对应行业、专业对应岗位群或技术领域的基础上，首先确定专业定位，然后在进行广泛而深入的调研基础上，归纳形成5～7 个典型工作任务以及相对应的专业素质、知识和能力，最后针对这些需求

---

① 俞瑞钊、高振强：《以就业为导向的高职课程体系构建之实践与探索》，载《中国高教研究》，2007(05)，第 41 - 44 页。

② 林苏：《“学做合一”高职课程体系的构建》，载《中国高等教育》，2006(02)，第 50 - 51 页。

③ 刘建湘、文益民：《高职院校校企合作课程建设探讨》，载《中国高教研究》，2010(10)，第 84 - 85 页。

④ 周建松：《高等职业教育人才培养目标下的课程体系建设》，载《教育研究》，2014(10)，第 103 - 105 + 111 页。

进行课程分工，形成合理的课程体系。[①]

一些学者以某个特定专业为研究对象，进行了课程系统构建的实证研究。比如，“材料成型与控制技术”专业群的课程体系构建思路是“底层共享，中层分立，高层互选”。[②] 计算机网络技术专业的课程体系构建思路是：以“建网”“管网”“用网”三大岗位群的职业能力要求为基础，构建符合网络工程生命周期规律的专业核心课程体系，该体系包含四类课程：素质课程、专业支撑课程、专业核心课程和专业扩展课程。[③]

（三）教学方法

由于高等职业教育要求培养学生的实际动手能力，所以以讲授为主的传统教学方法并不适合高等职业教育的教学需求。为此众多学者进行了大量深入的研究，探索如何运用新的教学方法提升教学效果。

被广泛应用在高职课堂教学中的教学方法是行为引导型教学法。这种教学方法强调专业能力、方法能力、社会能力等综合职业能力的培养，非常符合技术技能型人才的培养要求。[④]

在教学实践中，行为引导型教学法可细分为多种方法，如项目教学法、案例教学法和任务教学法等。张宗飞基于工作实践阐明了项目教学法的基本特性，然后结合具体课程从项目设计、项目实施、项目评价三个环节分析了项目教学法的应用过程。[⑤] 学者们在长期教学实践基础上，在运用案例教学法之后，发现这种教学法在充分发挥教师的主导作用，凸显学生的主体地位，让课堂教学丰富和充实起来，更加有效地激励学生的学习兴趣和求知欲、培养学生合作能力和学习策略方面，具有重要意义。[⑥⑦]

此外被使用的教学法还有基于问题教学法（problem-based learning，PBL）和情境教学法。基于问题教学法作为一种以问题为导向、以学生为中心

---

① 王国川：《高职专业课程体系建构探究》，载《教育与职业》，2018(22)，第 101－104 页。

② 陈秀珍：《高职院校专业群课程体系构建的研究》，载《中国职业技术教育》，2015(02)，第 86－89 页。

③ 张海平、张建、张建辉：《高职计算机网络技术专业课程体系建设的实践》，载《职业技术教育》，2018(14)，第 30－32 页。

④ 高芳：《高职院校教学模式和教学方法改革》，载《职业技术教育》，2008(20)，第 30－31 页。

⑤ 张宗飞：《试论项目教学法在高职教学中的应用》，载《教育与职业》，2013(03)，第 152－153 页。

⑥ 王丽娜：《浅析“高效课堂”模式下高职法律课教学中案例教学法的运用》，载《中国职业技术教育》，2017(14)，第 16－18 页。

⑦ 高多：《项目教学法在高职英语教学中的辅助作用》，载《教育发展研究》，2017(S1)，第 100－101 页。

的教学方法在实务性课程中被广泛采用，情境教学法则是在课堂教学过程中有目的性地引入或者创设与正式工作环境相似的场景，从而帮助学生在类真实场景中理解知识、掌握技能。①②

在高职教育的教学实践中，高职院校普遍采用以培养动手能力、展现实际工作环境的教学方法为主的行为引导型教学法。

三、利益相关者的绩效观

斯坦福研究所于1963年首次提出的"利益相关者(stakeholder)"的概念，受到学界的广泛关注。③ 1984年，弗里曼(Freeman, 1983)等在其《战略管理：利益相关者管理的分析方法》(*Strategic Management: A Stakeholder Approach*)中给出了一个被广泛接受的定义：利益相关者是"那些能够影响组织目标实现，或者能够被组织实现目标的过程影响的任何个人和群体"。④

在此基础上，可以将高校利益相关者定义为，受高校发展影响，同时其行为又影响高校发展的群体。高校作为一个典型的利益相关者组织，不同的利益相关者对高等教育的期许与利益诉求是不同的，他们的期望和要求规定了高校责任，为高校的发展指明了目标。

所以，依据第四代评估理论，高职院校专业建设绩效评估显然要满足不同的利益相关者的多元化诉求，体现不同利益相关者的多样的利益追求，只有这样才能有利于高等职业院校专业发展，不断提升教学质量和社会服务水平。

(一) 访谈的方法与对象

访谈对象的选取采用目的性抽样(purposeful selection)方式，以信息饱和为原则，根据研究目的选取能够为研究提供最大信息量的访谈对象。在综合考虑各种可能影响本研究效度的其他因素之后，最终选取了江苏省的3所高职院校(W学院、Y学院和Z学院)的24位利益相关者群体代表作为访谈对象。

3所学院地处江苏省的3个不同的地级市，都是公办高职院校，其中Y学

---

① 申扬帆、张雪昀：《PBL教学法在高职药学专业有机化学教学中的应用》，载《化学教育》，2015(16)，第47-49页。

② 刘志明：《基于建构主义视角的高职课堂情境创设》，载《教育与职业》，2014(33)，第160-161页。

③ 贾生华，陈宏辉：《利益相关者的界定方法述评》，载《外国经济与管理》，2002(05)，第13-18页。

④ FREEMAN R. E., REED L. D., "Stockholders and Stakeholders: A New Perspective on Corporate Governance", *California Management Review*, 1983, 25(3), pp.88-106.

院是中国特色高水平高职学校建设单位、首批国家骨干高职院校建设单位；Z 学院是省级示范性高职院校；W 学院是一所普通高职院校。选择这样 3 所高职院校有以下两方面的考虑：第一，2020 年江苏省共有 90 所高职院校，其中入选中国特色高水平高职学校建设单位的有 22 所，超过半数的院校为普通院校（非示范院校），超过 70%的院校为公办院校，所以这 3 所院校具有最普遍的代表性。第二，选择不同类型的 3 所高职院校的不同利益相关者能够尽可能地减少院校特征的影响，保证信息的一致性。

基于高职院校利益相关者群体类别，本研究选择的 24 位访谈对象，涉及大学行政管理人员、专任教师、校外兼职教师、学生、校企合作者这些主要利益相关者群体，如表 4-1 所示。

表 4-1　访谈对象一览表

院校	访谈对象	性别	职务	代表利益相关者
院校 W	WA	女	教务处处长	大学行政管理人员、专任教师
	WB	女	教务处副处长	大学行政管理人员、专任教师
	WC	女	二级学院院长	专任教师
	WD	男	三年级	学生
	WE	女	二年级	学生
	WF	女	三年级	学生
	WG	男	二年级	学生
	WH	男	某企业老总	校外兼职教师
	WK	男	合作企业中层负责人	合作企业
院校 Y	YA	男	分管教学副校长	大学行政管理人员
	YB	男	教务处副处长	大学行政管理人员
	YC	男	二级学院院长	专任教师
	YD	男	合作企业技术人员	校外兼职教师
	YE	男	三年级	学生
	YF	女	三年级	学生
	YG	女	三年级	学生
院校 Z	ZA	女	教务处处长	大学行政管理人员、专任教师
	ZB	男	二级学院院长	专任教师
	ZC	男	三年级	学生

（续表）

院校	访谈对象	性别	职务	代表利益相关者
院校 W	ZD	女	二年级	学生
	ZE	男	三年级	学生
	ZF	男	二年级	学生
	ZG	男	某企业技术人员	校外兼职教师
	ZH	男	合作企业中层负责人	合作企业

大学行政管理人员代表共有 5 名，分别是 WA、WB、YA、YB 和 ZA。其中 YA 是 Y 学院的副校长，他一直分管教学工作，其余都是教务处处长或者副处长。

教师代表共有 9 名，分别是 WA、WB、WC、WH、YC、YD、ZA、ZB 和 ZG。其中 WA、WB、ZA 在任教务处处长（或副处长）之前，一直在学院任专任教师，有丰富的一线教学经验，其观点也能代表专任教师；WH、YD 和 ZG 都是校外兼职教师，他们来自院校合作企业，担任兼职教师都在 2 年以上，WH 除了在 W 学院任校外兼职教师之外，还和 N 市的 2 所应用型本科院校和 4 所高职院校长期合作，教学经验与企业管理经验都较为丰富，YD、ZG 都仅在 Y 学院和 Z 学院担任校外兼职教师。

学生是高校中最重要、最核心的利益相关者，为了能获得最大的信息饱和度，选择了 11 名学生进行访谈，分别是 WD、WE、WF、WG、YE、YF、YG、ZC、ZD、ZE 和 ZF。这 11 名学生来自不同的学院，大二学生 4 名、大三学生 7 名，男生 6 名、女生 5 名。没有选择大一的新生，主要是考虑到访谈时大一新生入学时间不长，对学校、专业建设了解不够充分，其观点不能够较为全面客观地反映本专业建设现状。

合作企业代表有 2 名，其中 WK 来自一家在行业中排名前三的上市公司，该公司与 W 学院有深入合作关系，开展了订单班联合培养工作。这家公司也与江苏省内的多家高职学院有合作，提供顶岗实习的岗位，与高职院校培养的学生接触极为密切。ZH 来自一家在行业中排名前二的上市公司，其所在公司与 Z 学院共同施行“嵌入式”人才培养，ZH 作为企业人员参与多所高职院校的专业课程建设。

由于访谈对象之间的角色、定位差异较大，为获取更多的信息，访谈采用半结构化式访谈，所有访谈的时间都在一个小时左右，保证了访谈对象能够基于自己的经验与体会畅所欲言，尽可能地表达自己的观点。

除了学生之外，其余访谈对象都采用个别访谈方式，访谈都在访谈对象熟悉的地点进行，如办公室、企业会议室等。由于时间原因，对学生的访谈采用群体访谈方式，一般一次访谈两三名学生，访谈地点在图书馆或教室。

本研究运用扎根理论(grounded theory)方法，在研究开始之前不提出理论假设，在对原始访谈资料深入归纳分析的基础上，逐步形成概念和命题，最终提炼出评估指标项。

(二) 访谈提纲的设计

不同访谈对象对于高职院校专业建设的参与程度有着较大差别，所以访谈的问题会根据访谈对象的不同进行差别性调整，不过核心问题仍然保持一致：你如何评价(判断)高职院校的专业建设投入与产出成效？

1. 对大学行政管理人员和专任教师的访谈提纲

(1) 您觉得政府主导实施的高职评估有什么优缺点？

(2) 如果让您作为一名专家评价一所高职院校某个专业建设绩效，您会选取哪些指标？

(3) 您觉得就业率的高低能体现人才培养质量吗？如果不能，那么哪些指标会更合适？

(4) 您觉得贵校现在最需要什么样的教师，博士还是工程师？

(5) 您觉得如何去辨别实践教学是否流于表面？

2. 对校外兼职教师和校企合作者的访谈提纲

(1) 如果让您作为一名专家评价一所高职院校某个专业建设绩效，您会着重看哪些指标？

(2) 作为企业人员，您聘用一名高职毕业生的时候，您会更看重毕业生的哪些素质？

(3) 如果有亲戚和朋友高考，请您在两所高职院校中帮他进行选择推荐时，您会根据什么指标来选择？

(4) 您觉得如何去辨别实践教学是否流于表面？

3. 对学生的访谈提纲

(1) 你当初为什么选择这所学校，这个专业？

(2) 如果有亲戚和朋友高考，请你在两所高职院校中帮他进行选择推荐时，你会根据什么指标来帮他进行选择？

(3) 你觉得老师以什么样的方式授课更好？

(4) 你觉得实训(实习)有收获吗？那些让你有收获的实训(实习)有什么共同特点？

(5) 你更喜欢校内老师的课还是外聘老师的课？为什么？

(6) 你知道给你讲课的老师们的职称、职务、学位和科研成果吗？你觉得不同职称、学位的老师们的授课有显著差异吗？

(三) 访谈结论

1. 就业质量是反映高职院校办学质量的重要指标

几乎所有利益相关者都认为，就业质量是体现高职院校办学质量的最重要的指标，是专业建设最重要的产出指标。

教务处副处长 WB 说："其实我个人认为啊，适合社会的，适合企业的，适合学生的就是一个好专业。"学生 ZE 在谈论到另外两个高中同学时，总是拿就业情况作为不同高职院校和不同专业比较的基础。学生 YG 提出如果再有机会重新选择专业，"现在还要看就业率"。企业人员 WK 的话代表了企业的普遍看法："学生是学校的产品，学校的产品好不好用，需要通过企业来认可。"

高职院校不同于研究型大学，在"科学研究、人才培养、社会服务"这三大职能中，人才培养与社会服务是核心职能，人才培养与社会服务有着紧密的联系，高职院校将培养的学生输送到各企业，学生们将自己所学的知识与技能运用于工作中，为企业的发展提供能量，这是高职院校践行其社会服务职能最直接的途径。经过高职院校三年培养的毕业生是否能够获得企业、社会的认可是评价和衡量高职院校专业建设水平的最重要的指标之一。

然而，在教育部 2004 年颁布的《高职高专院校人才培养工作水平评估方案》(以下简称 2004 年评估方案)和 2008 年颁布的《高等职业院校人才培养工作评估方案》(以下简称 2008 年评估方案)中，就业质量的比重都很小。在 2004 年评估方案中，就业率是二级指标"6.2 就业与社会声誉"中的第一个观测点"录取新生报到率及毕业生就业率"中的一项；在 2008 年评估方案中，就业率是一级指标"7 社会评价"中的 3 个二级指标中的一项。可见，尽管在两个评估方案的评估指导思想中都明确提出"……按照'以服务为宗旨，以就业为导向，走产学结合发展道路'的办学要求"，但在指标设计中并未很好地贯彻这一指导思想。

2. 结构化的就业指标才能反映就业质量

一直以来,就业率指标是评价就业质量的最简单也是最直接的指标,在 2004 年评估方案和 2008 年评估方案中,都采用就业率这个单一指标来衡量就业质量。教育部也不断发文要求各高校提升就业率。根据《中国教育报(2021)》的报道,《2020 中国高等职业教育质量年度报告》中的数据显示,全国高职院校毕业生就业率基本保持稳定,5 年来毕业半年后就业率均在 90%左右。

但是,在就业数据一片大好的背后,就业率的真实性一直都备受怀疑,相关研究表明高职院校确实存在"为了完成教育行政部门规定的任务,只强调学校毕业生的就业率,忽视了就业质量的提高;盲目认为只要学生找到工作就算完事"的问题(谢志远,2013)。在访谈中,校外兼职教师 ZH 直言不讳地说:"实际上有好多假的"真"就业,我告诉你,我之前就帮过一个学校的忙,一个合作学校的系主任给我打电话,请我帮忙签一批就业协议,他们就是就业指标没完成,只能找个企业先签协议应付一下。"

综合访谈资料,可以看出就业率高未必代表就业质量就高。一方面,为了应付教育主管部门的考核,不排除个别高职院签署虚假的"真"就业协议;另一方面,很多毕业生的就业岗位与所学专业完全不相关,尽管就业率较高,但又恰恰说明这所院校、这个专业培养出来的学生无法被社会认同。那么哪些指标能更准确地反映就业质量呢?在访谈中,很多利益相关者都提到起薪值、专业对口率、转岗率等指标,他们认为这些指标相比就业率更能反映就业质量。

1) 专业对口率

专业对口率是指应届毕业生中在符合本专业人才培养目标岗位就业的学生比例,对口率的高低能够反映专业设置是否与市场接轨,能否紧跟当地经济的发展趋势与方向。在提到就业率指标时,教务处副处长 YB 表示在关注就业率的同时还要看对口率,她说:"学生的这个就业率要看对口率,……现在的就业率很多都是特意弄出来的,因为现在国家要就业率,(学校)就催着学生马上就业。"学生 ZE 在访谈中,会时不时拿一个同样就读 N 市某高职院校的高中同学和自己进行对比,"就像我那个同学,他学的是涉外旅游,最后不干了,不干跟自己专业相关的工作,就是去找那些什么销售之类的工作,然后(在学校)学了 3 年以后就(相当于)没什么用"。高职学生经过三年的学习,如果就业的岗位和所学专业并不一致,说明这个学生要么自己不够努力,要么就是这所院校、这个专业培养出来的学生的技能明显不足，无法获得企业认可，那么学生就只能找和专业无关的工作。

在学习了三年的知识与技能之后，高职毕业生无法在对口的岗位上施展才能，无疑是对高职院校各种资源的浪费，所以专业对口率能从一定程度上反映该专业的设置是否以社会需求为导向，是否紧跟社会发展的节奏与趋势，它是衡量专业建设优劣的重要指标。

2）起薪值

起薪值是指本专业应届毕业生就业当月的平均薪资。对学生 WD 的访谈是一个很有意思的案例，他在访谈中不断表现出一种矛盾和冲突的心态。学生 WD 所学的专业与美容相关，作为一名男生，他在言语中不停地透露出因为学习这个专业而承受的社会舆论的压力。尽管经过了三年的学习，他还是比较迷茫："我们班男生比较多，然后他们就很迷茫，我到底干吗？"这样的一个学生在选择工作时，选择对口专业的可能性应该比较低，但是，这个男生最后选择的却是与专业对口的工作，薪水还很高。他说，他与就业单位商谈时，"老板说，你给自己的目标是多少？我还没想好，就说我要 2 500 就差不多了。然后他说我给你 3 800，我感觉比我自己定位的已经高出一大截了啊！……我感觉对我们这个专业来说，一开始的实习工资 3 800 已经挺高了。"

从这个案例可以看出，尽管学生 WD 相对盲目地选择了现在所学的专业，该专业无论在学校内还是社会中都存在一定性别歧视，但是经过三年的学习，他逐渐认同了本专业，也渐渐对这个专业产生了兴趣，而且自我感觉在各种能力上有了很大的提升，最终表现为获得了用人单位的认可，获得了比预期高出很多的起薪。

根据访谈总结和学者研究成果，就业率、专业对口率和起薪值这三个指标确实可以综合全面地反映高职院校毕业生的就业质量状况，客观地衡量专业建设的水平高低以及人才培养质量的高低。在考察就业率的同时，可以结合专业的实际情况将专业对口率、起薪值作为考量专业建设的重要参考指标。

3. 师资队伍建设要注重专兼职和质量并重

从就业质量来评价专业建设水平体现了高等职业教育的特点，但从设计评价指标体系来说还远远不够，正如副校长 YA 所说的，"我不认为就业要占比较大的权重，这是要（与办学条件、专业定位、师资队伍这些因素）合起来看的，就业其实要(与它们)放在一起做一个相互呼应”。那么还有哪些评估指标与就业质量相关,能够彼此紧密联系起来呢?

首要指标是师资队伍的质量,师资队伍质量的高低直接影响到人才培养质量的高低,对高职院校的健康发展影响巨大。高职院校师资队伍可以分为四种类型:校内专任教师、校内兼课教师、校外兼课教师和校外兼职教师。其中校内专任教师和校外兼职教师是师资队伍中的主要力量。

政府对高职师资队伍建设的要求有一个逐渐转变的过程,在 2004 年评估方案中将“师资队伍建设”列为一级指标,下属两个二级指标分别为“2.1 结构”和“2.2 质量与建设”,“2.1 结构”中包含三个观测点:“学生与教师比例”(比重 0.2)、“专任教师结构”(比重 0.6)、“兼职教师数量与结构”(比重 0.2)。在 2008 年评估方案中“师资队伍”仍然作为一级指标,下属两个二级指标分别为“2.1 专任教师”和“2.2 兼职教师”。评估方案中提出的专任教师队伍建设要求是:对于基础课专任教师要注重学历和职称的提升,对于专业课专任教师,要不断提高技能水平,不断增加企业一线工作经历。对兼职教师队伍提出的要求是:要不断提升从行业、企业聘请技术能手承担实践技能课程的比例,同时注重对他们教学能力的培训。

从上述两个评估方案的变化可以看出,最初政府非常注重专任教师队伍的建设,尤其是专任教师队伍的学历、职称、“双师”资格等师资队伍的结构方面。经过多年的发展,政府逐步认识到对于高职院校来说校外兼职教师队伍是同样重要的。所以在 2008 年评估方案中,校内专任教师和校外兼职教师具有同等重要的地位。当然尽管 2008 年的评估方案做出了一定程度的转变,但评估方案中有些语焉不详,并没有提出明确的评估指标项。那么到底哪些指标项可以较为科学全面地反映高职院校师资队伍建设情况呢?不同的利益相关者的看法大致相同,但又略有差异。

1) 校内专任教师队伍

在谈到先从哪个方面评价一所高职院校的专业水平时,几位院校行政管理人员观点一致,他们会先从师资结构进行考察,考察师资队伍的年龄结构、职称结构,主要考察专任教师队伍中的中坚力量所占的比例,所谓的中坚力量是指具有副高或者中级职称,年龄在 36～45 岁的中青年教师。

在谈到师资队伍内涵建设时,二级学院院长 YC 表达了自己的观点,他认为对于高职院校来说,目前“是用职称来划定人的,而不是用技能来划定的”,没有高级职称但具有较高技能的人才无法进入高职院校充实教师队伍，这是人才引进政策需要改进的地方。他举了一个例子，拿自己学院和另外一个二级学院进行对比，那个二级学院博士多、高级职称多、科研能力强，就业质量却并不高，而他们院没有博士、高级职称少、科研能力弱，但是招生很好，就业率一直名列前茅，显然人才培养质量更高。

从学生角度，恰恰印证了学院院长 YC 的观点，在询问学生 WF 和 WG 是否知道所有任课教师的职称、学历时，他们说他们只知道所在学院院长和副院长的职称，而不知道其余所有任课教师的职称和学历，同时也表示，他们也不关心这些，只要能学到专业技能就行了。

2）校外兼职教师队伍

在谈到师资队伍建设时，有一个有意思的现象，教务处处长 ZA、学院院长 ZB 都没有谈及校外兼职教师建设，但学生们却都特别强调校外兼职教师的重要性，都表示他们从兼职教师那里学到了很多知识和技能，甚至在某些方面校外兼职教师能够给予他们更多的帮助。这是否表明院校管理者更注重校内专任教师建设，而学生却希望从校外兼职教师那里获得更多的知识与经验？

学生 ZD 说："我们从（校内专任）老师那边学的东西和从（校外兼职教师）他们就不一样，……一个是站在学校角度，一个是站在社会角度。"学生 ZF 说："学校老师给你讲的很多就是专业基础知识，外聘老师给你带来的呢，就是说一些职场上，实践性的东西，就是他告诉你很多很实用的东西，……我加了一个外聘老师的 QQ。然后我跟他聊天时，他其实并不太注意言语措词，我觉得他的为人处事对我影响很大。"

对于高职院校来说，校内专任教师队伍和校外兼职教师队伍都很重要，这已经是所有利益相关者的共识，但在重视程度上还有待进一步提升，在评估方式上还有待进一步明确。从与利益相关者的访谈结果上看，两支教师队伍的授课课时量可以作为一个重要的师资队伍评价指标。对校内专任教师队伍的评估可以包含中坚力量（职称、年龄）的比重、专业技能水平等指标；对校外兼职教师的评估可以包含专业课授课量等指标。

4. 校内外实践教学基地建设是提升学生实践能力的关键

对于高等职业教育来说，实践教学是高职人才培养过程中必不可少的一环。通过实践教学，能够有效提升学生的实际动手能力和职业素养，使他们能将课堂中所学的知识应用于实践，同时为日后的工作积累实战经验。从

2004 年评估方案和 2008 年评估方案来看，对实践教学的重要作用有一个逐步认识的过程。2004 年评估方案更加注重对实践教学基础条件的评估，“实践教学条件”是一级指标“教学条件和作用”下属的一个二级指标，下设三个观测点：“校内实训条件”“校外实训基地”和“职业技能鉴定”。2008 年评估方案更加注重实践教学，“实践教学”被提升为一级指标，下设五个二级指标：“4.1 顶岗实习”“4.2 实践教学课程体系设计”“4.3 教学管理”“4.4 实践教学条件”和“4.5 双证书获取”。可见从政府角度来说，越来越重视实践教学，逐步从重视硬件条件向构建实践教学体系转变。

校内实训基地是每个高职专业建设的硬件基础之一，每一所通过评估的高职院校的校内实践基地都应该比较完善。访谈中，受访者们提出了当前实践教学存在的两个问题：一是已建实训基地的更新问题。学生 YF 说：“我们这个专业都开了这么多年嘛，还是老一套的实习地方，还是老一套的模式，没有跟上(时代发展)，慢慢地就要被淘汰了。”二是利用率的问题。利用率过高、过低都存在问题，教务处副处长 YB 认为：“有的实验室排满了课，有的实验室排课很少，比如那个会计专业肯定利用率最高，因为会计专业的学生多，所有的学生都要在里面做，对吧，有的专业就招的人少，也就那么二三十个人，利用率怎么高得起来？”

从企业，尤其是大型企业的角度来说，他们更希望通过和学校的深入合作能利用好校外实践基础。合作企业人员 WK 这样表达他的想法：“作为我们企业来说，我们有相关的业务，我们有相关的设备，这个在学校是没有办法实现的。像我们对面的这个仓库，我们公司花了 10 个亿，采用了德国最先进的仓储设备。作为学校来说，肯定是没有这种财力，也没有(这个)地方去安装这么大个儿设备的。我觉得他们(学生)通过学校老师的教学，然后到我们公司来参观了解，他们对仓储、业务流程就都会有一个比较深刻的认识。对他们的知识面的开拓，我觉得有很大帮助啊。”

对于高职院校来说，校内实训基地确实会存在落后于社会需求的问题。一方面涉及投入产出效益的问题。对于企业来说，之所以能够不断更新设施是因为投入之后能够带来巨大的产出回报，这是一个良性循环；对于高校来说，投入大量资金建设的校内实训基地可能仅仅供几十名学生一个学期的某一门或者两门课程使用，其余时间基本闲置，效益显然不高，高职院校根本就没有资金来维持更新度。另一方面还有制度上的限制，比如公办院校有严格的采购和资产管理制度，必须达到 5 年甚至 10 年的年限之后试验设备才能报废。这两方面直接限制了高职院校对于实训基地的建设，导致教学实训基地落后于教学的需求，在很大程度上影响了教学的实际效果。

综合利益相关者访谈的意见，适度建设校内实训基地，提供基础性的实验实训环境，大力提倡校企深度合作，建立长期的校外实训基地，充分利用合作企业的各种设施条件，借此提升学生的实训技能，才是实践教学的方向。

从绩效评估指标设计来说，校内实训基地的投入资金和利用、校外实践基地数量与利用率是高职教育专业建设投入的重要指标。

实施任何一种评价之前首先要真正而全面地了解评价对象及其所具备的特征。高等职业教育作为具有中国特色的高等教育形式，已走过四十余年的发展历程。在这四十多年中，围绕着高等职业教育到底该怎么办，如何平衡“高等性”“职业性”两个维度，办出什么特色，该培养什么样的人，如何培养人这些问题，高等职业院校进行了积极的探索。通过文献综述和利益相关者访谈结论，总结出我国高等职业教育特点：第一，我国的高等职业教育是融合“职业性”和“高等性”的跨界高等教育，如何平衡“职业性”和“高等性”一直是学界研究的焦点问题。从具体的实践上看，无论是政府还是学术界都认为“职业性”更为重要；第二，目前来说，高等职业教育培养的是高素质、应用型的专科层级人才，以就业为导向，强调对学生技术与技能的培养；第三，在培养方式上，通过加强实践教学、工学结合的方式，注重培养学生的应用能力；第四，高职师资队伍建设走的是专兼结合、专兼并重的道路，即建设一支理论基础扎实、又有较强技术应用能力的“双师型”专任教师队伍和一支实践能力强、教学水平高的兼职教师队伍；第五，深化校企合作、产教融合是高等职业教育社会服务的主要手段。

从专业建设角度来说，在梳理文献的基础上总结出如下特点：第一，高等职业教育的专业是“技术专业”而非普通高等教育的“学科专业”，专业建设秉承着市场导向原则；第二，“能力导向”“工作过程导向”是主流的课程体系设计模式，依此构建了以职业技能为核心的“层次—模块”结构的高职课程体系；第三，以培养动手能力为主、展现实际工作环境的教学方法为主的行为引导型教学法被广泛采用，其细分为多种方法，如项目教学法、案例教学法和任务教学法等。

从上述文献综述总结的基础上可知，绩效评价指标的构建必须体现出高职教育专业建设的特征：

第一,从产出指标的选择上,要凸显出高职院校“职业性”的特征,所以可以将就业质量和社会服务能力作为两个产出指标,而普通本科院校所重视的科研产出就不需要体现在产出指标中了。

第二,单纯的就业率已经无法完全反映出就业质量的高低,需要融合多种就业相关指标,比如平均起薪值、专业对口率等。

第三,作为人力投入的核心要素,高职院校师资队伍中既要包含校内专任教师队伍,也要包含校外兼职教师队伍,而且还需要增加相关质量指标,比如学历学位、“双师素质”比例等指标。而普通本科院校重视的博士比例则不需要加入到指标中。

第四,校企合作、产教融合是高等职业教育提升教学质量和提供社会服务的主要手段,也是实践教学、工学结合等培养方式的基础,所以评价指标体系中要关注校企合作、产教融合的广泛性和有效性。

第二节 指标体系的初步构建

一、指标遴选原则

任何一套评价指标体系都体现着评价设计者的价值取向和评价导向。由于高校绩效评价受到经济学、管理学中经济绩效思想的影响,所以其背后的价值取向就是将高校看成“知识生产企业”,要求其使用最少的资源来生成与传播知识,向社会提供服务。那么从这个角度出发,绩效评价指标的遴选可以参照如下依据:①

第一,绩效评价指标要能反映出办学效率。

在绩效评价指标设计的实践中,一般根据绩效评价的“3E”内涵,从三种不同的维度进行指标体系设计,评价经济(economy)绩效即考察投入成本高低,评价效率(efficiency)绩效即考察收入产出比,评价效益(effectiveness)绩效即考察是否实现既定目标,评价执行结果的实际影响和预期的影响。②③

① 张男星:《高等学校绩效评价论》,北京:教育科学出版社,2012 年,第 65 - 67 页。

② 张男星:《高等院校绩效评估报告 2013》,北京:教育科学出版社,2015 年,第 14 页。

③ 联合国审计委员会:《审计委员会关于加强联合国系统的问责制、透明度和成本效益:澄清和加强审计委员会绩效审计中的作用的建议的报告》,2012 年,第 7 页。

本研究主要评价高职教育专业建设的办学效率，即投入产出之比。所以绩效评价指标主要分为投入指标和产出指标。

第二，绩效评价指标要能反映出高职教育的职能与特点。

高等教育绩效评价必须能反映出大学人才培养、科学研究和社会服务三大职能的执行情况。不过，不同类型的院校三个职能的侧重各有不同，所以指标的选择也要能反映出高等职业教育的特点。显然，在产出指标设计上，高等职业教育应该更加重视人才培养与社会服务职能，体现人才培养的就业导向、社会服务上的校企合作特点。

第三，绩效评价指标要能揭示高校组织的内在关系。

根据组织理论，可以从两种不同的维度去看待一个系统，分别是封闭的或者开放的。如果将一个组织看成一个封闭的系统，那么组织成员需要在考虑职能要求的基础上设计确定组织结构；如果将一个组织视为一个开放的系统，那么其结构和行为必定受到外部环境因素的影响。强调校企合作的高职院校显然是一个开放的系统，其可以从外部环境中获得输入（如外聘教师、校外实训基地等），也反过来对环境产出输出（如毕业生、培训企业员工等）。所以，绩效评价指标的选择必须考虑到外部环境因素，体现高职院校组织与环境的互动关系。

二、投入指标

对于投入指标的划分与选取，学者们普遍从生产要素理论出发，把投入分为人力投入、物力投入和财力投入三个方面。[①②] 本研究按照惯例进行投入指标的选取与划分，不过为了更符合评价对象的特点，将物力投入更名为教学条件投入。

在已有的绩效研究中，一般来说使用数量作为投入指标的度量单位，比如在人力投入指标方面就是师资人数。按照常识，单纯的数量单位并不能真正反映出投入的全部内涵，相同的投入人力数量，不同的人力投入质量对绩效的影响肯定是不一样的。近年来有越来越多的学者开始将投入的质量变化也加入到投入指标中，这更加符合客观实际。比如投入相同数量的刚入职的年轻教师和具有丰富教学和实践经验的中青年教师，尽管人力投入的数量一样，但产出

① 宗晓华，付呈祥：《“双一流”建设高校科研效率及其变化——基于超效率和 Malmquist 指数分解》，载《重庆大学学报（社会科学版）》，2020(01)，第 93 - 106 页。

② 陈磊，王应明：《兼顾偏好的高校科研绩效评价》，载《科技管理研究》，2015(12)，第 62 - 65 页。

效果肯定具有明显的差异,所以在设计投入指标时需要考虑投入质量带来的变化。[①②]

(一) 人力投入指标

对于高等院校来说,人力投入一般指的是师资人员数量。根据前文构建的理论框架,高职院校的师资队伍主要包含校内专任教师和校外兼职教师两类,所以人力投入指标主要包含这两个指标项。

本研究中,校内专任教师投入质量包含师资的年龄、学历学位、职称、职业技能等。其中按照教师年龄大小分为三档:35 周岁以下的青年教师、36～45 周岁的中青年教师、46 周岁以上的中老年教师。按照学位分为两档:拥有学士学位的教师、拥有硕士及以上学位的教师。这里需要说明的是,根据前文构建的理论框架,没有将拥有博士学位的人数和比例作为高职院校师资队伍质量的标准。按照职称分为两档:具有初中级职称的教师和具有高级职称的教师。按照职业技能分为两档:具有双师素质的专任教师、不具有双师素质的专任教师。

校外兼职教师的质量指标的选取比较困难,因为校外兼职教师来自企业,需要的是专业技能和实践经验,所以无论从学历学位、职称还是从科研等方面都无法直接衡量出这些质量因素。本研究专注考察兼职教师的教学投入情况,将教学工作量作为投入质量的衡量指标之一,所以在指标选取时,校外兼职教师人数计算采用教育部颁布的《高等职业院校人才培养工作评估方案》(教高〔2008〕5 号)中的规定,每学年授课 160 课时等同于一名校外兼职教师。

(二) 财力投入指标

要获取不同专业建设财力投入的精准数据是一项比较困难的工作。一方面,从财务运行流程角度来说,专业建设和运行的主体是系部,所以高职院校的预算编制和资金下拨是以系部为单位的,而非专业层面,这导致无法分清每一个专业建设和运维的资金投入精确数据;另一方面,专业建设涉及面十分广泛,涉及的资金投入也必然广泛,要以某一个专业为维度汇总其涉及的各种各类投入也是非常困难的工作。所以,指标的选取重点关注专业新增实验实训设备经

---

① 科埃利、拉奥、奥唐奈等:《效率与生产率分析引论(第 2 版)》,刘大成译,北京:清华大学出版社,2009 年,第 99 页。

② 李佳哲、胡咏梅:《国内高校科研效率和生产率研究述评及研究展望》,载《现代教育管理》,2018(01),第 54 - 61 页。

费和日常教学经费两部分。根据前文构建的理论框架，本研究还增加了原材料耗材投入经费和设备维护经费两个指标，其出发点在于高等职业教育由于更加重视对技术技能的培养，所以对于不同院校的相同专业来说，实训耗材的经费投入越高，说明院校越重视学生实训能力的培养。

（三）教学条件投入指标

在高校绩效研究中，一般将物力投入理解为物理资源类的投入，比如教室、图书资源等，有学者认为从时间维度去看，这些物力投入资源的变化并不大，所以在做动态分析时甚至会忽略物力投入指标。[①②] 确实，物理资源的投入具有一次性、共享性的特点，如选择的教室、图书资源等指标项，因为这些资源都是共享的，所以无法明确对应到某个专业上。此外，在指标选择时，还要考虑到高等职业教育专业建设的特点，突出职业教育的特色。

根据前文构建的理论框架，对于高等职业教育来说，教学条件投入中最重要的是实践教学条件的投入，而实践教学条件投入具有很强的专业特点，有些实验室、实训基地建设只能对应于某一个或几个特定专业。所以，本研究将实践教学条件投入的相关指标代表教学条件投入，具体指标包含校内实践基地和校外实训基地两部分，校内实训室使用校内实践基地面积指标和校内实践基地工位数两个指标来度量，校外实训基地则通过数量来度量。

根据第三章文献综述，笔者分析了 21 篇文献中的指标选择方式，发现不同学者对于指标采用均值还是合计值具有不同的倾向，在进行科研绩效研究时，所有学者都采用了合计值，在进行院校建设或者专业建设方面的研究时，学者们的选择就没有达成共识了。鉴于此，本研究在初步构建指标体系时，将财力投入与教学条件投入方面的相关指标的合计值与均值都纳入指标体系，然后再采用数理分析的方式对两种指标进行筛选，保留满足 DEA 方法要求的指标。

三、产出指标

根据前文构建的理论框架，对于高职院校来说，人才培养产出和社会服务产出是两个主要的产出指标，普通本科院校所关注的科研成果不应作为主要产

① García-Aracil Adela: "Understanding productivity changes in public universities: Evidence from Spain", *Research Evaluation*, 2013(5), pp.351－368.

② 胡咏梅、梁文艳:《高校合并前后科研生产率动态变化的 Malmquist 指数分析》，载《清华大学教育研究》，2007(1)，第 62－70 页。

出指标。前文构建的理论框架表明就业质量指标是高等职业教育人才培养质量的重要体现之一，所以人才培养质量产出使用结构化就业质量指标作为其代理指标，这正好体现了高职教育就业导向的特征。根据前文对利益相关者质性访谈的结论，结构化就业质量指标中包含三个指标：毕业生初次就业人数、毕业生对口就业人数和毕业生起薪均值。

社会服务能力指标可以包含两个方面的内容，一是作为地方高校，为所在省市培养合格的技术技能人才就是最重要的社会服务，所以将毕业生留在当地就业的人数作为一个指标；二是校企合作能力，这可以通过为企业培训员工人数、为企业技术服务年收入、专任教师本学年企业工作时间均值等三个指标来综合体现。

综上，高等职业院校专业建设绩效指标初步构建如表 4-2 所示。

表 4-2 高等职业院校专业建设绩效指标体系

维度		指标
投入指标	人力投入	校内专任教师人数
		校外兼职教师折算人数
		专任教师具有硕士及以上学位人数
		36 至 45 岁专任教师人数
		专任教师中具有高级职称人数
		专任教师中具有双师素质人数
	财力投入	生均日常教学经费/日常教学经费
		生均新增实验实训设备经费/新增实验实训设备经费
		生均设备维护经费/设备维护经费
		生均原材料耗材费用/原材料耗材费用
	教学条件投入	生均校内实践基地建筑面积/校内实践基地建筑面积
		生均校内实践基地工位数/校内实践基地工位数
		校外实习实训基地数量
产出指标	人才培养产出	毕业生初次就业人数
		毕业生对口就业人数
		毕业生起薪均值
	社会服务产出	毕业生留在本省市就业人数
		培训企业员工人数
		为企业技术服务年收入
		专任教师本学年企业工作时间均值

第三节 数据来源与处理

绩效评价是基于数据的评价，能超越传统专家的直觉和经验，强调让数据说话，探索数据内部所隐含的特征和关系，所以数据质量的优劣直接决定了绩效评价结果的有效性。

在已有的大学绩效相关研究中，学者们常常采用公开的统计数据，如教育部每年公布的"教育统计数据"、《中国教育年鉴》《中国统计年鉴》《高等学校科技统计资料汇编》等，但是这些数据都是以院校作为单位，适用于院校层面的评价研究。

2008 年，教育部在颁布的《关于印发〈高等职业院校人才培养工作评估方案〉的通知》(教高〔2008〕5 号)中首次提出，"所有独立设置的高等职业院校自本评估方案发布起，每学年度须按要求填报《高等职业院校人才培养工作状态数据采集平台》"。在这之后，全国所有独立设置的高职院校每年都需要填报《高等职业院校人才培养工作状态数据采集平台》(以下简称"状态数据平台")，并提交教育部。所以，状态数据平台是目前采集时间最长、院校涵盖面最广、数据采集点最多的高等职业教育数据库。

以 2019 版的状态数据平台为例，平台共有 10 个一级数据采集项，48 个二级数据采集项，涵盖近 300 个数据采集点。具体数据采集项如表 4－3 所示。

表 4－3 2019 版状态数据平台数据采集项一览表

一级数据采集项	二级数据采集项
1 基本信息	1.1 名称
	1.2 联系
	1.3 2019 年招生计划
	1.4 2019 年招生方式
	1.5 2019 年 9 月 1 日前在校生
	1.6 机构设置
2 院校领导	2.1 基本情况
	2.2 参与教学联系学生

（续表）

一级数据采集项	二级数据采集项
3　基本办学条件	3.1　占地、建筑面积
	3.2　馆藏图书资料
	3.3　阅览室、机房、教室
	3.4　信息化建设情况
	3.5　固定资产
4　实践教学条件	4.1　校内实践基地
	4.2　校外实习实训基地
	4.3　职业技能鉴定机构
5　办学经费	5.1　经费收入
	5.2　经费支出
6　师资队伍	6.1　校内专任教师
	6.2　校内兼课人员
	6.3　校外兼职教师
	6.4　校外兼课教师
7　专业	7.1　专业设置
	7.2　课程设置
	7.3　职业资格证书与社会培训
	7.4　顶岗实习
	7.5　产学合作
	7.6　招生就业情况
8　教学管理与教学研究	8.1　教学与学生管理文件
	8.2　专职教学管理人员情况
	8.3　专职学生管理人员情况
	8.4　专职招生就业指导人员情况
	8.5　专职督导人员情况
	8.6　专职教学研究人员情况
	8.7　评教情况
	8.8　奖助学情况
	8.9　重大制度创新
9　社会评价	9.1　招生情况（自动汇总）
	9.2　就业率（自动汇总）
	9.3　社会（准）捐赠情况
	9.4　就业单位与联系人
	9.5　质量工程
	9.6　获奖情况

（续表）

一级数据采集项	二级数据采集项
10　学生信息	10.1　学生信息 10.2　辍学情况 10.3　学生社团 10.4　红十字会 10.5　志愿者（义工/社工）活动

本研究以江苏省高职院校 2015 年至 2020 年的状态数据平台作为主要数据来源，再辅以其他公开数据进行互相验证，如中国高职院校数据监测数据网（http://zt.gdit.edu.cn）发布的数据。

尽管状态数据平台中的数据项众多，基本涵盖了高职教育的各个方面，但是很多数据项设计是从院校角度出发，而非专业建设角度，所以还需要从绩效评价指标体系的需求出发，对数据进行筛选、清洗和汇总，最终形成专业建设层面的数据库。

一、投入指标的数据来源

（一）人力投入指标

在状态数据平台中，将师资队伍分为四类，分别是校内专任教师、校内兼课人员、校外兼职教师和校外兼课教师，搜集了这四类教师的基本信息、授课情况、科研情况、兼职情况和获奖情况等。

状态数据平台在设计的时候是从院校角度切入的，所以很多数据都是院校层面的整体数据，要获得专业建设相关的数据，还需要对数据进行重新筛选和计算。比如，要获得某专业的校内专任教师信息，不能简单地认为，某专业属于某个系，那么就需要从数据表 6.1.1“校内专任教师基本情况”中将该系所有教师都算作这个专业的教师。这样的算法会造成数据偏差。因为参与一个专业授课的教师可能来自不同的系，同一个系的教师也有可能并不参与同一个专业的授课。

在本研究中，将参与讲授专业课或者专业基础课的校内专任教师认定为专业建设相关的专任教师，具体的算法是，在数据表 6.1.2.1“校内专任教师授课情况”和数据表 6.4.2.1“校外兼课教师授课情况”中筛选出“课程属性”字段数值为“专业课”或者“专业基础课”的教师，然后再从教师基本情况和其他情况表中统计汇总出相关质量数据。

校外兼职教师的认定思路也类似，按照每学年授课 160 学时为 1 名教师计算，校外兼职教师首先统计计算一学年的授课课时量，再除 160 学时进行折算。

在数据表 6.1.1“校内专任教师基本情况”中，有“出生年月”“学位”“专业技术职务等级”“是否为双师资格”等字段，所以专任教师的学历、职称、年龄和双师素质的计算可以直接从数据表 6.1.1“校内专任教师基本情况”中进行汇总获取。

具体的数据来源与算法如表 4－4 所示。

表 4－4　人力投入指标的数据来源与算法一览表

维度	指标	数据来源和算法
人力投入指标	校内专任教师人数	讲授“专业基础课”或“专业课”校内专任教师人数 数据表 6.1.2.1“校内专任教师授课情况”中“课程属性”为“专业课”或者“专业基础课”的专任教师人数合计
	校外兼职教师折算人数	讲授“专业基础课”或“专业课”校内兼课教师人数 数据表 6.2.2.1“校内兼课人员授课情况”中“课程属性”为“专业课”或者“专业基础课”的兼课教师“教学工作量”合计，并按照每 160 课时/人进行折算
	专任教师具有硕士及以上学位人数	专业专任教师中拥有硕士或博士学位的人数
	专任教师各年龄段人数	专业专任教师中年龄为 35 周岁以下、36～45 周岁、45 周岁以上的人数
	专任教师具有高级职称人数	专业专任教师中具有高级职称人数
	专任教师双师素质人数	双师素质教师在专业专任教师中人数

(二) 财力投入指标

在状态数据平台中数据表 5.2“经费支出”中包含“日常教学经费”字段，由实验实习费、教学仪器维修费、体育维持费和聘请兼职教师费等组成。不过这是全校的日常教学经费投入总金额，要分解出某一个专业的日常教学经费还是比较困难的，所以只能按照生均合计的方式来取得近似值。计算公式是，用全校的日常教学经费除全日制普通高职在校生总数，获得生均日常教学经费，然后再乘该专业在校生总数。

数据表4.1"校内实践基地"主要记录的是校内实践基地的相关信息，包括"所面向的专业""设备总值"和"当年新增设备值"等字段。所以，专业新增实验实训设备经费从表4.1"校内实践基地"中进行筛选汇总获取。

数据表4.1"校内实践基地"中还包含了"设备维护费用""原材料耗材费用"两个字段，"设备维护费用""原材料耗材费用"可以从中进行筛选汇总获取。这里需要说明的是，由于一个实训基地存在多专业共用的情况，如果简单地进行求和计算会存在数据偏差的问题，所以在数据计算时，首先将设备维护费用、原材料耗材费用除以所涉专业的学生总数，然后再乘专业学生数。尽管这样的算法仍然存在一定的数据偏差，但是相比简单的求和计算更能接近真实的状态。

具体的数据来源与算法如表4-5所示。

表4-5　财力投入指标的数据来源与算法一览表

维度	指标	数据来源和算法
财力投入指标	生均日常教学经费/日常教学经费	日常教学经费的生均与合计值 数据表5.2"经费支出"中"日常教学经费"合计值除以数据表1.5"9月1日前在校生"中"全日制普通高职学历教育在校生总数"，再乘该专业学生数
	生均新增实验实训设备经费/新增实验实训设备经费	专业课程教学中所涉及的实训基地当年新增设备值 数据表4.1"校内实践基地"中当年新增设备值合计值除以实践基地所涉及的所有专业的学生数，再乘该专业学生数
	生均设备维护经费/设备维护经费	专业教学中使用的校内实践基地设备维护费用 数据表4.1"校内实践基地"中"面向专业—主要专业"中包含本专业的所有实践基地的设备维护费用，除以实践基地所涉及的所有专业的学生数，再乘以该专业学生数
	生均原材料耗材费用/原材料耗材费用	专业教学中使用的校内实践基地的原材料耗材费用 数据表4.1"校内实践基地"中"面向专业—主要专业"中包含本专业的所有实践基地的原材料耗材费用，除以实践基地所涉及的所有专业的学生数，再乘以该专业学生数

（三）教学条件投入指标

数据表 4.1“校内实践基地”主要记录的是校内实训基地的相关信息，包括“建筑面积”和“工位数”等字段。所以，专业新增实验实训设备经费从数据表 4.1“校内实践基地”中进行筛选汇总获取。这里需要说明的是，由于一个实训基地存在多专业共用的情况，如果简单地进行求和计算会存在数据偏差的问题，所以在数据计算时，将建筑面积、工位数总和除以所涉专业的学生总数得出对应的生均值。

数据表 4.2“校外实习实训基地”中包含了校外实习实训基地的基本情况，所以，校外实习实训基地数量从数据表 4.2“校外实习实训基地”中进行筛选汇总获取。

具体的数据来源与算法如表 4-6 所示。

表 4-6　教学条件投入指标的数据来源与算法一览表

维度	指标	数据来源和算法
教学条件投入指标	生均校内实践基地建筑面积/校内实践基地建筑面积	生均校内实践基地建筑面积/校内实践基地建筑面积 数据表 4.1“校内实践基地”中“面向专业—主要专业”中包含本专业的所有实践基地的面积总和，除以实践基地所涉及的所有专业的学生数
	生均校内实践基地工位数/校内实践基地工位数	生均校内实践基地工位数/校内实践基地工位数 数据表 4.1“校内实践基地”中“面向专业—主要专业”中包含本专业的所有实践基地的工位数总和，除以实践基地所涉及的所有专业的学生数
	校外实习实训基地数量	与专业相关的校外实习实训基地数量合计 数据表 4.2“校外实习实训基地”的基地数量合计

二、产出指标的数据来源

（一）人才培养产出指标

数据表 7.6.2“应届毕业生就业情况”以专业为单位记录了应届毕业生相关信息，包括 9 月 1 日前应届毕业生的就业人数和比例，在本地市、本省市、本区域的就业情况、平均起薪值和对口就业人数与比例。所以，就业质量产出指标从数据表 7.6.2“应届毕业生就业情况”中进行筛选汇总获取。

具体的数据来源与算法如表 4-7 所示。

表 4-7　就业质量产出指标的数据来源与算法一览表

维度	指标	数据来源和算法
人才培养产出指标	毕业生初次就业人数	应届毕业生就业人数 数据表 7.6.2“应届毕业生就业情况”中“毕业生就业情况—9 月 1 日就业—就业数”人数合计
	毕业生对口就业人数	应届毕业生对口就业人数 数据表 7.6.2“应届毕业生就业情况”中“毕业生就业情况—对口就业—就业数”人数合计
	毕业生起薪均值	应届毕业生起薪均值 数据表 7.6.2“应届毕业生就业情况”中“起薪线”均值

(二) 社会服务能力产出指标

数据表 7.6.2“应届毕业生就业情况”中包含了“9 月 1 日前毕业生在本省市就业人数”字段,所以,毕业生留在本省市就业人数从数据表 7.6.2“应届毕业生就业情况”中进行筛选汇总获取。

数据表 7.5.1“产学合作基本情况”以专业为单位记录了应届毕业生相关信息,其中包含了“学校为企业技术服务年收入”和“学校为企业年培训员工数”两个字段。所以,培训企业员工数、为企业技术服务年收入主要从数据表 7.5.1“产学合作基本情况”中进行筛选汇总获取。

数据表 6.1.1“校内专任教师基本情况”中包含了“行业、企业一线工作时间—本学年”字段,其中记录了专任教师本学年在企业、行业一线的工作时间,所以,专任教师本学年企业工作时间均值的计算公式是,专任教师本学年企业工作时间合计除以专业专任教师总人数。

具体的数据来源与算法如表 4-8 所示。

表 4-8　社会服务能力产出指标的数据来源与算法一览表

维度	指标	数据来源和算法
社会服务能力产出指标	毕业生留在本省市就业人数	应届毕业生留在本省市就业人数 数据表 7.6.2“应届毕业生就业情况”中“毕业生就业情况—9 月 1 日前就业—本省市就业数”人数合计

（续表）

维度	指标	数据来源和算法
	培训企业员工数	为产学合作企业年培训员工总数 数据表 7.5.1“产学合作基本情况”中“学校为企业年培训员工数”合计
	为企业技术服务年收入	为产学合作企业技术服务年收入总数 数据表 7.5.1“产学合作基本情况”中“学校为企业技术服务年收入”合计
	专任教师本学年企业工作时间均值	专业专任教师本学年企业工作时间均值 数据表 6.1.1“校内专任教师基本情况”中“行业、企业一线工作时间—本学年”合计除以专业专任教师总人数

三、专业建设数据库的构建

与基于院校的绩效分析不同，高职院校开设的专业众多，不同专业之间的覆盖面差异较大，不太可能也没有必要针对每一个专业进行分析，所以在进行研究时首先需要选择一些具有代表性、普遍性的专业。

表 4-9 所示的是江苏省 2015 年至 2020 年高职院校专业分布的相关信息。以 2019 年为例，江苏省高职院校共开设专业 418 个，专业布点数小于 10 的专业数 331 个，占专业总数的 73.07%，在校生人数为 13.27 万人，占全省高职在校生总数的 21.88%；专业布点数大于 20 的专业数为 41 个，占开设专业总数的 9.05%，在校生人数为 36.02 万人，占全省高职在校生总数的 59.40%，其中专业布点数排名前 25 的专业在校生数占全部高职在校生数的 48.96%。

表 4-9　江苏省 2015 年至 2020 年高职院校专业分布情况

年份	开设专业数（个）	专业布点数		
		大于 20（个）	小于 10（个）	排名前 25 名专业在校生总数占比（%）
2015 年	473	35	437	48.02
2016 年	498	34	471	48.16
2017 年	407	43	326	52.05
2018 年	423	41	336	50.59
2019 年	418	41	331	48.96
2020 年	420	41	341	48.86

在进行专业绩效分析时，本研究选取专业布点数和在校生人数都较多、办学规模较大的10个专业构建高职专业建设数据库，这10个专业分别是：机电一体化技术、建筑工程技术、汽车检测与维修技术、物联网应用技术、软件技术、电子商务、会计、环境艺术设计、旅游管理、市场营销。

之所以选择这10个专业基于三个方面的考量：一是专业大类的覆盖面，二是在校生人数，三是专业与主流产业的融合度。所选择的10个专业覆盖所属7个专业大类中的6个，江苏省全省在校生人数都超过8 000人。

再对比一下全国的数据，这10个专业也都是热门专业，无论是专业布点数还是在校生数都位于前列，所以江苏省的数据与全国数据大体一致，具有一定的代表性。

由于高校的人才培养与企业产品生产不同，任何一项投入上的增减，在一段时间之后才会在人才培养质量上体现出来，即产出存在一定的滞后性。这个滞后时间一般为1到5年，考虑到高等职业教育目前主要集中在专科层次，学制为三年，所以本研究将滞后期设定为1年，将2015年投入对应2016年的产出。

在这里需要说明的是，2015年教育部颁布了新版专业目录，对高职专业进行了大幅度的调整，导致专业代码和专业名称不一致，所以，在汇总处理不同年份数据时需要提前进行专业代码的合并，对合并之后的专业再进行数据合计处理。所选10个专业的相关信息如表4-10所示。

表4-10　10个专业的布点数和在校生2019年度相关信息一览表

专业名称	专业大类	江苏省				全国			
		开设院校数		在校生规模		开设院校数		在校生规模	
		院校数（所）	排名	规模（人）	排名	院校数（所）	排名	规模（人）	排名
会计	财经商贸	70	1	42 415	1	964	1	628 666	1
机电一体化技术	装备制造	65	2	27 620	2	689	6	272 026	5
电子商务	财经商贸	65	2	17 804	3	854	2	289 889	4
市场营销	财经商贸	62	4	11 715	13	754	4	166 822	12
环境艺术设计	文化艺术	55	8	8 566	18	455	19	70 785	27
软件技术	电子信息	53	10	14 841	7	525	14	211 062	7

(续表)

专业名称	专业大类	江苏省				全国			
		开设院校数		在校生规模		开设院校数		在校生规模	
		院校数（所）	排名	规模（人）	排名	院校数（所）	排名	规模（人）	排名
旅游管理	旅游	53	10	8 943	17	710	5	124 354	15
汽车检测与维修技术	装备制造	44	14	12 406	12	569	12	186 927	10
建筑工程技术	土木建筑	39	17	11 063	14	572	11	174 559	11
物联网应用技术	电子信息	35	24	8 491	19	467	18	66 382	29

确定好10个专业以及一年滞后期的时间之后，下面就是完成面板数据的制作。由于江苏省高职院校的专业建设一直处于动态调整之中，每一年总有院校新开专业，也总有院校停开专业，所以本研究使用R语言撰写了一段程序，在不同院校、不同专业之间进行对比，找出已开设相关专业达6年及以上的院校，形成最终的面板数据。10个专业不同年份的专业开设数量如表4-11所示。

表4-11 选取的10个专业2015—2019年专业布点数

专业名称	开设院校数					
	2015年	2016年	2017年	2018年	2019年	2015年—2019年
机电一体化技术	57	63	64	64	63	54
汽车检测与维修技术	34	38	41	43	43	29
建筑工程技术	31	32	37	37	38	27
物联网应用技术	30	32	33	33	34	27
软件技术	46	46	45	47	47	39
会计	63	64	67	67	68	62
环境艺术设计	48	51	54	53	52	40
旅游管理	47	49	50	51	49	40
电子商务	46	53	57	62	61	42
市场营销	60	60	58	58	59	55

四、缺失值处理

在现实世界中,数据库中存在数据缺失的现象是极其普遍的。缺失数据的存在给数据分析带来负面影响,直接导致处理数据量的减少。在统计学中,一般将缺失数据分为三类:①

第一类是完全随机丢失(missing completely at random, MCAR)。MCAR是指数据的缺失是完全随机的,并不依赖任何完全变量或不完全变量,所以不会影响样本的无偏性。简单来说,就是数据丢失的概率与假设值及其他变量值完全无关。

第二类是随机缺失(missing at random, MAR)。MAR是指数据丢失的概率与丢失的数据本身无关,而与部分已观测到的数据有关。也就是说,该类数据的缺失部分依赖于其他变量,数据的缺失并不是完全随机发生的。

第三类是非随机丢失(missing not at random, MNAR)。MNAR是指数据的缺失与不完全变量的取值有关。MNAR可以分为两种情况:缺失值取决于其假设值,缺失值取决于其他变量值。例如,高收入人群通常不希望在调查中透露他们的收入就属于第一种情况;女性不愿意透露她们的年龄就属于第二种情况,因为年龄变量缺失值受性别变量的影响。

在对已经构建完成的高职教育专业建设数据库进行分析之后,发现其中的缺失数据属于随机缺失类型,缺失的数据与已观测到的数据相关联。这是因为,高职教育专业建设数据库是面板数据库,这意味着,很多数据都是基于时间的序列数据,某一年的缺失数据与其他年份的数据存在逻辑上的关联性,可以根据其他年份的数据采用某些算法推断出来,这种方法在数据科学中叫作插补法(imputation)。②

本研究采用R语言中的imputeTS包中的na. interpolation函数进行缺失值的填补。③ imputeTS包是一个专门用于单变量时间序列缺失值插补(univariate time series imputation)的软件包,其中包含了多种算法。本研究使用na. interpolation函数中的线性插补法(linear interpolation)进行缺失值的插补。

---

① [美]卡巴科弗著:《R语言实战》,王小宁等译,北京:人民邮电出版社,2013年,第383页。

② 程开明:《统计数据预处理的理论与方法述评》,载《统计与信息论坛》,2007(06),第98-103页。

③ STEFFEN M等:《imputeTS: Time Series Missing Value Imputation in R》,载《R Journal》,2017(9),第207-218页。

第四节　基于数理分析的指标筛选

在当前的高校评价研究中，学者们大多从教育学学理角度出发，以经验来构建评价指标体系。这样的指标体系构建方法虽然具有一定的学理基础，但由于没有关注指标体系的数理基础，所以在实际评价中，往往会出现辨析性较弱的问题。从数据密集型评估范式的角度来看，在评价实施之前，还需要在数据集的基础之上，对初步拟定的指标体系进行数理分析，用统计分析的方法检验指标之间的内在结构及其逻辑关系，对指标进行筛选，最终确定评价指标体系。①

不同的评价由于运用的统计算法不同，指标数理分析的方法也各不相同。本研究使用数据包络分析（DEA）方法进行绩效评价，因为 DEA 方法基于线性规划算法，对基础数据有很强的敏感性，不同的投入指标的组合对绩效评价结果的影响很大，而且投入产出指标的数量还必须满足约束条件。②③ 所以，在通过理论框架构建出评价指标体系之后，还需要运用数理分析的方法对指标进行数理检验，并对指标进行筛选，才能确定最终的高职专业建设绩效评价指标体系。

一、指标筛选原则

首先用集合的方式对多投入多产出生产技术进行描述。用符号 x 和 q 分别表示一个 $N \times 1$ 的投入向量和一个 $M \times 1$ 的产出向量，这两个向量中的元素都是非负实数，其中的每个元素，即受评估的单位或组织被称为决策单元（decision making unit, DMU）。技术集合定义如公式 4－1 所示。④

---

① 潘健，宗晓华：《基于数据包络分析的大学科研效率评价指标体系研究》，载《清华大学教育研究》，2016(05)，第 101－110 页。

② NATARAJA N. R., JOHNSON A. L., "Guidelines for Using Variable Selection Techniques in Data Envelopment Analysis", *European Journal of Operational Research*, 2011, 215(3), pp. 662－669.

③ 叶世绮、颜彩萍、莫剑芳：《确定 DEA 指标体系的 B－D 方法》，载《暨南大学学报(自然科学与医学版)》，2004(03)，第 249－255 页。

④ 科埃利、拉奥、奥唐奈等：《效率与生产率分析引论(第 2 版)》，刘大成译，北京：清华大学出版社，2009 年，第 31－32 页。

$$S = \{(x, q): x \text{ 能生产出 } q\} \qquad \text{（公式 4-1）}$$

产出集用 $P(x)$ 来表示，代表 $P(x)$ 是由投入向量 x 生产出来的产出向量 q 组成，如公式 4-2 所示。

$$P(x) = \{q: x \text{ 能生产出 } q\} = \{q: (x, q) \in S\} \qquad \text{（公式 4-2）}$$

对于任意 x，产出集 $P(x)$ 满足如下性质：

(1) $0 \in P(x)$。即可能无法从一个给定的投入集合中得到产出。

(2) 非零产出量无法由非零投入量生产出来。

(3) $P(x)$ 满足产出变量的强可处置性。如果 $q \in P(x)$ 且 $q^* \leqslant q$，则 $q^* \in P(x)$。

(4) $P(x)$ 满足投入变量的强可处置性。如果 q 可以由 x 生产出来，那么 q 能由任何 x^* 产出，其中 x^* 满足 $x^* \geqslant x$。

(5) $P(x)$ 闭合。

(6) $P(x)$ 有界。

(7) $P(x)$ 是凸函数。

投入集用 $L(q)$ 来表示，代表 $L(q)$ 包含所有能生产出一个给定的产出向量 q 的投入向量 x，如公式 4-3 所示。

$$L(q) = \{x: x \text{ 能生产出 } q\} = \{x: (x, q) \in S\} \qquad \text{（公式 4-3）}$$

投入集 $L(q)$ 满足如下性质：

(1) $L(q)$ 对所有的 q 都是闭合的。

(2) $L(q)$ 对所有的 q 都是有界的。

(3) 投入向量满足弱可处置性。如果 $x \in L(q)$，对于所有 $\lambda \geqslant 1$，有 $\lambda x \in L(q)$。

(4) 投入向量满足强可处置性。如果 $x \in L(q)$，且 $x^* \geqslant x$，则 $x^* \in L(q)$。

在满足上述数学性质的前提基础上，还可以从约束条件、辨析度和稳健性三个角度来论述评价指标的数理基础：①

第一，约束条件。DEA 方法是基于线性规划方法的应用，对数据具有约束

---

① 潘健，宗晓华：《基于数据包络分析的大学科研效率评价指标体系研究》，载《清华大学教育研究》，2016(05)，第 101-110 页。

条件。首先，投入与产出指标之间应该具备相关关系。从生产可能集的角度考虑，投入能获得产出，产出是由投入产生的。其次，决策单元与指标的数量关系需要满足以下条件：$n \geqslant \max\{m \times s,\ 3(m+s)\}$。其中 n 表示 DMU 的数量，m 和 s 分别代表投入和产出指标的数量，因为当指标数量较多时，会造成模型区分能力不足。最后，投入指标与产出指标需要满足同向性（也称为单调性）条件，即投入指标的增加不可导致产出数量的减少。[①]

第二，辨析度。所谓辨析度是指一个评价指标区分各 DMU 特征的能力与效果。这其中包含数理分析的两层含义：首先，所有指标，尤其是产出指标必须具有较大的方差，否则会降低模型计算结果的区分度；其次，一个投入指标的取舍能对 DMU 的绩效结果产生较为显著的影响。

第三，稳健性。所谓稳健性是指一个评价指标受外在影响的敏感程度。这是因为 DEA 方法计算的是相对效率，所以，计算结果容易受到离群值（outlier）的影响，不同的指标组合也会带来不一样的计算结果。

此外，对于 DEA 方法来说，评价指标的遴选还需要注意如下五点：

第一，不能将投入指标看作效率的影响因素。按照经济学的观点，完整的生产过程包含投入、过程和产出三个阶段。依据绩效评价的概念，绩效评价是投入产出之比，应忽略掉生产过程。不过，如果要研究哪些因素会影响到产出，显然，除了要考虑投入之外，还需要考虑生产过程因素。所以，在进行绩效评价时，要注意将投入产出指标与效率影响因素区分开来。

第二，投入指标（产出指标）不需要考虑共线性问题。在进行基于最小二乘法的回归计算时，需要避免自变量之间的共线性问题，以防止计算结果有偏。DEA 方法使用的是线性规划法，不会受到共线性的影响，所以无须考虑共线性问题。不过，指标数过多突破指标约束条件的限制时，会导致模型区分能力不足，所以还是要尽可能减少投入产出指标数，可以考虑从模型中排除高度相关性的指标，质量指标可以考虑按照比例进行合并。

第三，率（或比值）一般不能直接作为投入或者产出。根据前述投入集 $L(q)$ 和产出集 $P(x)$ 的性质，DEA 模型中的投入指标和产出指标必须满足线性相加的要求。率（或比值）指标因为不能满足线性相加的要求，所以采用分子指

---

① RUGGIERO J., "IMPACT ASSESSMENT OF INPUT OMISSION ON DEA", *International Journal of Information Technology & Decision Making*, 2005, 04(03), pp.359-368.

标和分母指标相除的方法进行处理。需要注意的是，率指标的分母数值不相同的话（这在实际应用中很常见），这样的处理方式会产生错误的生产集，进而产生不合逻辑的结果。[①]

第四，除了要考虑指标的数量问题还需要考虑质量问题。根据前述投入集 $L(q)$ 和产出集 $P(x)$ 的性质，投入和产出指标考虑数量指标即可，不用考虑不同指标的权重（质量）。但在真实世界中，质量是一个很重要的影响因素，需要在指标中体现出来。在研究实践中，一般有四种处理方式：把质量的差异直接合并到测量数值中；给不同质量的产品赋权值；用两阶段法来处理产出质量的差异；在计算技术效率得分的方法中直接包含质量特性。[②] 根据本研究的对象特征和数据结构，采用给不同质量的产品赋权值的方法，即将数量指标与质量指标进行赋权值合并。

第五，指标按照均值和合计值进行筛选验算。根据第三章第二节的文献综述结论，尽管在 21 篇论文中，大部分学者倾向于使用合计值，但也有少部分学者使用均值。所以，本研究同时计算均值和合计值指标，遵循 DEA 方法的数理要求对这些指标进行验证，保留符合数理要求的指标项。

根据上述原则，本研究可以将指标筛选的原则确定为：

第一，从表 4－11 可见，物联网应用技术和建筑工程技术专业的专业布点数最少，均为 27 个，也就是说，如果对单一专业进行绩效评价，投入指标和产出指标数之和不应超过 9 个；

第二，投入指标与产出指标之间应具有较高正相关性；

第三，指标筛选时，应优先保留方差较大的指标；

第四，对于存在共线性的指标，如果是质量指标，那么可以与数量指标进行合并；

第五，需要选择合理的算法来确保指标体系的稳健性；

第六，根据分类评价原则，在进行指标筛选时，将从理工科、文科不同维度进行分析，机电一体化技术、汽车检测与维修技术、建筑工程技术、物联网应用技术与软件技术归为理工科专业，会计、环境艺术设计、旅游管理、电子商务与

---

① EMROUZNEJAD A., AMIN G. R., "DEA models for ratio data: Convexity consideration", *Applied Mathematical Modelling*, 33(1), pp. 486－498.

② 科埃利、拉奥、奥唐奈等：《效率与生产率分析引论（第 2 版）》，刘大成译，北京：清华大学出版社，2009 年，第 99 页。

市场营销归为文科专业。

二、描述性统计分析

（一）相关性分析

在理论框架构建阶段，本研究初步选取了 19 个投入指标，分别是：校内专任教师人数、校外兼职教师折算人数、专任教师具有硕士及以上学位人数、专任教师具有高级职称人数、36 至 45 岁专任教师人数、专任教师双师素质人数、日常教学经费、生均日常教学经费、新增实验实训设备经费、生均新增实验实训设备经费、设备维护经费、生均设备维护经费、原材料耗材费用、生均原材料耗材费用、校内实践基地建筑面积、生均校内实践基地建筑面积、校内实践基地工位数、生均校内实践基地工位数、校外实习实训基地数量。选取了 7 个产出指标，分别是：毕业生初次就业人数、毕业生对口就业人数、毕业生起薪均值、毕业生留在本省市就业人数、培训企业员工人数、为企业技术服务年收入、专任教师本学年企业工作时间均值。

按照分类评价原则，分为理工科和文科两组，对其分别进行相关性分析。理工科组计算结果如表 4－12、表 4－13、表 4－14 所示，文科组计算结果如表 4－15、表 4－16、表 4－17 所示。

表 4－12　投入指标与产出指标之间的相关性检验结果（理工科组）

	毕业生初次就业人数	毕业生对口就业人数	毕业生起薪均值	毕业生留在本省市就业人数	培训企业员工人数	为企业技术服务年收入	专任教师本学年企业工作时间均值
校内专任教师人数	0.84***	0.76***	0.17***	0.82***	0.10***	0.25***	−0.04
校外兼职教师折算人数	0.52***	0.49***	0.20***	0.44***	0.22***	0.15***	0.02
专任教师具有硕士及以上学位人数	0.73***	0.62***	0.27***	0.68***	0.13***	0.33***	−0.02
专任教师具有高级职称人数	0.68***	0.59***	0.24***	0.65***	0.10***	0.30***	−0.04

（续表）

	毕业生初次就业人数	毕业生对口就业人数	毕业生起薪均值	毕业生留在本省市就业人数	培训企业员工人数	为企业技术服务年收入	专任教师本学年企业工作时间均值
36至45岁专任教师人数	0.71***	0.60***	0.22***	0.70***	0.11***	0.25***	−0.05
专任教师双师素质人数	0.81***	0.73***	0.21***	0.79***	0.11***	0.28***	−0.02
日常教学经费	0.77***	0.67***	0.18***	0.74***	0.14***	0.27***	−0.04
生均日常教学经费	0.01	−0.02	0.05	0.02	0.03	0.08*	−0.05
原材料耗材费用	0.17***	0.11***	−0.03	0.16***	0.00	0.04	−0.02
生均原材料耗材费用	0.01	0.00	−0.09**	0.01	−0.01	0.00	−0.02
设备维护经费	0.26***	0.20***	0.01	0.27***	0.00	0.06	−0.03
生均设备维护经费	0.25***	0.19***	0.02	0.26***	0.00	0.06	−0.03
新增实验实训设备经费	0.28***	0.23***	0.13***	0.26***	0.08**	0.12***	−0.02
生均新增实验实训设备经费	−0.10**	−0.09**	−0.08**	−0.09**	0.01	−0.02	−0.02
校内实践基地建筑面积	0.14***	0.04***	0.08**	0.01	0.12***	0.17***	0.00
生均校内实践基地建筑面积	−0.08**	−0.07*	−0.05	−0.08*	0.03	−0.02	−0.04
校内实践基地工位数	0.05**	0.06	0.05	0.08**	0.12***	0.10**	0.03
生均校内实践基地工位数	−0.16***	−0.14***	−0.04	−0.14***	0.02	−0.08*	−0.04
校外实习实训基地数量	0.47***	0.43***	0.14***	0.39***	0.13***	0.17***	−0.01

表 4－13　投入指标之间的相关性检验结果(理工科组)

	校内专任教师人数	校外兼职教师折算人数	专任教师具有硕士及以上学位人数	专任教师具有高级职称人数	36至45岁专任教师人数	专任教师双师素质人数	日常教学经费	生均日常教学经费	原材料耗材费用	生均原材料耗材费用	设备维护经费	生均设备维护经费	新增实验实训设备经费	生均新增实验实训设备经费	校内实践基地建筑面积	生均校内实践基地建筑面积	校内实践基地工位数	生均校内实践基地工位数	校外实习实训基地数量
校内专任教师人数	1																		
校外兼职教师折算人数	0.43^{***}	1																	
专任教师具有硕士及以上学位人数	0.88^{***}	0.53^{***}	1																
专任教师具有高级职称人数	0.84^{***}	0.40^{***}	0.85^{***}	1															
36至45岁专任教师人数	0.90^{***}	0.40^{***}	0.89^{***}	0.82^{***}	1														
专任教师双师素质人数	0.98^{***}	0.45^{***}	40.91^{***}	0.87^{***}	0.90^{***}	1													

（续表）

	校内专任教师人数	校外兼职教师折算人数	专任教师具有硕士及以上学位人数	专任教师具有高级职称人数	36至45岁专任教师人数	专任教师双师素质人数	日常教学经费	生均日常教学经费	原材料耗材费用	生均原材料耗材费用	设备维护经费	生均设备维护经费	新增实验实训设备经费	生均新增实验实训设备经费	校内实践基地建筑面积	生均校内实践基地建筑面积	校内实践基地工位数	生均校内实践基地工位数	校外实习实训基地数量
日常教学经费	0.70***	0.43***	0.64***	0.60***	0.65***	0.70***	1												
生均日常教学经费	0	0.03	0.02	0.01	0.04	0.03	0.46***	1											
原材料耗材费用	0.20***	−0.02	0.21***	0.17***	0.23***	0.18***	0.27***	0.03	1										
生均原材料耗材费用	0.02	−0.03	0.02	0.02	0.03	0.01	0.05	−0.02	0.49***	1									
设备维护经费	0.32***	−0.02	0.29***	0.22***	0.36***	0.31***	0.37***	0.05	0.79***	0.20***	1								
生均设备维护经费	0.31***	−0.03	0.28***	0.22***	0.35***	0.31***	0.37***	0.06	0.77***	0.20***	0.98***	1							
新增实验实训设备经费	0.37***	0.22***	0.39***	0.40***	0.36***	0.39***	0.29***	0.06	0.05	0	0.05	0.05	1						
生均新增实验实训设备经费	−0.04	−0.06	−0.01	−0.01	−0.02	−0.02	−0.06***	−0.01	−0.01	−0.01	−0.01	0.47***	1						

（续表）

	校内专任教师人数	校外兼职教师折算人数	专任教师具有硕士及以上学位人数	专任教师具有高级职称人数	36至45岁专任教师人数	专任教师双师素质人数	日常教学经费	生均日常教学经费	原材料耗材费用	生均原材料耗材费用	设备维护经费	生均设备维护经费	新增实验实训设备经费	生均新增实验实训设备经费	校内实践基地建筑面积	生均校内实践基地建筑面积	校内实践基地工位数	生均校内实践基地工位数	校外实习实训基地数量
校内实践基地建筑面积	0.41***	0.37***	0.39***	0.39***	0.33***	0.40***	0.35***	0	0.08***	0.02	0.09***	0.09***	0.24***	−0.02	1				
生均校内实践基地建筑面积	−0.04	−0.02	−0.06*	0.01	−0.05	−0.04	−0.07*	−0.03	0	0.01	−0.01	−0.01	0.03	0.10**	0.47***	1			
校内实践基地工位数	0.46***	0.43***	0.45***	0.45***	0.43***	0.47***	0.42***	0.01	0.09**	0.02	0.12***	0.12***	0.32***	−0.01	0.58***	0.22***	1		
生均校内实践基地工位数	−0.11***	−0.06	−0.10**	−0.05	−0.07*	−0.10**	−0.13***	−0.01	−0.01	0.01	−0.02	−0.01	0.03	0.07*	0.14***	0.65***	0.40***	1	
校外实训基地数量	0.43***	0.43***	0.44***	0.40***	0.38***	0.44***	0.38***	0.01	0.05	−0.01	0.05	0.05	0.28***	0	0.37***	0.02	0.36***	0.03	1

表 4-14　产出指标之间的相关性检验结果(理工科组)

	毕业生初次就业人数	毕业生对口就业人数	毕业生起薪均值	毕业生留在本省市就业人数	培训企业员工人数	为企业技术服务年收入	专任教师本学年企业工作时间均值
毕业生初次就业人数	1						
毕业生对口就业人数	0.94***	1					
毕业生起薪均值	0.18***	0.14***	1				
毕业生留在本省市就业人数	0.94***	0.91***	0.16***	1			
培训企业员工人数	0.12***	0.10***	0.03	0.11***	1		
为企业技术服务年收入	0.26***	0.20***	0.20***	0.24***	0.09**	1	
专任教师本学年企业工作时间均值	0.01	0.04	0.05	0.02	0.03	0.04	1

表 4-15　投入指标与产出指标之间的相关性检验结果(文科组)

	毕业生初次就业人数	毕业生对口就业人数	毕业生起薪均值	毕业生留在本省市就业人数	培训企业员工人数	为企业技术服务年收入	专任教师本学年企业工作时间均值
校内专任教师人数	0.89***	0.81***	0.12***	0.85***	0.08**	0.09***	−0.05
校外兼职教师折算人数	0.54***	0.51***	0.11***	0.46***	0.07**	0.06*	0.06*
专任教师具有硕士及以上学位人数	0.81***	0.70***	0.19***	0.75***	0.11***	0.13***	−0.03
专任教师具有高级职称人数	0.75***	0.66***	0.13***	0.70***	0.08**	0.11***	−0.07*

（续表）

	毕业生初次就业人数	毕业生对口就业人数	毕业生起薪均值	毕业生留在本省市就业人数	培训企业员工人数	为企业技术服务年收入	专任教师本学年企业工作时间均值
36 至 45 岁专任教师人数	0.78***	0.67***	0.16***	0.75***	0.09**	0.12***	−0.06*
专任教师双师素质人数	0.87***	0.78***	0.16***	0.82***	0.10***	0.11***	−0.03
日常教学经费	0.84***	0.74***	0.08**	0.78***	0.06*	0.03	−0.05*
生均日常教学经费	−0.01	−0.01	−0.03	0.04	−0.01	0.01	−0.02
原材料耗材费用	0.11***	0.10***	−0.03	0.12***	0	−0.01	−0.03
生均原材料耗材费用	−0.02	−0.02	−0.03	−0.01	−0.01	−0.01	−0.01
设备维护经费	−0.01	−0.01	0	−0.01	−0.01	0	−0.01
生均设备维护经费	−0.01	−0.01	−0.01	0	−0.01	−0.01	0
新增实验实训设备经费	0.15***	0.12***	0.10***	0.18***	0.06*	0.08**	−0.03
生均新增实验实训设备经费	−0.09***	−0.09***	−0.09**	−0.06*	−0.08**	0	0
生均校内实践基地建筑面积	−0.06*	−0.06*	0.05	−0.06*	−0.02	−0.01	−0.02
校内实践基地建筑面积	0.22***	0.22***	0.19***	0.05	0.20***	0.02	0
生均校内实践基地工位数	−0.10***	−0.10***	0.04	−0.10***	−0.03	−0.01	0
校内实践基地工位数	0.08	0.07	0.09	0.10	0.09	0.05	0.06
校外实习实训基地数量	0.29***	0.34***	0.09**	0.30***	0.05*	0.02	0.01

表 4-16 投入指标之间的相关性检验结果(文科组)

	校内专任教师人数	校外兼职教师折算人数	专任教师具有硕士及以上学位人数	专任教师具有高级职称人数	36至45岁专任教师人数	专任教师双师素质人数	日常教学经费	生均日常教学经费	原材料耗材费用	生均原材料耗材费用	设备维护经费	生均设备维护经费	新增实验实训设备经费	生均新增实验实训设备经费	校内实践基地建筑面积	生均校内实践基地建筑面积	校内实践基地工位数	生均校内实践基地工位数	校外实习实训基地数量
专任教师人数	1																		
校外兼职教师折算	0.50***	1																	
专任教师硕士及以上学位人数	0.95***	0.53***	1																
专任教师高级职称人数	0.88***	0.45***	0.87***	1															
36至45岁专任教师人数	0.92***	0.36***	0.89***	0.86***	1														
专任教师双师素质人数	0.98***	0.53***	0.96***	0.89***	0.92***	1													
日常教学经费	0.79***	0.50***	0.74***	0.66***	0.70***	0.78***	1												

（续表）

	校内专任教师人数	校外兼职教师折算人数	专任教师具有硕士及以上学位人数	专任教师具有高级职称人数	36 至 45 岁专任教师人数	专任教师双师素质人数	日常教学经费	生均日常教学经费	原材料耗材费用	生均原材料耗材费用	设备维护经费	生均设备维护经费	新增实验实训设备经费	生均新增实验实训设备经费	校内实践基地建筑面积	生均校内实践基地建筑面积	校内实践基地工位数	生均校内实践基地工位数	校外实习实训基地数量
生均日常教学经费	-0.02	0.01	-0.03	-0.04	-0.02	-0.02	0.34***	1											
原材料耗材费用	0.11***	0.02	0.08***	0.07***	0.12***	0.09***	0.11***	0.03	1										
生均原材料耗材费用	-0.01	-0.04	-0.02	-0.02	0.01	-0.02	0	0.07***	0.70***	1									
设备维护费用	-0.01	-0.02	0	0.01	0.01	-0.01	-0.02	0.02	0	-0.01	1								
生均设备维护费用	-0.01	-0.02	0	0.01	0.01	-0.01	-0.02	-0.02	0	-0.01	0.96***	1							
当年新增设备值	0.26***	0.25***	0.29***	0.26***	0.26***	0.27***	0.23***	0.03	0	0.01	0	0	1						
生均当年新增设备值	-0.07*	-0.06*	-0.05*	-0.05	-0.04	-0.06*	-0.07**	0	-0.01	0.09***	0.01	0.02	0.47***						
校内实践基地建筑面积	0.24***	0.21***	0.24***	0.24***	0.22***	0.25***	0.17***	-0.04	0.04	0.13***	0	0	0.16***	-0.02	1				

（续表）

	校内专任教师人数	校外兼职教师折算人数	专任教师具有硕士及以上学位人数	专任教师具有高级职称人数	36至45岁专任教师人数	专任教师双师素质人数	日常教学经费	生均日常教学经费	原材料耗材费用	生均原材料耗材费用	设备维护经费	生均设备维护经费	新增实验实训设备经费	生均新增实验实训设备经费	校内实践基地建筑面积	生均校内实践基地建筑面积	校内实践基地工位数	生均校内实践基地工位数	校外实习实训基地数量
生均建筑面积	−0.05	−0.04	−0.05	−0.01	−0.04	−0.04	−0.06*	0.01	0.03	0.32***	0.01	0.01	0	0.02	0.67***	1			
校内实践基地工位数	0.56***	0.52***	0.56***	0.51***	0.47***	0.56***	0.49***	−0.03	0.07**	0.05	−0.01	−0.02	0.32***	−0.05***	0.41***	0.11***	1		
生均工位数	−0.08**	−0.06*	−0.07**	−0.06*	−0.05	−0.08**	0.09**	0.03	0.03	0.30***	0	0	0.05	0.09***	0.31***	0.55***	0.41***	1	
校外实践基地数量	0.30***	0.34***	0.33***	0.25***	0.20***	0.32***	0.33***	0.07*	0.02	0	−0.01	−0.01	0.15***	−0.01	0.10***	−0.01	0.21***	−0.05*	1

表 4-17 产出指标之间的相关性检验结果(文科组)

	毕业生初次就业人数	毕业生对口就业人数	毕业生起薪均值	毕业生留在本省市就业人数	培训企业员工人数	为企业技术服务年收入	专任教师本学年企业工作时间均值
毕业生初次就业人数	1						
毕业生对口就业人数	0.92***	1					
毕业生起薪均值	0.10***	0.09**	1				
毕业生留在本省市就业人数	0.96***	0.94***	0.08**	1			
培训企业员工人数	0.05*	0.05	0.07**	0.05	1		
为企业技术服务年收入	0.06*	0.04	0.05	0.05	0.04	1	
专任教师本学年企业工作时间均值	−0.03	−0.02	−0.01	−0.02	0.02	0.03	1

从相关性计算结果来看,大部分指标之间有显著的正相关关系。投入指标与产出指标之间呈现负相关的,理工科组有:专任教师本学年企业工作时间均值、生均日常教学经费、生均新增实验实训设备经费、生均校内实践基地建筑面积、生均校内实践基地工位数;文科组有:专任教师本学年企业工作时间均值、生均日常教学经费、生均原材料耗材费用、原材料耗材费用、生均设备维护经费、设备维护经费、生均新增实验实训设备经费、生均校内实践基地建筑面积、生均校内实践基地工位数。根据 DEA 模型约束条件中的投入指标与产出指标需要满足同向性(也称为单调性)条件原则,这些指标可以考虑删除。

从学理上分析,文科和理工科专业有这样的差异是在常理之中的,因为文科教学过程中对硬件设备的需求较为单一,损耗也较小,所以文科专业的生均原材料耗材费用、原材料耗材费用、生均设备维护经费、设备维护经费与产出没有相关性也是符合实际的。

培训企业员工人数与投入各指标之间尽管都呈正相关,有些还在 0.01 水平上具有显著性,但是相关系数大都小于 0.1,为弱相关性,也可以考虑删除。

投入指标中,无论理工科还是文科组,校内专任教师人数、专任教师具有硕士及以上学位人数、专任教师具有高级职称人数、36 至 45 岁专任教师人数、专任教师双师素质人数,这 5 个指标之间的相关系数都大于 0.84,呈现强相关性,可以按照一定的算法进行合并。

产出指标中,无论理工科还是文科组,毕业生初次就业人数、毕业生对口就业人数、毕业生留在本省市就业人数,这 3 个指标的相关系数超过 0.92,呈现强相关性。由于毕业生留在本省市就业人数体现的是社会服务能力,所以,考虑将毕业生初次就业人数、毕业生对口就业人数两个指标进行合并。

(二) 描述性统计分析

根据 DEA 方法中指标数理的辨析度筛选原则,所有评价指标都需要具有较大的方差,否则会降低模型计算结果的区分度。所以,需要对初步拟定的各指标进行描述性统计分析,求解出标准差,来判别各指标项的辨析度。

本研究使用 2019 年度的数据,分为理工科组和文科组,分别对初步拟定的指标进行统计计算,结果如表 4-18 和表 4-19 所示。

表 4-18 指标数值的描述性分析统计结果(理工科组)

	指标	下四分位数	中位数	上四分位数	最大值	均值	标准差
人力投入	校内专任教师人数	11.00	17.00	26.00	134.00	20.36	15.35
	校外兼职教师折算人数	1.00	5.00	11.00	62.00	7.34	8.66
	专任教师具有硕士及以上学位人数	6.00	12.00	19.00	93.00	14.53	11.90
	专任教师具有高级职称人数	4.00	6.00	12.00	46.00	8.18	7.20
	36 至 45 岁专任教师人数	5.00	8.00	13.00	73.00	9.84	8.30
	专任教师双师素质人数	9.00	14.00	24.00	112.00	18.23	14.38

（续表）

	指标	下四分位数	中位数	上四分位数	最大值	均值	标准差
财力投入	日常教学经费	32.20	94.64	172.80	1352.84	132.15	152.74
	新增实验实训设备经费	0.00	45.85	163.68	1619.41	143.92	255.20
	设备维护经费	0.00	0.00	0.75	32.20	1.29	3.29
	生均设备维护经费	0.00	0.00	0.01	0.10	0.00	0.01
	原材料耗材费用	0.00	1.18	4.72	70.84	4.16	7.67
教学条件投入	校外实习实训基地数量	4.00	8.00	17.00	85.00	12.85	13.89
人才培养产出	毕业生初次就业人数	37.00	79.00	138.00	728.00	100.66	92.32
	毕业生对口就业人数	21.00	50.00	88.00	496.00	65.41	65.82
	毕业生起薪均值	3500.00	3500.00	4038.00	5837.00	3412.12	1085.68
社会服务产出	为企业技术服务年收入	0.00	1.80	36.00	683.00	42.46	102.14
	毕业生留在本省市就业人数	24.00	50.00	105.00	663.00	74.05	74.83

表 4－19　指标数值的描述性分析统计结果（文科类）

	指标	下四分位数	中位数	上四分位数	最大值	均值	标准差
人力投入	校内专任教师人数	10.00	13.50	20.00	176.00	16.97	15.20
	校外兼职教师折算人数	1.00	3.00	8.00	126.00	5.93	9.50
	专任教师具有硕士及以上学位人数	7.00	10.00	16.00	128.00	12.90	11.88
	专任教师具有高级职称人数	2.00	5.00	8.00	47.00	6.06	6.04
	36 至 45 岁专任教师人数	4.00	7.00	11.00	89.00	8.32	7.86
	专任教师双师素质人数	8.00	12.00	17.25	145.00	14.59	13.31

（续表）

	指标	下四分位数	中位数	上四分位数	最大值	均值	标准差
财力投入	日常教学经费	28.61	71.28	151.48	2362.20	122.41	198.74
	新增实验实训设备经费	0.00	8.28	47.62	2489.98	66.57	188.97
教学条件投入	校外实习实训基地数量	3.00	6.00	12.00	201.00	10.05	15.38
人才培养产出	毕业生初次就业人数	27.00	65.50	118.50	1603.00	96.65	142.99
	毕业生对口就业人数	14.00	35.50	74.00	956.00	54.47	73.38
	毕业生起薪均值	3000.00	3480.00	3925.88	5500.00	3253.15	1107.07
社会服务产出	为企业技术服务年收入	0.00	0.00	12.03	5292.00	35.14	315.70
	毕业生留在本省市就业人数	19.00	42.00	81.25	1565.00	64.96	112.72

从表 4 - 18 可知，理工科专业的设备维护经费的中位数为 0 元，上四分位数为 0.75 万元，说明最少有 50%院校的理工科专业的设备维护经费为 0 元，75%院校的理工科专业的设备维护经费少于 0.75 万元，显然该指标的区分度很小，可以考虑删除该指标。生均设备维护经费也基于同样的原因，可考虑删除。

其余指标的标准差都要大于或者近似于均值，说明各指标数据的区分度较好、辨识度较高，满足要求。

(三) 小结

结合相关性分析和描述性统计分析结果，首先删除理工科组的 8 个指标，分别是培训企业员工人数、专任教师本学年企业工作时间均值、生均日常教学经费、生均新增实验实训设备经费、生均校内实践基地建筑面积、生均校内实践基地工位数、设备维护经费、生均设备维护经费；其次删除文科组 10 个指标，分别是培训企业员工人数、专任教师本学年企业工作时间均值、生均日常教学经费、生均原材料耗材费用、原材料耗材费用、生均设备维护经费、设备维护经费、生均新增实验实训设备经费、生均校内实践基地建筑面积、生均校内实践基地工位数。

合并人力投入和人才培养产出中的高相关性指标，如公式 4 - 4 和公式 4 - 5 所示：

专任教师折算人数＝专任教师人数
＋专任教师具有硕士及以上学位人数×0.2
＋36 至 45 岁专任教师人数×0.2
＋专任教师具有高级职称人数×0.2
＋专任教师双师素质人数×0.3

（公式 4-4）

毕业生初次就业折算人数＝毕业生初次就业人数
＋毕业生对口就业人数×0.3

（公式 4-5）

三、使用 ECM 算法遴选指标

（一）算法介绍

由于 DEA 方法基于线性规划方法，所以无法像回归方法一样，通过显著性检验这样的统计算法来确定自变量的有效性，于是帕斯特等[①]提出一种基于指标对效率贡献程度来分析指标之间相关性的方法。这个方法类似于向前逐步回归法：

第一，根据相关性分析的结果，选出与输出指标的相关系数最大的一个输入指标，这样构建出一个基础模型 Model 1，并计算出每个 DMU 的绩效得分。

第二，将剩余的输入指标逐一加入到模型 Model 1 中，分别计算出每个 DMU 的绩效得分。

第三，将计算结果与 Model 1 的计算结果进行对比，计算出两个模型中绩效得分的变化百分比，定义为 ρ_i。若 ρ_i 接近 0，说明新变量对效率没有较大影响；若 $|\rho_i|>0.1$，则说明新投入变量的引入导致绩效计算结果的变化率大于 10%。

第四，统计出所有 $|\rho_i|>0.1$ 的 DMU 的百分比，遴选出百分比最大的输入指标，加入到基础模型 Model 1 中，成为新模型。同时删掉百分比小于 0.15 的输入指标，因为按照帕斯特的判定标准，若不存在 15%以上的 DMU 效率值变化率大于 10%，则新增指标对模型产生的影响可以忽略，该投入指标不必添加到模型中去。

---

① PASTOR J. T., RUIZ J. L., SIRVENT I., "A Statistical Test for Nested Radial DEA Models", *Operations Research*, 2002, 50(4), pp.728-735.

第五，以此类推，直到所有投入指标都计算完成，最后构建的模型就是最终模型。

（二）投入指标的筛选

根据上述算法，本研究首先选择“校内专任教师折算人数”和“日常教学经费”与产出指标一起构建出基础模型 M_1，计算出基础 DEA 得分。然后，依照算法依次添加剩余的投入变量，构建出模型 $M_2 \sim M_{11}$。

指标体系的筛选过程，如表 4－20 和 4－21 所示。

表 4－20　运用 ECM 方法筛选评价指标过程（理工科组）

	第一轮					第二轮				第三轮			第四轮
	M_1	M_2	M_3	M_4	M_5	M_5	M_6	M_7	M_8	M_6	M_9	M_{10}	M_{10}	M_{11}
产出指标														
$O_1 \sim O_4$	×	×	×	×	×	×	×	×	×	×	×	×	×	×
投入指标														
I_1	×	×	×	×	×	×	×	×	×	×	×	×	×	×
I_2		×					×			×	×	×	×	×
I_3	×	×	×	×	×	×	×	×	×	×	×	×	×	×
I_4			×					×			×			×
I_5				×					×			×	×	×
I_6					×	×	×	×	×	×	×	×	×	×
百分数（%）		39	50	53	60		53	37	45		39	46		39

注：校内专任教师折算人数（I_1）、校外兼职教师折算人数（I_2）、日常教学经费（I_3）、新增实验实训设备经费（I_4）、原材料耗材费用（I_5）、校外实习实训基地数量（I_6）、毕业生初次就业折算人数（O_1）、毕业生起薪均值（O_2）、毕业生留在本省市就业人数（O_3）、为企业技术服务年收入（O_4）。

表 4－21　运用 ECM 方法筛选评价指标过程（文科组）

	第一轮				第二轮	
	M_1	M_2	M_3	M_4	M_2	M_5
产出指标						
$O_1 \sim O_4$	×	×	×	×	×	×
投入指标						
I_1	×	×	×	×	×	×

（续表）

	第一轮				第二轮	
	M_1	M_2	M_3	M_4	M_2	M_5
I_2		×			×	×
I_3	×	×	×	×	×	×
I_4			×			
I_5				×		×
百分数(%)		36	9	26	36	39

注：校内专任教师折算人数(I_1)、校外兼职教师折算人数(I_2)、日常教学经费(I_3)、新增实验实训设备经费(I_4)、校外实习实训基地数量(I_5)、毕业生初次就业折算人数(O_1)、毕业生起薪均值(O_2)、毕业生留在本省市就业人数(O_3)、为企业技术服务年收入(O_4)。

如表 4－20 所示，根据理工科专业数据构建出来的指标体系，所有投入指标都对产出指标具有显著效果，全部保留。由表 4－21 可知，根据文科专业数据构建出来的指标体系，仅有新增实验实训设备经费的影响 DMU 的百分比是 9%，小于 15%的阈值，需要删除。

根据 DEA 方法的数理特性，本研究确定了一系列的指标筛选原则和方法。第一，经过相关性分析，剔除了投入与产出指标之间负相关、弱相关的指标；第二，根据共线性处理方式以及对数理指标质量指标的处理原则，合并了一些强相关的质量与数量指标；第三，根据描述性分析统计结果，删除了方差较小、辨识度较低的指标；第四，本研究使用 ECM 算法对投入指标的稳定性和影响度进行检测，去除了影响度较小的指标；第五，形成最终的理工科和文科两组指标体系，两组指标体系的指标数量都小于 9，符合约束条件的要求。

筛选后的评价指标体系如表 4－22 所示。

表 4－22　高等职业院校专业建设绩效指标体系

		维度	指　标
理工科	投入指标	人力投入	校内专任教师人数 校外兼职教师折算人数
		财力投入	日常教学经费 新增实验实训设备经费
		教学条件投入	校外实习实训基地数量

（续表）

		维度	指　　标
	产出指标	人才培养产出	毕业生初次就业人数 毕业生起薪均值
		社会服务产出	毕业生留在本省市就业人数 为企业技术服务年收入
文科	投入指标	人力投入	校内专任教师人数 校外兼职教师折算人数
		财力投入	日常教学经费
		教学条件投入	校外实习实训基地数量
	产出指标	人才培养产出	毕业生初次就业人数 毕业生起薪均值
		社会服务产出	毕业生留在本省市就业人数 为企业技术服务年收入

第五章

宏观描摹:专业建设绩效的整体分析

上一章从学理和数理两个角度出发,综合应用了多种定量方法,构建了高等职业教育专业建设绩效评价指标体系。依照研究设计,本章应用已经构建完成的绩效评价指标体系,在面板数据库基础上计算绩效评价结果。

首先,对专业建设投入与产出数据进行描述性统计分析,描绘出各专业在投入产出上的数据变化情况,对总体状况进行分析说明。其次,从静态和动态两个主要维度,对各专业建设的绩效情况进行宏观评价。

静态绩效分析采用2019年的截面数据,根据高职专业建设的特点构建适合的DEA模型,计算出综合技术效率(technical efficiency, TE)、纯技术效率(pure technical efficiency, PTE)和规模效率(scale efficiency, SE)得分。然后从整体、文理科、举办方、地区和示范校类型等不同维度进行分析。

动态绩效分析采用2015~2019年的完全面板数据,使用DEA Malmquist指数方法,计算出不同时期的Malmquist生产率指数(malmquist productivity index, MPI)及其三个分解指数:技术进步(technological change, TC)、纯技术效率变化(pure technical efficiency change, PTEC)和规模效率变化(scale efficiency change, SEC)的效率变化趋势。然后从文理科、举办方、地区和示范校类型等不同维度进行分析。

第一节　专业建设情况的数据分析

一、数据总体描述与分析

作为院校数量和在校生人数最多的省份,无论从办学规模还是从办学质量，江苏省的高等职业教育一直保持全国领先地位。江苏省高职院校在全国职业院校技能大赛中实现了“十一连冠”，在全国教学能力大赛中实现了“九连冠”，在 2014 年和 2018 年的两届全国职业教育国家级教学成果奖评选中，江苏高职院校获奖总数居全国第一。①

本研究所涉及的 10 个专业学生相关均值数据如表 5－1 所示。这 10 个专业的在校生数均值基本保持稳定，2015 年为 379 人/专业，2016 年到达峰值之后，一直下降到 2019 年 352 人/专业，2020 年又回升到 377 人/专业，毕业人数则因为延后性，从 2015 年的 124 人/专业一直下降到 2020 年的 117 人/专业。这 10 个专业的就业情况基本保持稳定，除了 2020 年某些不可抗拒因素导致初次就业率有一定程度的下降，应届毕业生初次就业率一直稳定在 94%左右。毕业生起薪也一直保持上涨的趋势，从 2015 年的 2304.90 元上涨到 2020 年的 3592.73 元，上涨了 55.87%。不过，毕业生留在江苏省就业的比例却一直在大幅度的下降，从 2015 年的 75.47%一直下降到 2020 年的 49.73%。

表 5－1　2015—2020 年 10 个专业学生相关均值数据

年份	专业学生数(人)	初次毕业数(人)	初次就业数(人)	初次就业率(%)	毕业生起薪均值(元)	毕业生在本省市就业比例(%)
2015	379	124	117	94.64	2304.90	75.47
2016	387	130	123	95.04	2717.56	76.90
2017	368	129	123	95.55	3085.13	73.84
2018	356	122	116	95.09	3297.73	65.68
2019	352	119	112	94.38	3490.96	63.94
2020	377	117	102	87.51	3592.93	49.73

师资队伍的均值数据如表 5－2 所示，10 个专业的专任教师和校外兼职教师队伍总体上保持了数量上的稳定，每个专业基本有 20 名左右专任教师，专任教师中拥有硕士及以上学位的比例从 2015 年的 67.08%逐年提升至 2020 年的 74.47%，拥有高级职称的比例从 2015 年的 31.53%逐年提升至 2020 年的 38.48%，说明师资队伍总体水平在不断提升。但是 35 周岁以下教师比例从

① 江苏广电融媒体新闻中心：《探路本科层次职业教育！“十四五”江苏职教聚力“高质量”，搭建学生成长立交桥》，2021 年 04 月 14 日，http://news.jstv.com/a/20210414/1618409229185.shtml，2021 年 05 月 20 日。

2015 年的 46.43%一路下降到 2020 年的 25.14%，46 岁至 60 岁的教师比例则从 2015 年的 19.77%增长到 2020 年的 25.95%，说明师资队伍结构从金字塔型向橄榄型过渡。

表 5-2　2015—2020 年 10 个专业师资队伍相关均值数据

年份	专任教师							校外兼职教师折算人数(人)
	人数(人)	硕士及以上学位占比(%)	高级职称占比(%)	35 岁以下占比(%)	36 至 45 岁占比(%)	46 至 60 岁占比(%)	双师素质比例(%)	
2015	20.49	67.08	31.53	46.43	33.80	19.77	84.04	8.05
2016	20.60	69.51	32.72	41.60	38.23	20.17	84.07	8.41
2017	21.12	71.30	34.78	33.87	43.95	22.18	85.23	7.48
2018	20.33	72.90	35.31	28.99	47.89	23.13	86.20	7.08
2019	20.25	73.75	37.26	25.71	50.02	24.28	86.82	7.27
2020	20.66	74.47	38.48	25.14	48.90	25.95	86.38	7.77

财力投入和教学条件投入的相关均值数据如表 5-3 所示，10 个专业的财力和教学条件的投入逐年上升，日常教学经费从 2015 年的 107.43 万元最高上升到 2019 年的 143.52 万元，上升了 33.59%；当年新增设备值从 2016 年最低的 67.12 万元最高上升到 2019 年的 109.92 万元，上升了 63.77%；设备维护经费更是从 2015 年的 0.64 万元最高上升到 2019 年的 38.43 万元，提升了 60 倍之多。教学条件投入的三个指标，生均校内实践基地建筑面积、生均校内实践基地工位数、校外实践基地数量则相对来说比较稳定，没有太大变化。

表 5-3　2015—2020 年 10 个专业财力和教学条件相关均值数据

年份	日常教学经费(万元)	当年新增设备值(万元)	设备维护经费(万元)	生均校内实践基地建筑面积(平方米/生)	生均校内实践基地工位数(个/生)	校外实践基地数量(个)
2015	107.43	73.75	0.64	3.36	0.36	12.63
2016	111.02	67.12	0.89	3.67	0.41	12.57
2017	119.09	88.76	14.59	4.38	0.40	11.50
2018	128.32	107.22	28.37	4.59	0.46	12.34
2019	143.52	109.92	38.43	4.77	0.50	12.50
2020	141.00	99.24	35.15	3.84	0.51	12.91

社会服务方面相关的均值数据如表 5-4 所示。总体来说，10 个专业在社

会服务方面呈现明显的增长趋势，为企业技术服务年收入逐年上升，到 2019 年达到了 45.28 万元/专业，比 2016 年的 15.36 万元增长了 1.95 倍，企业培训员工人数从 2015 年的 710.04 人/天增长到 2020 年的 992.31 人/天，增长了 39.75%。不过，专任教师到企业服务时间却呈现先增长后下降的趋势，专任教师挂职锻炼平均用时于 2017 年到达峰值之后下降至 2020 年的 9.06 天，社会兼职用时也呈现类似的趋势，从 2016 年的 15.19 天下滑到 2020 年的 9.17 天。

表 5-4　2015—2020 年 10 个专业社会服务相关均值数据

年份	为企业技术服务年收入(万元)	专任教师挂职锻炼平均用时(天)	专任教师社会兼职平均用时(天)	培训企业员工人数(人/天)
2015	15.42	5.90	13.14	710.04
2016	15.36	7.60	15.19	876.79
2017	19.19	12.23	12.53	736.92
2018	37.54	11.62	13.29	958.77
2019	45.28	11.49	10.94	721.31
2020	30.06	9.06	9.17	992.31

二、不同维度的数据描述与分析

不同类型院校在学生相关数据上存在一定差异，数据如表 5-5 所示。从

表 5-5　10 个专业不同类型院校学生相关均值数据

院校类型		专业学生数(人)	初次毕业数(人)	初次就业数(人)	初次就业率(%)	毕业生起薪均值(元)	毕业生在本省市就业比例(%)
举办方	公办	397	131	124	94.42	3061.83	70.50
	民办	270	90	82	91.26	2462.18	60.97
地区	苏南	375	125	117	93.92	3034.09	70.91
	苏中	375	122	117	95.47	2951.88	68.20
	苏北	350	114	105	92.69	2576.92	60.13
文理科	文科	357	118	111	93.99	2882.78	67.93
	理工科	390	129	121	93.88	3015.23	69.38
示范校类型	国家级双高校	394	127	121	95.17	3228.32	70.15
	省级示范校	412	131	125	94.95	3076.31	71.84
	普通院校	332	115	106	92.35	2655.94	65.65

不同举办方看，公办高职院校的在校生规模和就业质量要好于民办院校；公办院校的在校生人数、初次就业率和毕业生起薪均值都要高于民办院校。

从不同地区上看，苏北地区院校的在校生人数要略低于苏南和苏中地区院校；就业质量方面，初次就业率三个地区相差无几，但是苏南地区院校的毕业生起薪均值要高于其他两个地区院校；苏北地区院校的毕业生留在江苏省就业学生比例是最低的，对当地经济发展的贡献有待提升。

从文理科上看，理工科专业在校生规模要大于文科专业，就业质量方面则相差无几。

从不同类型的示范院校上看，省级示范校的10个专业的平均在校生规模最大，普通院校规模最小，就业质量方面，国家级双高校和省级示范校差不多，都要好于普通院校。

在师资队伍方面，不同类型院校间的差别更为显著，数据如表5-6所示。从数据上看，民办院校的师资队伍无论从人数还是质量上都要弱于公办院校，唯一优势在于民办院校的教师更加年轻，后劲会更足。从不同地区上看，苏中地区院校10个专业的师资队伍人数最多，整体素质也是最好的，不过苏中地区

表5-6　10个专业不同类型院校师资队伍均值数据

院校类型		专任教师							校外兼职教师折算人数(人)
		人数(人)	具有硕士及以上学位占比(%)	具有高级职称占比(%)	35岁以下占比(%)	36至45岁占比(%)	46至60岁占比(%)	双师素质比例(%)	
举办方	公办	22.24	75.47	37.13	30.20	44.65	24.66	89.03	8.98
	民办	14.15	51.71	24.38	49.67	31.69	11.70	70.42	2.69
地区	苏南	20.80	71.78	34.26	33.30	43.17	21.66	85.49	7.40
	苏中	22.31	71.05	36.45	31.50	41.67	25.50	88.14	9.36
	苏北	18.30	65.85	33.80	39.76	37.89	20.31	81.73	7.36
文理科	文科	18.82	72.61	32.02	36.52	42.42	19.59	84.24	7.42
	理工科	22.98	67.81	37.92	31.03	41.39	25.29	86.54	8.05
示范校类型	国家级双高校	21.84	78.73	37.38	29.50	44.82	25.28	92.04	10.13
	省级示范校	21.42	76.04	33.73	34.46	43.70	21.30	91.35	10.91
	普通院校	19.21	61.82	32.83	37.48	39.03	19.98	77.01	4.22

院校的师资队伍老化问题也最为突出。从文理科上看，理工科专业的师资队伍规模要大于文科专业，师资整体素质也好于文科专业，不过，也面临师资队伍老化的问题。总体来说，示范院校的师资队伍规模与素质都要好于普通院校，尤其是在双师素质比例和拥有硕士及以上学位的比例等指标上具有明显优势，当然示范院校同样面临师资队伍老化问题。在示范院校中，国家级双高校要略强于省级示范校，不过优势并不是非常明显。

在财力投入和教学条件投入方面，除了生均校内实践基地建筑面积和生均校内实践基地工位数这两个指标之外，公办院校在其余指标上都要显著高于民办院校，数据如表 5-7 所示。与经济发达程度相匹配，苏南地区院校在专业建设方面的财力投入是最高的，显著高于苏中和苏北地区院校。苏中和苏北地区的经费投入各有侧重：苏中地区院校专业建设经费投入的重点是新增设备，而苏北地区的重点是日常教学经费和设备维护经费。理工科专业由于其专业特点，所以在投入指标方面全部超过文科专业，体现出高投入的特点。示范院校由于有政府的专项资金支持，所以其财力投入要远高于普通院校；普通院校由于新增设备较少，所以设备维护经费投入更多；在生均校内实践基地建筑面积和生均校内实践基地工位数方面，示范院校与普通院校在数据上差别不大；在校外实践基地建设方面，示范院校要高于非示范院校。

表 5-7　10 个专业不同类型院校财力和教学条件相关均值数据

院校类型		日常教学经费（万元）	当年新增设备值（万元）	设备维护经费（万元）	生均校内实践基地建筑面积（平方米/生）	生均校内实践基地工位数（个/生）	校外实践基地数量（个）
举办方	公办	132.02	102.05	21.43	3.97	0.38	13.42
	民办	78.29	66.81	0.27	3.98	0.38	8.15
地区	苏南	131.32	102.75	22.22	3.43	0.37	12.42
	苏中	95.57	98.14	1.18	6.35	0.40	13.52
	苏北	104.04	62.87	11.37	3.98	0.40	11.07
文理科	文科	117.32	61.84	3.82	3.51	0.31	10.95
	理工科	126.00	140.06	35.29	4.61	0.47	14.24
示范校类型	国家级双高校	144.33	108.57	0.90	3.67	0.34	13.53
	省级示范校	133.38	101.96	1.01	4.52	0.36	17.00
	普通院校	97.51	81.05	37.28	3.91	0.42	9.02

表5-8中的数据显示，在社会服务能力方面，公办院校要全面优于民办院校，彰显了公办院校的公益属性。苏南地区的高职院校在为企业技术服务年收入和培训企业员工人数两个指标方面体现出了较强的优势，要显著高于苏中和苏北地区。理工科专业在为企业技术服务年收入和培训企业员工人数两个指标上要优于文科专业，文科专业则在教师挂职锻炼和社会兼职方面好于理工科专业。示范院校的社会服务能力要强于普通院校，其中国家级双高校在为企业技术服务年收入表现突出，省级示范校的优势体现在培训企业员工人数方面。

表5-8 10个专业不同类型院校社会服务相关均值数据

院校类型		为企业技术服务年收入（万元）	专任教师挂职锻炼平均用时（天）	专任教师社会兼职平均用时（天）	培训企业员工人数（人/天）
举办方	公办	30.66	9.94	14.37	1096.02
	民办	2.63	8.77	8.40	220.38
地区	苏南	28.92	9.47	12.38	1097.31
	苏中	18.20	10.71	16.58	741.83
	苏北	15.70	9.70	13.09	394.69
文理科	文科	18.71	10.43	15.82	756.87
	理工科	33.39	8.70	9.48	1134.62
示范校类型	国家级双高校	41.19	9.25	13.44	920.38
	省级示范校	37.90	12.94	16.32	1788.96
	普通院校	6.24	8.32	11.26	453.57

从上述数据分析中，我们可以得出如下五点结论：

第一，从办学规模上看，所选择的10个专业在校生人数基本保持稳定。由于这10个专业都属于热门专业，所以尽管2017—2019年期间江苏省高考报名人数出现了下滑，但对这10个专业来说影响不是很大。

第二，从师资队伍投入数据上看，10个专业的校内专任教师和校外兼职教师队伍在数量上基本保持稳定，不同类型院校的师资人数有较大差异，公办院校要多于民办院校，苏南和苏中院校要多于苏北院校，理工科专业要多于文科专业，示范校要多于普通院校。从师资队伍质量上看，一直处于稳步提升的状态，但也面临师资队伍逐步老化的问题，公办院校、苏中地区院校、国家级双高校和理工科专业师资队伍老化的问题更为凸显。

第三,从财力和教学条件投入数据上看,10 个专业的投入逐年上升,尤其是公办院校、示范院校和苏南地区院校,由于有政府的专项资金支持,所以投入要明显强于普通院校。

第四,从人才培养产出上看,10 个专业由于受到招生人数下滑的影响,所以毕业生人数略有下滑,不过初次就业率基本保持稳定,毕业生起薪均值也不断上涨。公办院校、示范院校、理工科专业和苏南地区的毕业生起薪均值较高,反映出它们的人才培养质量也较高。

第五,从社会服务产出上看,10 个专业的为企业技术服务的收入不断提升,培训企业员工人数也在逐年提升,教师到企业挂职锻炼的时长也逐年提升,说明这 10 个专业服务企业的能力在不断提升,产教融合在不断深入。不同院校的能力差异非常显著:公办院校、示范院校和理工科专业的社会服务产出明显更多,社会服务能力明显更强。

综上所述,高职院校专业建设在投入方面逐年加大,尤其是财力投入方面。在产出方面逐年提升,尤其是社会服务产出方面。公办院校、苏南地区院校、示范校的投入相比民办院校、苏北地区院校、普通院校更多,产出也更多,质量也更高。

从传统关注于投入或者产出的评价角度来看,示范院校、公办院校因为投入更大、产出更多,所以评价结果一直排在前面,排名表现优秀。但是从绩效评价的角度来看,高投入带来高产出,这本来就是理所当然的事情。所以应该更加关注那些低投入带来更高产出和高投入带来较低产出的院校和专业,找出导致绩效较高或者较低的原因,这才是本研究的重点。

第二节　基于 DEA 方法的绩效静态分析

一、DEA 模型的选择

(一) 选择产出导向模型

如第三章中概念界定所述,本研究中的绩效指的是效率,简单地说就是投入产出比。所以提升绩效无外乎两种方式,一是在产出不变的条件下尽可能减少投入，或者维持投入不变的情况下尽可能提升产出。在 DEA 方法中，前者叫作投入导向模型(input oriented model)，后者叫作产出导向模型(output oriented model)。

关于两种模型选择的依据，一般来说是根据管理者能够控制的变量(投入或产出)来确定。比如，一所医院的病床位、手术室等医疗资源是相对固定的，那么提升效率的方式就只能是通过各种举措提升管理水平，以提供更多数量的手术，即获得更多的产出，这时选择产出导向模型更为合适。

对于一所高职院校来说，专业建设方面的投入相对来说是固定的。首先，高职院校的财务收入往往来自政府拨款和学生学费，金额数量一般不会有大幅度的波动；其次，受限于物理面积，其教学条件投入也保持稳定；最后，由于教师人数相对稳定，师资队伍一般也不会在短期内出现较大变化，尤其是无法进行任意削减。所以高职院校专业建设绩效评价的目标，是研究如何充分利用现有的投入资源，以获取最大化的产出，选择产出导向的 DEA 模式更加适用于专业建设的绩效评价。

(二) 选择规模报酬可变模型

1978 年，查恩斯、库珀和罗德首次提出 DEA 模型是投入导向模型，并且设定了规模报酬不变(constant returns to scale, CRS)的假定，简称 CRS 模型或 CCR 模型。[①] 所谓规模报酬不变是指，在技术效率保持不变的情况下，投入增加了 n 倍，那么产出也随之增加 n 倍。显然这是一个理想化的假定，因为受限于管理水平、财政约束等一系列的因素，往往导致投入与产出并不能同比例增长。1984 年，班科尔、查恩斯和库珀调整了规模报酬不变的假设，提出了规模报酬可变(variable returns to scale, VRS)模型，简称 VRS 模型或 BCC 模型。[②] 在 VRS 模型中，当所有投入都等比例增加 n 倍后，产出可以以小于 n 倍比例增加或者以大于 n 倍比例增加。一般把前者叫作规模报酬递减(decreasing returns to scale, DRS)，而把后者叫作规模报酬递增(increasing returns to scale, IRS)。当 DMU 处于规模报酬不变状态时，我们就说 DMU 是以最优规模运行的。

---

① CHARNES A., COOPER W., RHODES E., "Measuring the Efficiency of Decision-Making Units", *European Journal of Operations Research*. 1978, pp. 429 - 444.

② BANKER R. D., CHARNES A., COOPER W., "Some Models for Estimating Technical and Scale Inefficiencies in Data Envelopment Analysis", *Management Science*, 1984(30), pp. 1078 - 1092.

CRS 模型和 VRS 模型都能计算出 DEA 绩效得分，那么这两个分值有什么差异呢？当规模报酬不变时，CRS 模型与 VRS 模型的绩效得分一致，两者没有差异。如果生产技术处于规模报酬可变状态，那么 CRS 模型计算出来的 DEA 效率值就不是纯粹的技术效率，而是由两个部分组成，一个是 VRS 模型的 DEA 绩效值，另一个是规模无效率值。为了便于区分，我们把 CRS 模型效率值叫作综合技术效率(Technical Efficiency, TE)，VRS 模型效率值叫作纯技术效率(Pure Technical Efficiency, PTE)，规模无效率值叫作规模效率(ScaleEfficiency, SE)，计算公式为 $TE=PTE*SE$。[①]

对于高职院校来说，由于受到办学主体、所处地域、师资结构等条件的限制，无法保证所有的高职院校的专业建设都能以最佳规模状态运行，所以选择规模报酬可变(VRS)模型。

(三) 构建 DEA 模型

本研究按照规范构建 DEA 模型。我们先假定有 n 个需要进行绩效评价的决策单元，记作 $DMU_j(j=1, 2, \cdots, n)$；每个 DMU 有 m 种投入和 q 种产出，分别记作 $m_i(i=1,2, \cdots, m)$ 和 $q_r(r=1,2, \cdots, q)$；投入和产出的权重分别用 $v_i(i=1,2, \cdots, m)$ 和 $u_r(r=1,2, \cdots, q)$ 表示。产出导向 VRS 模型的线性规划式如公式 5-1 所示，其对偶规划式如公式 5-2 所示。

$$
\begin{aligned}
& min\,\emptyset \\
& s.t. \sum_{j=1}^{n}\lambda_j x_{ij} \leqslant x_{ik} \qquad \text{(公式 5-1)} \\
& \sum_{j=1}^{n}\lambda_j y_{rj} \geqslant \emptyset y_{rk} \\
& \sum_{j=1}^{n}\lambda_j = 1 \\
& \lambda \geqslant 0 \\
& i=1, 2, \cdots, m;\ r=1, 2, \cdots, q;\ j=1, 2, \cdots, n
\end{aligned}
$$

$$min \sum_{i=1}^{m} v_i x_{ik} + v_0$$

① 成刚:《数据包络分析方法与 MaxDEA 软件》,北京:知识产权出版社,第 22 页。

$$s.t. \sum_{r=1}^{q}\mu_r y_{rj} - \sum_{i=1}^{m}\nu_i x_{ij} - \nu_0 \leqslant 0 \qquad \text{（公式 5-2）}$$

$$\sum_{r=1}^{s}\mu_r y_{rk} = 1$$

$$\nu \geqslant 0;\mu \geqslant 0;\nu_0 free$$

$$i=1,2,\cdots,m;r=1,2,\cdots,q;j=1,2,\cdots,n$$

本研究使用 R 语言中的 deaR 1.2.3 包进行 DEA 效率值的计算，同时计算 DEA、CRS 模型和 DEA、VRS 模型的效率值，根据产出延后一年的规则，采用 2019 年度投入数据和 2020 年度的产出数据。

这里需要说明的是，产出导向模型计算出来的绩效值与投入导向绩效值互为倒数关系，由于产出导向模型绩效值以 1 为最佳绩效，大于 1 则表示绩效欠佳，所以为了方便表达与阅读，所以将绩效值转换为倒数。

二、总体绩效分析

在计算出绩效 10 个专业的 TE 值、PTE 值和 SE 值之后，运用描述性分析统计算法对计算结果进行分析。三个效率值的分布情况如图 5-1 所示。

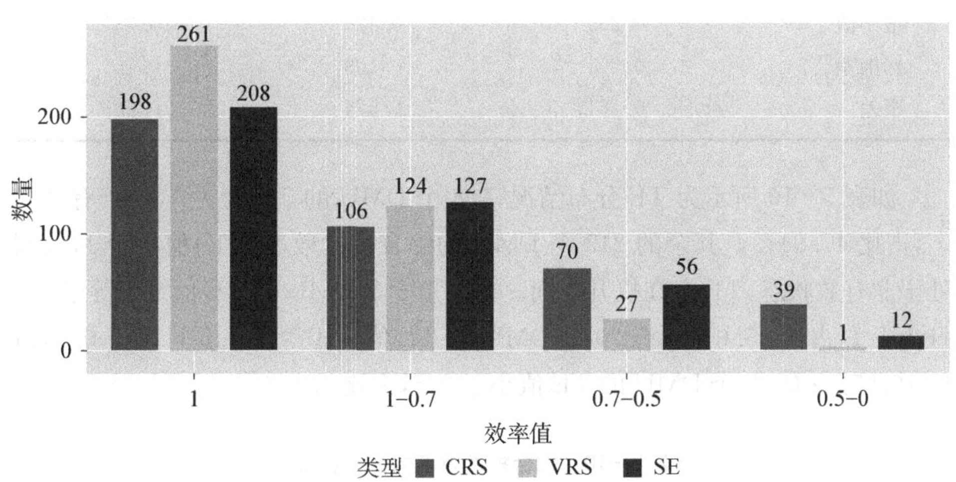

图 5-1　10 个专业三个效率值的分布情况

从图 5-1 可知，73.61%的 TE 值大于 0.7，93.22%的 PTE 值大于 0.7，83.13%的 SE 值大于 0.7。由公式 $TE=PTE*SE$ 可知，规模效率较低是影

响综合效率的主要原因。

1. 综合技术效率结果分析

TE体现高职院校专业建设的总体效率状况，根据前述选择的模型，TE值衡量的是高职院校在既定的教学投入下的最大产出能力。

如表5-9中的数据显示，TE的几何均值为0.808，说明高职院校专业建设的综合绩效水平不高，没有处于DEA有效状态。TE值的中位数为0.970，高于几何均值0.808，一方面说明有一半院校的TE值大于0.970，另一方面也说明综合绩效两极分化情况较为严重，TE值较低的DMU拉低了整体绩效水平，这从方差和极差值都较大可以得到验证。

表5-9 DEA绩效描述性分析统计

	综合技术效率(TE)	纯技术效率(PTE)	规模效率(SE)
几何均值	0.808	0.931	0.868
最大值	1.000	1.000	1.000
上四分位数	1.000	1.000	1.000
中位数	0.970	1.000	1.000
下四分位数	0.681	0.910	0.772
最小值	0.239	0.426	0.337
标准差	0.204	0.109	0.160
极差	0.761	0.574	0.663

如表5-10所示为TE分布情况，198个DMU的TE值为1，处于有效状态，占比47.94%。其余的215个DMU的综合技术效率(TE)值小于1，说明处于非有效状态，TE存在提升空间。其中106个DMU的TE值大于等于0.7且小于1，占比25.67%；有70个DMU的TE值大于等于0.5且小于0.7，占比16.95%；有39个DMU的TE值小于0.5，占比9.44%。

表5-10 综合技术效率的分布情况

综合技术效率(TE)取值范围	数量	所占比例
TE＝1	198	47.94%
0.7≤TE＜1	106	25.67%

（续表）

综合技术效率(TE)取值范围	数量	所占比例
0.5≤TE<0.7	70	16.95%
0≤TE<0.5	39	9.44%

综上所述，2019—2020 年江苏省 10 个高职专业的建设绩效整体水平不高，两极分化情况较为严重。

2. 纯技术效率结果分析

纯技术效率(PTE)，又叫作配置效率(allocative efficiency)，反映出高职院校在教学投入资源不变的前提下，对各类资源的合理调配和管理组织的能力和水平。如表 5-9 中的数据显示，PTE 的几何均值为 0.931，接近 PTE 有效状态，中位数为 1.000，标准差为 0.109，下四分位数为 0.910，整体差距较小。如表 5-11 所示，261 个 DMU 的 PTE 值为 1，处于有效状态，占比 63.20%；124 个 DMU 的 PTE 值大于等于 0.7 且小于 1，占比 30.02%；27 个 DMU 的 PTE 值小于 0.7 且大于等于 0.5，占比 6.54%；仅有 1 个 DMU 的 PTE 值小于 0.5，占比 0.24%。综上所述，2019—2020 年江苏省 10 个专业的资源调配和管理能力处于较高水平。

表 5-11　纯技术效率的分布情况

纯技术效率(PTE)取值范围	数量	所占比例
PTE=1	261	63.20%
0.7≤PTE<1	124	30.02%
0.5≤PTE<0.7	27	6.54%
0≤PTE<0.5	1	0.24%

3. 规模效率结果分析

规模效率(SE)反映出不同的办学规模下对生产效率的影响，即在规模报酬可变的设定下，技术效率的生产边界产出量与最优规模下的产出量的比值。规模效率等于 1，说明该 DMU 的生产规模处于技术最佳生产规模(Technically Optimal Productive Scale, TOPS)。[①] 如表 5-9 数据显示，SE 的几何均值为

① 科埃利、拉奥、奥唐奈等：《效率与生产率分析引论(第 2 版)》，刘大成译，北京：清华大学出版社，2009 年，第 40-43 页。

0.868，中位数为1.000，标准差为0.160，极差为0.663。显然，超过一半的院校处于技术最佳生产规模(TOPS)，其余院校因为规模过大或过小，影响了综合技术效率。如表5-12所示，211个DMU的SE值为1，处于TOPS状态，占比51.09%；134个DMU的SE值大于等于0.7且小于1，占比32.45%；56个DMU的SE介于0.5和0.7之间，占比13.56%；12个专业的SE小于0.5，占比2.91%。综上所述，有超过一半的专业没有处于TOPS状态，其过大或过小的办学规模影响到综合办学效率的提升。

表5-12　规模效率的分布情况

规模效率(SE)取值范围	数量	所占比例
SE=1	211	51.09%
0.7≤SE<1	134	32.45%
0.5≤SE<0.7	56	13.56%
0≤SE<0.5	12	2.91%

4. 规模报酬变动分析

在考察过SE之后，还需要进一步分析不同专业规模是如何影响生产效率的：是处于规模报酬递增状态(IRS)，可以扩大规模以提高生产效率；还是处于规模报酬递减状态(DRS)，需要缩小生产规模以提高生产效率；抑或正处于最优生产规模，不需要扩大或者缩小生产规模。表5-13为规模报酬变动分布情况，208个DMU处于技术最佳生产规模状态，占比50.36%，这些专业的SE值为1；191个DMU处于规模报酬递增状态，占比46.25%，说明可以进一步扩大规模，以提升产出；14个DMU处于规模报酬递减状态，占比3.39%，规模过大导致规模不经济，需要缩减规模。

表5-13　专业规模报酬变动的分布情况

规模报酬状态	数量	所占比例
CRS	208	50.36%
IRS	191	46.25%
DRS	14	3.39%

三、比较分析

（一）不同举办方的比较分析

由于机制和体制的差异，一般认为，民办院校的专业建设绩效应该要好于公办院校。如表 5－14 所示，民办高职院校的专业建设绩效确实要高于公办院校，TE、PTE、SE 全部都是民办院校更高。独立样本的 T 检验结果显示，综合技术效率、规模效率的 P 值为 0.001 195 和 0.000 003，纯技术效率的 P 值为 0.584 683，所以，民办高职院校在专业建设方面的优势主要体现在 TE 和规模效率上，在纯技术效率上民办高职院校和公办高职院校并没有统计学意义上的差异。

表 5－14　不同分类绩效几何均值表

分类		综合技术效率值（TE）	纯技术效率值（PTE）	规模效率值（SE）
举办方	公办	0.791	0.929	0.851
	民办	0.877	0.937	0.936
地区	苏南	0.830	0.943	0.881
	苏中	0.736	0.910	0.809
	苏北	0.790	0.906	0.872
文理科	文科	0.768	0.907	0.847
	理科	0.867	0.965	0.898
示范校类型	国家级双高校	0.826	0.949	0.870
	省级示范校	0.712	0.900	0.791
	普通院校	0.856	0.937	0.914

（二）不同地域的比较分析

如表 5－14 中不同地区的均值所示，苏南地区高职院校的专业建设绩效最高，全面高于苏中和苏北地区；苏北地区的 TE 要高于苏中地区，PTE 略低于苏中地区，SE 要高于苏中地区。方差分析（analysis of variance, ANOVA）结果如表 5－15 所示。计算结果显示，苏南地区相比苏中地区，在 TE、SE 这两方面都存在统计学意义上的显著性差异。而苏南与苏北地区、苏北与苏中地区之间没有显著性差异。

表 5 - 15　不同地区绩效方差分析结果

分类		均值间差异	置信区下限	置信区上限	调整后 P 值
综合技术效率(TE)	苏北—苏中	0.056	−0.026	0.137	0.244
	苏南—苏中	0.086	0.019	0.153	0.008
	苏南—苏北	0.030	−0.032	0.092	0.493
纯技术效率(PTE)	苏北—苏中	−0.002	−0.045	0.042	0.994
	苏南—苏中	0.030	−0.006	0.066	0.119
	苏南—苏北	0.032	−0.001	0.065	0.060
规模效率(SE)	苏北—苏中	0.060	−0.003	0.124	0.068
	苏南—苏中	0.068	0.015	0.120	0.007
	苏南—苏北	0.007	−0.041	0.055	0.937

综上所述，高职院校专业建设的绩效存在地区性差异，苏南地区高职院校的专业建设绩效最高，而苏中地区的高职院校的建设绩效最低。

(三) 不同学科类型的比较分析

如表 5 - 14 中不同学科的均值所示，理工科专业的综合技术效率值、纯技术效率值、规模效率值都比文科专业要高。独立样本的 T 检验结果显示，综合技术效率值、纯技术效率、规模效率的 P 值分别为 0.000 008、0.000 000 2、0.001 996 3，显然都存在统计学意义上的显著性差异。

综上所述，高职院校理工科专业建设的综合技术效率、纯技术效率、规模效率都要显著高于文科专业。

(四) 不同类型示范院校比较分析

如表 5 - 14 中不同类型示范院校的均值显示，普通院校的综合技术效率、规模效率均值是最高的，国家级双高校的 PTE 均值是最高的，省级示范校的三个均值都是最低的。方差分析结果如表 5 - 16 所示。可见，省级示范校与国家级双高校、普通院校之间存在统计学上的显著性差异，国家级双高校、普通院校之间不存在统计学意义上的显著性差异。

表 5-16　不同类型示范校的绩效单因素方差检验结果

分类		均值间差异	置信区下限	置信区上限	调整后P值
综合技术效率(TE)	普通院校—国家级	0.030	−0.024	0.085	0.387
	省级—国家级	−0.096	−0.158	−0.034	0.001
	省级—普通院校	−0.126	−0.183	−0.069	0.000
纯技术效率(PTE)	普通院校—国家级	−0.008	−0.037	0.022	0.814
	省级—国家级	−0.042	−0.076	−0.009	0.009
	省级—普通院校	−0.035	−0.066	−0.004	0.024
规模效率(SE)	普通院校—国家级	0.039	−0.003	0.082	0.072
	省级—国家级	−0.071	−0.119	−0.022	0.002
	省级—普通院校	−0.110	−0.154	−0.066	0.000

综上所述,普通院校在专业建设绩效方面表现突出,国家级双高校在专业建设绩效方面并没有体现出优势,省级示范校的专业建设绩效最差。

(五) 不同院校的比较分析

以院校为基本单元,将其所开设专业的静态 DEA 绩效值进行汇总、求均值,计算出这所院校的专业绩效得分,绩效分布结果如表 5-17 所示。从综合技术效率的分布上看,达到最佳绩效的院校只有 11 所,仅占 15.07%,TE 值在 0.90 以上,1 以下的院校占比为 21.92%,TE 值低于 0.90 的院校占比为 63.01%。这说明大部分院校的建设绩效较低,还有较大提升空间。在院校 TE 值大于 0.9 的院校中,普通院校占比最高,超过六成,省级示范校占比最低。各校的纯技术效率表现较好,有 27.40%的院校其专业的 PTE 值都为 1.00,说明配置效率达到最佳状态。46.58%的院校的 PTE 值高于 0.9 且小于 1,说明资源配置能力也较强。各校的规模效率得分则差强人意。47.95%的院校的 SE 值低于 0.8 且大于 0.5,未达到最佳规模,其中省级示范校的规模效益最差。

(六) 汇总综合分析

那么,什么类型的院校,静态绩效比较高呢?按照举办方、院校类型、地区、文理科四种分类方式进行分组,计算出专业建设的 TE 值、PTE 值、SE 值,并按照综合 TE 值从高到低进行排序,具体数据如表 5-18 所示。

表 5-17 不同院校绩效分布汇总表

	分布区间	院校数	占比(%)	其中		
				国家级示范校占比(%)	省级示范校占比(%)	普通院校占比(%)
综合技术效率(TE)	1	11	15.07	27.27	9.09	63.64
	[0.9,1)	16	21.92	18.75	12.5	68.75
	[0.8,0.9)	15	20.55	40.00	20.00	40.00
	[0.7,0.8)	15	20.55	33.33	20.00	46.67
	[0.6,0.7)	12	16.44	16.67	58.33	25.00
	[0.5,0.6)	3	4.11	33.33	33.33	33.33
	[0.3,0.4)	1	1.37	0.00	0.00	100.00
纯技术效率(PTE)	1	20	27.40	20.00	10.00	70.00
	[0.9,1)	34	46.58	35.29	26.47	38.24
	[0.8,0.9)	14	19.18	28.57	42.86	28.57
	[0.7,0.8)	5	6.85	0.00	20.00	80.00
规模效率(SE)	1	13	17.81	30.77	7.69	61.54
	[0.9,1)	25	34.25	20.00	60.00	20.00
	[0.8,0.9)	15	20.55	40.00	46.67	13.33
	[0.7,0.8)	16	21.92	18.75	50.00	31.25
	[0.6,0.7)	3	4.11	66.67	33.33	0.00
	[0.5,0.6)	1	1.37	0.00	100.00	0.00

表 5-18 不同类型示范校的绩效单因素方差分析结果

举办方	示范校类型	地区	文理科	TE	PTE	SE
民办	普通院校	苏北	理科	0.957	0.961	0.995
民办	普通院校	苏南	理科	0.945	0.987	0.958
公办	普通院校	苏北	理科	0.913	0.967	0.944
公办	国家级双高校	苏南	理科	0.908	0.980	0.926
公办	国家级双高校	苏北	理科	0.900	0.969	0.929
公办	普通院校	苏中	文科	0.886	1.000	0.886
公办	国家级双高校	苏北	文科	0.865	0.935	0.925

（续表）

举办方	示范校类型	地区	文理科	TE	PTE	SE
民办	普通院校	苏南	文科	0.863	0.932	0.926
公办	省市级	苏中	理科	0.862	0.965	0.894
公办	普通院校	苏南	理科	0.853	0.947	0.901
公办	省市级	苏南	理科	0.851	0.975	0.873
公办	普通院校	苏北	文科	0.840	0.935	0.898
公办	普通院校	苏南	文科	0.823	0.906	0.909
民办	普通院校	苏中	理科	0.814	0.903	0.902
公办	国家级双高校	苏南	文科	0.809	0.946	0.855
民办	普通院校	苏北	文科	0.809	0.890	0.909
公办	国家级双高校	苏中	理科	0.788	0.938	0.840
公办	普通院校	苏中	理科	0.717	0.995	0.720
民办	普通院校	苏中	文科	0.711	0.810	0.878
公办	省市级	苏南	文科	0.694	0.905	0.767
公办	省市级	苏北	理科	0.686	0.918	0.748
公办	国家级双高校	苏中	文科	0.645	0.882	0.731
公办	省市级	苏中	文科	0.635	0.824	0.771
公办	省市级	苏北	文科	0.498	0.739	0.674

从表 5－18 可知，TE 值大于 0.90、排在前五位的，基本都是位于苏南和苏北的普通院校和国家级双高校的理科专业；TE 值小于 0.70、排在后五位的，省级示范校占了其中四位，还有一位是苏中地区的国家级双高校。总体而言，省级示范校在所在地区、专业的排名都偏后；国家级双高校则因为所在地区不同而差距较大，苏中地区院校无论文科还是理工科，其排名都偏后，苏北地区院校无论文科还是理工科，排名都较靠前，苏南地区国家级双高校的理科专业绩效较好，文科专业绩效相对较差。纯技术效率值低于 0.90 的都是文科专业，其中苏中地区占三位，其余两位是苏北地区院校。规模效率低于 0.80 的，主要集中在省级示范校，占四位。

综上，省级示范校和苏中地区院校的综合技术效率总体偏低，这主要是由规模效率偏低造成的。

四、投影分析

由于运用 DEA 方法计算出来的绩效值是相对有效值，所以运用 DEA 方法可以计算出非 DEA 有效 DMU 与 DEA 有效 DMU 投入与产出方面的差距，在 DEA 方法中这样的差距叫作松弛量(slack)，即非 DEA 有效 DMU 观测值到 DEA 有效 DMU 观测值(前沿面)之间的距离(投影)。通过投影分析发现非 DEA 有效 DMU 投入冗余和产出不足情况，为非 DEA 有效 DMU 的决策提供指导。

从 VRS 模型计算结果中提取投入产出所有变量的松弛值，统计计算出非 DEA 有效单元的专业建设投入产出变量的均值和松弛均值，汇总结果如表 5-19 所示，不同分类的汇总结果如表 5-20 所示。

表 5-19　投入产出均值和松弛均值汇总表

维度	指标	现有均值	松弛均值	松弛幅度	松弛数
人力投入	校内专任教师人数	32.03	4.15	12.96%	42
	校外兼职教师折算人数	7.94	3.63	45.70%	64
财力投入	日常教学经费	121.88	20.84	17.10%	52
	新增实验实训设备经费(仅理工科专业)	157.94	207.35	131.29%	24
教学条件投入	校外实习实训基地数量	13.06	9.16	70.13%	72
人才培养产出	毕业生初次就业人数	157.56	14.44	9.16%	55
	毕业生起薪均值	3345.89	69.15	2.07%	13
社会服务产出	为企业技术服务年收入	29.49	18.44	62.54%	72
	毕业生在本省市就业人数	85.01	21.75	25.58%	69

表 5-20　不同分类松弛均值情况汇总表

维度	指标	举办方		地域		
		公办	民办	苏南	苏中	苏北
人力投入	校内专任教师人数	4.40	2.94	4.30	4.00	3.87
	校外兼职教师折算人数	4.20	0.81	2.97	0.98	7.81
财力投入	日常教学经费	23.10	9.65	25.33	11.36	16.41
	新增实验实训设备经费(理工科专业)	231.89	47.86	355.71	103.46	8.17

（续表）

维度	指标	举办方		地域		
		公办	民办	苏南	苏中	苏北
教学条件投入	校外实习实训基地数量	10.60	2.02	7.96	10.24	11.60
人才培养产出	毕业生初次就业人数	14.44	14.40	17.31	7.93	11.98
	毕业生起薪均值	69.20	68.90	68.90	76.11	63.77
社会服务产出	为企业技术服务年收入	20.25	9.52	19.00	22.16	13.60
	毕业生在本省市就业人数	24.00	10.60	17.04	28.95	28.78

维度	指标	文理科		示范校类型		
		文科	理工科	国家级	省市级	普通院校
人力投入	校内专任教师人数	2.92	7.56	2.61	5.06	4.37
	校外兼职教师折算人数	3.57	3.79	3.45	5.54	1.28
财力投入	日常教学经费	18.31	27.84	27.30	26.22	7.88
	新增实验实训设备经费（理工科专业）	—	207.35	270.98	211.00	125.54
教学条件投入	校外实习实训基地数量	8.58	10.75	6.94	15.56	2.78
人才培养产出	毕业生初次就业人数	13.80	16.20	17.18	11.56	15.72
	毕业生起薪均值	78.17	44.18	41.42	108.09	43.32
社会服务产出	为企业技术服务年收入	8.87	44.92	22.70	16.69	16.85
	毕业生在本省市就业人数	19.17	28.88	22.55	23.58	18.60

整体来看，人力投入、财力投入和物力投入冗余的 DMU 合计为 254 个，人才培养产出、社会服务产出不足的 DMU 合计为 209 个，投入冗余占比明显更多。从投入松弛幅度来看，理工科组的新增实验实训设备经费投入的松弛幅度为 131.29%，冗余度最大；校内专任教师人数投入的松弛幅度为 12.96%，冗余度最小；从产出松弛幅度来看，社会服务产出不足最为突出。从松弛的 DMU 数来看，人力投入冗余的 DMU 数最多，社会服务不足的 DMU 数也最多。

从院校举办方来看，非 DEA 有效的公办院校投入冗余主要是在教学条件投入方面，是民办院校投入冗余值的 5 倍左右；在产出不足方面，主要体现在社会服务产出方面，其产出不足值是非 DEA 有效的民办院校的 2 倍以上。这也呼应前述结论，民办院校的专业建设绩效要高于公办院校。

从地区来看，苏南地区由于经济相对富裕，所以财力投入和教学条件投入冗余度最高，尤其是理工科专业建设新增实验实训设备经费较多，投入冗余度较高；苏中地区在教学条件投入的投入冗余较高，而产出不足主要集中在毕业生起薪均值；苏北地区的投入冗余最少，产出不足也是最少的。

从文理科来看，理工科专业非 DEA 有效单元的投入冗余都高于文科专业，产出不足方面，理工科专业社会服务产出不足较为明显。显然，非 DEA 有效的理工科专业呈现出高投入冗余、高产出不足的双高现象。

非 DEA 有效的国家级双高院校的投入冗余集中在财力投入和教学条件投入方面，产出不足集中在社会服务方面。非 DEA 有效的省级示范校，在绝大部分的投入方面冗余度都是最高的，产出不足则集中在毕业生起薪均值。普通院校大部分的投入冗余是最低的，产出不足也是最少的。

显然，国家级双高校导致非 DEA 有效的原因在于为企业技术服务能力有待提升，省级示范校导致非 DEA 有效的原因在于较大的投入并未提高其人才培养产出，毕业生起薪均值并未获得有效提升。

第三节 基于 DEA Malmquist 指数的动态绩效分析

一、总体绩效分析

运用 DEA Malmquist 指数方法计算出了 10 个专业从 2015 至 2019 年生产率的变动情况。从各项指标的均值来看，技术进步乏力是高职院校专业建设 Malmquist 生产率指数（MPI）下降的直接因素。具体数据如表 5-21 所示。

表 5-21 2015—2019 年动态绩效描述性统计值

	MPI	TC	PTEC	SEC
几何均值	0.967	0.963	1.000	1.004
最大值	1.249	1.503	1.095	1.258
上四分位数	1.019	1.023	1.018	1.044
中位数	0.975	0.954	1.002	0.997

（续表）

	MPI	TC	PTEC	SEC
下四分位数	0.922	0.890	0.988	0.970
最小值	0.799	0.626	0.874	0.809
标准差	0.093	0.139	0.035	0.092
极差	0.450	0.876	0.221	0.449

Malmquist 生产率指数(MPI)的几何均值为 0.967，表明专业建设生产率以年均 3.3 个百分点的速度下降。MPI 值的中位数为 0.975，说明有超过一半的 DMU 的 MPI 值处于下降状态。从表 5－22 的分年度均值上看，MPI 在 2015—2016 年度达到 1.045 的最大值之后，连续三年处于下降状态。

表 5－22　2015—2019 年动态绩效分年度均值

分年度均值	MPI	TC	PTEC	SEC
2015—2016	1.045	1.092	0.978	0.979
2016—2017	0.952	0.951	1.019	0.982
2017—2018	0.966	0.945	0.994	1.029
2018—2019	0.908	0.876	1.011	1.026

技术进步(TC)指数的几何均值为 0.963，是三个分解指数中最小的，是导致 MPI 值小于 1.000 的主要原因。从表 5－22 的分年度均值上看，TC 一直处于下滑状态，到 2019 年已经下滑到 0.876，这说明高职院校在新知识、新教学手段的应用上存在一定的滞后现象，并没有带动生产前沿面“向上”移动，而是呈现下滑状态。

纯技术效率变化(PTEC)指数的几何均值为 1.000，说明在不考虑技术进步和规模效益的情况下，高职院校的资源调配和管理能力较为稳定。从表 5－22 的分年度均值上看，PTEC 略有波动，总体而言 2016 年之后呈现上升趋势。

规模效率变化(SEC)指数的几何均值为 1.004，说明高职院校专业正在逐步接近最优规模。从表 5－22 的分年度均值上看，SEC 呈现明显的上升势头，“规模效应”已经呈现。

二、比较分析

(一) 不同举办方的分析比较分析

运用 DEA Malmquist 指数方法,按照不同举办方计算出了 10 个专业从 2015 年至 2019 年生产率的变动情况。具体数据如表 5-23 所示。

表 5-23 2015—2019 年不同举办方动态绩效均值

举办方	年份	MPI	TC	PTEC	SEC
公办	2015—2016	1.045	1.109	0.970	0.971
	2016—2017	0.927	0.931	1.019	0.978
	2017—2018	0.989	0.953	0.993	1.045
	2018—2019	0.913	0.883	1.013	1.021
	均值	0.967	0.965	0.999	1.003
民办	2015—2016	1.000	1.051	0.988	0.963
	2016—2017	1.111	1.031	1.044	1.032
	2017—2018	0.884	0.906	0.981	0.995
	2018—2019	0.937	0.927	1.009	1.001
	均值	0.979	0.977	1.005	0.998

从均值来看,公办院校和民办院校相差不大。公办院校的 MPI 均值为 0.967,即以年均 3.3 个百分点的速度下降,民办院校的 MPI 均值为 0.979,即以年均 2.1 个百分点的速度下降。民办院校与公办院校在 MPI 上差不多,并没有体现出谁更有优势。

从三个分解指数上看,公办院校的 SEC 均值为 1.003,说明公办院校的在校生人数较多,规模效益凸显。民办院校的 PTEC 均值为 1.005,说明民办院校在资源调配和管理能力上更胜一筹。无论公办院校还是民办院校,TC 值都小于 1,在技术进步方面都还有待加强。

从年份分解均值来看,公办和民办院校的全要素生产率都处于波动性下滑状态。公办院校的 MPI 值从 2016 年的最高值一直下滑,2017 年略有回升,2018 年又大幅度下滑。相比而言,民办院校的 MPI 值到 2017 年还出现大幅度的上涨,达到 1.111,三个分解指数全部大于 1,不过 2018 年却出现了大幅度的下滑,主要是受到 TC 值大幅度下滑的影响,到 2019 年开始回升。

（二）不同地域的比较分析

运用DEA Malmquist 指数方法，根据不同地区计算出了 10 个专业从 2015 年至 2019 年生产率的变动情况。具体数据如表 5-24 所示。

表 5-24　2015—2019 年不同地区动态绩效均值

地区	设区市	MPI	TC	PTEC	SEC
苏南	常州市	1.007	0.990	1.007	1.011
	苏州市	0.999	0.969	1.010	1.022
	镇江市	0.982	0.992	0.999	0.991
	南京市	0.974	0.960	0.999	1.014
	无锡市	0.953	0.961	1.000	0.992
	均值	0.981	0.969	1.003	1.009
苏中	泰州市	1.011	1.014	0.985	1.012
	扬州市	0.919	0.943	0.994	0.981
	南通市	0.893	0.918	0.996	0.977
	均值	0.926	0.946	0.993	0.985
苏北	盐城市	1.076	1.074	1.005	0.996
	宿迁市	1.051	1.043	1.008	1.000
	徐州市	0.996	1.000	1.003	0.993
	淮安市	0.930	0.974	0.980	0.974
	连云港市	0.906	0.904	0.992	1.011
	均值	0.966	0.981	0.994	0.991

整体来说，苏南地区要好于苏中和苏北地区。尽管三个地区的 MPI 均值都小于 1，但是相对而言，苏南地区表现最好，苏北地区其次，苏中地区最差。

从三个分解指数上看，苏南地区的 PTEC、SEC 均值都大于 1，可见苏南地区的管理能力和规模效益在不断提升，但 TC 值不高，这也是导致 MPI 值小于 1 的主要原因。苏北地区的 TC 指标均值最大，可见苏北地区之所以能表现突出，完全是因为在新技术的应用方面较好，体现了较强的后发优势。苏中地区的三个分解值都是三个地区中最小的，说明苏中地区在各方面都落后于其他两个地区。

从各设区市的均值来看，不同设区市的差异较为明显。苏南地区中，尽管常州市的 MPI 值大于 1,但是其他设区市的 MPI 值都大于 0.95,三个分解指标也都大于 1 或者非常接近于 1,总体专业建设效率还是处于不断提升状态;苏北地区呈现出两极分化的现象,有两个设区市的 MPI 值都大于 1,有两个设区市排名靠后;苏中地区除泰州市之外,其余两个设区市的 MPI 值都比较小,分别为倒数第一和倒数第三。

盐城市的 MPI 值最高,为 1.076,生产效率以年均 7.6 个百分点的速度提升,效率提升迅速。南通市的 MPI 值最低,为 0.893,排名垫底。

从三个分解指数上看,TC 值排名前三的分别是盐城市、宿迁市、泰州市,说明经济相对不发达地区对新技术的应用水平反而更高,显然这些高职院校希望通过新技术的应用来实现“弯道超车”。PTEC 值排名前三的分别是苏州市、宿迁市、常州市,说明苏南地区高职院校的管理能力仍在不断提升中。SEC 值排名前三的分别是苏州市、南京市、泰州市,说明经济发达地区吸引力较大,在校生人数较多,规模效益明显。值得注意的是,宿迁市的 TC 值、PTEC 值和 SEC 值都是大于 1 的,有点出乎意料。

(三) 不同学科类型的比较分析

运用 DEA Malmquist 指数方法,按照文理科计算出了 10 个专业从 2015 年至 2019 年生产率的变动情况。具体数据如表 5-25 所示。

表 5-25 2015—2019 年不同专业动态绩效均值

专业类型	年份	MPI	TC	PTEC	SEC
文科	2015—2016	1.006	1.080	0.984	0.947
	2016—2017	1.016	0.966	1.021	1.031
	2017—2018	0.979	0.948	0.982	1.052
	2018—2019	0.933	0.924	1.007	1.003
	均值	0.983	0.978	0.998	1.008
理工科	2015—2016	1.085	1.104	0.972	1.011
	2016—2017	0.893	0.936	1.018	0.936
	2017—2018	0.953	0.942	1.006	1.006
	2018—2019	0.884	0.830	1.015	1.050
	均值	0.951	0.948	1.003	1.000

1. 从均值来看,文科专业的全要素生产率要略好于理工科专业

理工科专业的 MPI 均值为 0.951,即以年均 4.9 个百分点的速度下降,文科的 MPI 均值为 0.983,即以年均 1.7 个百分点的速度下降,理工科的全要素生产率要低于文科。

从三个分解指数上看,尽管理工科专业的 MPI 值要低于文科,但是理工科专业的 PTEC 值和 SEC 值都大于 1,也就是说,理工科专业的管理水平和办学规模效益在不断提升,但是新知识、新技术的应用乏力拖累了全要素生产率的提升。反观文科专业,只有 SEC 值大于 1,TC 值和 PTEC 值都小于 1,说明文科专业只有规模效率处在提升过程中。

2. 从年份分解均值来看,文理科的全要素生产率都呈现倒 U 型

理工科专业的 MPI 值在 2016 年达到 1.085 的顶峰之后,之后三年快速下滑,到 2019 年则下滑到 0.884,达到最低。从三个分解指数上看,理工科专业的 TC 值的快速下降是导致 MPI 值下降的最主要原因,PTEC 和 SEC 则基本保持稳定,大部分年份都大于 1。

文科专业的 MPI 值尽管也处于下降状态,但下滑的幅度要小于理工科专业。文科专业 TC 值在 2016、2017 年两年保持上升之后,2018 年也开始下降;PTEC 值和 SEC 值则呈现一定波动,不过从 2019 年开始都大于 1。也就是说,技术进步所带来的"增长效应"对于文科专业来说已经后继乏力了,文科专业的效率增长更多的是通过提升管理水平和优化办学规模来实现的,尤其是 2017、2018 和 2019 年,文科专业的"规模效应"开始大于 1,已经达到了最优规模。

(四) 不同类型示范院校的比较分析

运用 DEA Malmquist 指数方法,根据不同院校类型计算出了从 2015 年至 2019 年专业建设效率的变动情况。具体数据如表 5-26 所示[①]。

表 5-26 2015—2019 年不同院校类型动态绩效均值

院校类型	年份	MPI	TC	PTEC	SEC
国家级双高校	2015—2016	1.103	1.146	0.982	0.980
	2016—2017	0.914	0.947	1.010	0.955
	2017—2018	1.037	0.961	0.991	1.089

① 由于南京工业职业大学作为江苏省唯一一所职业本科院校,所以将其归为国家级双高校类。

（续表）

院校类型	年份	MPI	TC	PTEC	SEC
	2018—2019	0.924	0.880	1.021	1.028
	均值	0.991	0.979	1.001	1.012
省级示范校	2015—2016	1.010	1.102	0.958	0.957
	2016—2017	1.019	0.983	1.030	1.006
	2017—2018	0.965	0.960	1.020	0.986
	2018—2019	0.812	0.829	0.978	1.001
	均值	0.948	0.964	0.996	0.987
普通院校	2015—2016	1.002	1.060	0.976	0.969
	2016—2017	0.970	0.937	1.031	1.004
	2017—2018	0.919	0.921	0.976	1.022
	2018—2019	0.973	0.935	1.024	1.016
	均值	0.966	0.962	1.002	1.003

整体来说，国家级双高校整体效率较好，省级示范校呈现“塌陷”现象。国家级双高校的MPI值为0.991，高于省级示范校和普通院校。省级示范校的MPI值为0.948，排名最后，说明省级示范校的效率下滑得更快。

从三个分解指数上看，国家级双高校的TC值和SEC值都是最高的，PTEC值仅比普通院校低0.001，说明国家级双高校整体水平比较突出；省级示范校的PTEC值和SEC值都是最低的，说明省级示范校整体绩效水平偏低是多方面的因素造成的，不仅资源调配和管理能力偏弱，而且规模较小，无法形成规模效应。

从年份分解均值来看，国家级双高校和普通院校呈现出上下波动，省级示范校是高开低走。从各年份的MPI值上看，国家级双高校和普通院校的MPI值一直处于上下波动状态，历年的数值有高有低，波动幅度不大；省级示范校在2017年之前还能保持较高的水平，但到2017年，就出现大幅度的下滑，尤其是2019年的MPI值甚至下滑到0.812。

从三个分解指数上看，三类院校的TC值都呈现下降趋势，其中国家级双高校、省级示范校下降趋势较大，普通院校则较为平缓，由于国家级双高校、普通院校的 PTEC 值、SEC 值还能保持上升势头，抵消了 TC 值的下降趋势，所以使得 MPI 值在 2017 年之后还能保持稳定。

（五）不同院校的比较分析

以院校为基本单元，将其所开设专业的动态 Malmquist 生产率指数（MPI）值进行汇总、取均值，绩效分布结果如表 5－27 所示。从 MPI 的分布来看，有 60.27％的院校动态绩效处于下降状态，其中 15.07％的院校绩效年度下降速度大于 20％。普通院校的动态绩效呈现两极分化的现象。超过半数院校的 PECH 值和 SEC 值都大于 1，说明大部分院校的资源配置能力、管理能力和规模效应都在不断提升之中。但是有接近 70％的院校，TC 值小于 1，说明新技术的应用乏力是一个较为普遍的现象。

表 5－27　不同院校动态绩效分布汇总表

	分布区间	院校数	占比(%)	其　中		
				国家级双高校占比(%)	省级示范校占比(%)	普通院校占比(%)
MPI	[1,2]	29	39.73	34.48	13.79	51.72
	[0.9,1)	33	45.21	24.24	30.30	45.45
	[0.8,0.9)	9	12.33	22.22	33.33	44.44
	[0.7,0.8)	2	2.74	50.00	0.00	50.00
TC	[1,2]	22	30.14	36.36	13.64	50.00
	[0.9,1)	44	60.27	27.27	27.27	45.45
	[0.8,0.9)	6	8.22	16.67	33.33	50.00
	[0.7,0.8)	1	1.37	0.00	0.00	100.00
PECH	[1,2]	44	60.27	22.73	20.45	56.82
	[0.9,1)	29	39.73	37.93	27.59	34.48
SEC	[1,2]	41	56.16	17.07	7.69	48.78
	[0.9,1)	32	43.84	21.88	31.25	46.88

（六）汇总综合分析

那么什么类型的院校，全要素生产率会比较高呢？按照举办方、示范校类型、地区、文理科四种分类方式进行分组，计算出专业建设的全要素生产率及其分解指数，并按照 MPI 值从高到低进行排序，具体数据如表 5－28 所示。

表 5－28　不同类型全要素生产率汇总表

举办方	示范校类型	地区	文理科	MPI	TC	PTEC	SEC
民办	普通院校	苏北	文科	1.046	1.068	0.997	0.983
民办	普通院校	苏南	文科	1.033	1.006	1.017	1.010
公办	国家级双高校	苏北	文科	1.023	1.024	1.006	0.993
公办	国家级双高校	苏南	文科	1.013	0.991	0.997	1.026
公办	国家级双高校	苏北	理工科	1.007	0.992	1.004	1.010
公办	国家级双高校	苏南	理工科	1.002	0.972	1.010	1.021
公办	普通院校	苏南	文科	0.983	0.967	0.998	1.019
公办	省级示范校	苏中	理工科	0.966	0.936	1.011	1.020
公办	普通院校	苏中	文科	0.964	0.907	1.027	1.035
公办	省级示范校	苏南	文科	0.963	0.968	1.004	0.991
公办	普通院校	苏中	理工科	0.956	1.006	0.999	0.951
公办	省级示范校	苏北	文科	0.953	1.031	0.958	0.965
公办	普通院校	苏南	理工科	0.942	0.952	0.994	0.995
公办	省级示范校	苏中	文科	0.935	0.987	0.978	0.969
民办	普通院校	苏南	理工科	0.932	0.931	1.008	0.993
公办	国家级双高校	苏中	理工科	0.932	0.954	0.996	0.980
公办	省级示范校	苏南	理工科	0.930	0.932	1.002	0.997
公办	省级示范校	苏北	理工科	0.927	0.951	1.008	0.966
公办	普通院校	苏北	理工科	0.920	0.936	0.992	0.992
民办	普通院校	苏中	文科	0.916	0.980	0.961	0.972
公办	普通院校	苏北	文科	0.907	0.896	0.998	1.014
民办	普通院校	苏北	理工科	0.899	0.909	0.990	0.999
公办	国家级双高校	苏中	文科	0.898	0.929	0.987	0.980
民办	普通院校	苏中	理工科	0.779	0.820	0.975	0.975

从表 5－28 可知，位于苏南和苏北的国家级双高院校，无论文科还是理科专业其 MPI 值都大于 1，表现优异，不过苏中地区的国家级双高院校则差强人意。省级示范校无论其所处地区还是专业普遍表现不佳，MPI 值全部低于 1。不同地区的民办普通院校表现出的差异很大，其中位于苏南和苏北地区的民办普通院校的文科专业的 MPI 值大于 1，但理工科专业却排名倒数，位于苏中地区的民办普通院校的文科和理工科专业都排名倒数。公办普通院校的表现与

省级示范校类似，MPI 值全部低于 1。

从三个分解指数上看，在苏南地区，MPI 排名靠前的大多 PTEC 值和 SEC 值较高；在苏北地区，MPI 排名靠前的主要是 TC 值较高；在苏中地区，MPI 排名靠前的主要是 PTEC 值和 SEC 值较高。这说明，苏北地区院校主要依靠新技术的应用来提升专业建设绩效，苏南地区则主要依靠发挥其管理水平和规模优势来提升专业建设绩效，苏中地区的院校在各方面都比较落后。综上，对于新技术的应用能力是决定 MPI 的最主要的因素。

综上所述，我们可以得出如下结论：

第一，整体分析发现，这 10 个专业的生产效率呈现逐年下滑趋势。Malmquist 生产率指数（MPI）均值为 0.967，表明专业建设生产率以年均 3.3 个百分点的速度下降。年度分解指数数据表明，新知识、新技术的应用乏力是导致办学效率下滑的最主要原因，而且呈现快速下滑趋势。

第二，文理科专业的 Malmquist 生产率指数（MPI）均值都小于 1，说明生产效率都在逐年下降，不过文科专业的下降速度要缓于理工科专业。理工科专业的生产率下滑主要还是受制于新技术的应用乏力，其管理水平和办学规模效益还是处在不断提升中的。

第三，不同于静态 DEA 分析结论，在动态生产率变化方面，公办院校和民办院校并没有呈现太大的差别。公办院校因为在校生人数众多，所以规模效益较高，民办院校则在资源调配和管理能力上更胜一筹。

第四，从不同地区来看，苏南地区表现最好，苏北地区次之，苏中地区最差，这个结论与静态 DEA 分析结论相吻合。值得注意的是，盐城市、宿迁市、泰州市的技术进步（TC）值排名前三，说明经济相对不发达地区对新技术、新教学方法的应用水平反而更高，显然这些高职院校希望通过新技术的应用来实现“弯道超车”。

第五，从不同示范院校的类型来看，国家级双高校整体效率较好，省级示范校呈现“塌陷”现象。分年度数据显示，省级示范校主要是因为 2017 年之后出现了大幅度的下滑，究其原因还是因为技术进步（TC）下滑导致的。

显然，新技术的应用能力是决定 Malmquist 生产率指数（MPI）的最主要的因素。

第六章

微观探究:绩效低下的个案分析

前述研究发现,无论是从静态 DEA 还是动态 DEA 角度分析,江苏省高职院校的专业建设绩效都呈现出"中部塌陷"现象,即苏中地区高职院校和省级示范院校的专业建设绩效分值最低,表现最差。对多个分解指数进行分析后发现,苏中地区高职院校和省级示范院校的大部分分解指标都低于其他院校,说明专业建设效率整体性低下。

显然,这个研究发现与常识不太符合。从经济发展水平上看,苏中地区的崛起是近些年令人瞩目的经济现象,比如,南通市 2020 年的 GDP 突破一万亿元,超过苏南的常州市,成为江苏省第 4 个 GDP 突破一万亿的城市。[①] 而省级示范院校历年来在全国和省级的各项大赛中都获得了比较好的成绩,在《中国高等职业教育质量年度报告》中发布的各类"50 强"榜单上,江苏省的省级示范院校也是常客。[②]

那么为什么会出现绩效评价的"中部塌陷"现象呢?为什么这些类型的院校在专业建设方面,无论是新技术的应用还是资源配置能力,抑或是规模效益都全面落后呢?

要回答上述问题,通过前述整体分析研究显然不能给出满意的答案,所以,我们就需要采用案例研究法,从整体中选择具有代表性的案例,采用个案分析的方式,来进一步探究其背后的原因。

本章将运用标杆管理理论进行分析,首先选取具有代表性的四所典型院校

---

① 南通市统计局:《2020 年南通市国民经济和社会发展统计公报》,2021 年 03 月 18 日,http://www.nantong.gov.cn/ntsrmzf/tjgb2/content/88967399-d565-4d61-b539-ae69e04ef2f1.html, 2021 年 07 月 08 日。

② 上海市教育科学研究院,麦可思研究院编:《2019 中国高等职业教育质量年度报告》,北京:高等教育出版社,2019 年。

的典型专业;然后,通过分析 DEA 的计算结果,找出这四所院校所对应的标杆院校和专业,进行各类数据之间的对比分析,发掘其差异所在;最后采用质性研究方法,与典型院校中的管理人员和教师进行访谈,通过与数据分析的结论进行相互验证的方式,发掘出导致绩效低下的缘由。

第一节 标杆管理理论

标杆管理(benchmarking),一般又被称为标杆瞄准、基准设定、标杆分析、竞争基准等,是一种 20 世纪 90 年代兴起的、操作性很强的、被广泛应用的管理理论。它与业务流程再造、战略联盟并称为 20 世纪 90 年代的三大管理方法创新。[①]

美国施乐公司最先开始研究标杆理论,并将其运用到自己的企业经营活动中。施乐公司的前任首席执行官大卫·柯恩斯认为,标杆管理就是"不断地将我们的产品(products)、服务(services)和管理实践活动(practices)与我们最强大的竞争对手(toughest competitors),或者那些被誉为业界领导者的公司,进行不断分析比较的过程"。[②]

可见,标杆管理的理念,就是通过不断与更加先进的对手进行比较分析,明确自己的不足,制订自我改进计划,持续改进,直至赶超的过程。用中国式术语来描述就是"比学赶帮超"。

当然,在标杆管理理论实际应用过程中,也存在一些缺陷与不足,其中一个比较典型的问题在于,作为管理理论,它具有较强的主观性,缺乏系统化的量化测量工具的支持,这不仅体现在对标杆对象的选择上,也表现在对改进措施和效果的测量上。[③]

为此,谢尔曼·大卫和乔·朱提出,可以使用数据包络法(DEA)作为标杆管理的计量工作,他们将 DEA 方法称作"平衡标杆法"。他们认为:首先,由于 DEA 方法基于线性规划算法,所以可以客观地找出使用其他常规管理方法无法发现的"最佳实践(best practices)"对象;其次,使用 DEA 方法还能找寻出组

① 孔杰,程寨华:《标杆管理理论述评》,载《东北财经大学学报》,2004(02),第 3-7 页。

② Pearl Advisory Group:《Benchmarking Jargon》, https://www.pearladvisorygroup.com/consulting-services/benchmarking/benchmarking-jargon/, 2021 年 07 月 08 日。

③ 李晓燕:《基于数据包络分析的标杆管理理论与应用研究》,博士学位论文,南京理工大学,2010 年。

织内部绩效低下的薄弱点，并能提供参照数据；最后，使用 DEA 方法能够对改进目标进行数据的模拟推演，以评价改进计划的有效性。①

所以，本研究在前文数据计算结果的基础上，使用标杆管理理论，通过处于非 DEA 有效状态的典型院校的典型专业与其标杆院校之间的对比，帮其挖掘出导致其绩效低下的原因所在。

第二节　典型案例的标杆对比分析

根据研究计划，首先需要选取四所具有典型性的高职院校及其相关专业。典型案例需要具有一定的代表性，经过对数据的分析，本研究拟采用如下选择策略：首先，专业要能涵盖文科和理工科专业；其次，院校所处地区要能涵盖苏南、苏中和苏北地区，当然苏中地区的院校要略多一些；最后，要重点选择省级示范院校。这样的选择策略能在顾及各种类型均衡性的同时，更加关注于“中部塌陷”现象，希望能通过标杆对比分析，找出“中部塌陷”背后的原因。具体而言，就是要选取两所位于苏中地区的高职院校，其中一所是国家级双高校，另一所是省级示范院校，第三所是位于苏北地区的省级示范高职院校，第四所是位于苏南地区的省级示范院校，然后每所院校分别选择一个专业，共四个专业，其中两个理工科专业、两个文科专业。

根据选取策略，在现有数据基础上，最终选择如下四所院校及相关专业，如表 6－1 所示。

表 6－1　选取案例院校及专业一览表

院校名称	专业名称	院校类型	地区	文理科
JX 学院	机电一体化技术	省级示范校	苏南	理工科
NZ 学院	软件技术	国家级双高校	苏中	理工科
TJ 学院	市场营销	省级示范校	苏中	文科
JC 学院	电子商务	省级示范校	苏北	文科

① DAVID H. S., JOE Z., “Analyzing Performance in Service Organizations: Balanced Benchmarking Can Identify Best Practices That Are Often Hidden”, *MIT Sloan Management Review*, 2013(4), pp. 37－42.

一、软件技术专业的个案分析

软件技术专业选取的是 NZ 学院。NZ 学院始建于 1973 年,坐落于苏中地区,是国家“双高计划”高水平专业群建设单位,是全国办学历史最长的高等职业院校之一。学校现有 50 多个专业,其中国家“双高计划”专业群 1 个、国家级骨干专业 5 个、国家级重点专业 5 个、省级品牌专业 1 个、省级高水平骨干专业 4 个、省级重点专业群 4 个。学校校园总面积 1 000 多亩,教职工 800 多人、各级各类在校生 17 000 多人。

NZ 学院软件技术专业的 DEA VRS 绩效在 2015 年为 1.000 0,处于 DEA 有效状态,但自 2016 年起就一直处于非 DEA 有效状态,使用 DEA 模型可以计算出其对应的标杆院校及参考权重值,具体数据如表 6-2 所示。

表 6-2 NZ 学院软件技术专业 2015—2019 年绩效一览表

年份	VRS 效率值	参考标杆院校	
		院校名称	参考权重
2015 年	1.000 0	—	—
2016 年	0.832 8	江苏建筑职业技术学院	0.082 4
		无锡商业职业技术学院	0.027 5
		无锡南洋职业技术学院	0.835 1
		常州工程职业技术学院	0.055 0
2017 年	0.971 5	江苏建筑职业技术学院	0.166 7
		苏州托普信息职业技术学院	0.833 3
2018 年	0.940 4	苏州托普信息职业技术学院	0.450 0
		南京交通职业技术学院	0.250 0
		正德职业技术学院	0.300 0
2019 年	0.868 6	江苏建筑职业技术学院	0.244 0
		苏州托普信息职业技术学院	0.252 0
		无锡南洋职业技术学院	0.504 0

由于不同院校的数据处于动态变化过程中,不同年份的对标院校会发生一些变化,为方便进行对标参考,所以在选择标杆院校时,本研究综合标杆院校出现次数和权重值两个维度进行选择。对 NZ 学院来说,最终选择江苏建筑职业技术学院和苏州托普信息职业技术学院作为标杆院校。这两所院校一所处于苏北,是国家级双高院校,与 NZ 学院在示范性类型上有所对应;另一所地处苏

南，是民办院校，绩效排名靠前，正好可以对标找差距。

找出参考标杆院校之后，将这三所院校的软件技术专业建设数据进行对比，以找出导致 NZ 学院软件技术专业建设效率下滑的原因，为其提供改进建议。对比数据如表 6-3 所示。

表 6-3　三所院校软件技术专业 2015—2019 年投入与产出数据一览表

学校名称	年份	校内专任教师人数（人）	校外兼职教师折算人数（人）	日常教学经费（万元）	新增实验实训设备经费（万元）	校外实践基地数量（个）	毕业生初次就业人数（人）	毕业生起薪均值（元）	为企业技术服务年收入（万元）	毕业生留在本省市就业人数（人）
江苏建筑职业技术学院	2015	13	1	30.78	0	2	40	2 192	0	24
	2016	11	1	15.62	0	3	87	4 594	0	47
	2017	17	1	64.44	0	7	45	6 880	31	23
	2018	13	1	74.74	0	7	57	4 051	32	32
	2019	22	1	70.72	0	3	42	4 051	23	18
苏州托普信息职业技术学院	2015	5	1	51.09	0	3	9	2 500	0	5
	2016	9	1	70.20	14.42	2	19	2 600	0	11
	2017	11	1	5.22	0	1	46	2 700	0	19
	2018	14	1	8.16	0	1	52	2 700	0	20
	2019	14	1	10.22	0	1	57	3 200	0	11
NZ 学院	2015	25	1	12.46	7.40	2	22	3 250	15	15
	2016	24	2	9.52	54.74	3	35	3 400	8	21
	2017	36	1	24.82	305.28	2	35	3 300	0	15
	2018	20	2	25.53	171.14	3	25	3 233	0	19
	2019	20	1	23.40	37.01	3	26	3 480	0	15

分析表 6-3 可以发现，从投入上看，NZ 学院的软件专业要超过两所标杆院校，在人力投入方面，校内专任教师人数要远超标杆院校，大部分年份要比标杆院校多出一倍左右，在教学条件投入方面更是远远领先于两所标杆院校。但在产出方面，毕业生初次就业人数和应届毕业生起薪均值这两个指标低于标杆院校。显然，在产出方面，NZ 学院远逊于两所标杆院校，以 2019 年度为例，NZ 学院毕业生初次就业人数仅为 26 人，是苏州托普信息职业技术学院的 50%左右，是江苏建筑职业技术学院的 60%左右，同时，反映就业质量的毕业生起薪均值，比江苏建筑职业技术学院要低 15%左右，与苏州托普信息职业技术学院

相当。显然，投入多，产出少，绩效当然就比较低了。

为进一步发掘出绩效低下的原因，本研究从状态数据库中选择了 141 个指标，这 141 个指标基本包含专业建设过程中产生的众多信息，比如，教学过程的相关数据，如教师工作量、不同课程类型比例、课程考核方式比例等。

经过对比涉及管理、教学过程的 141 项指标后发现，有 7 个指标存在明显差异，对比结果如表 6-4 所示。

表 6-4　三所院校软件技术专业 2015—2019 年明显差异指标一览表

学校名称	年份	生师比	专任教师				校外兼职教师平均课时量（课时）	B、C 类课程占比（%）
			35 岁以下占比（%）	36 至 45 岁占比（%）	46 至 60 岁占比（%）	平均课时量（课时）		
江苏建筑职业技术学院	2015	20.25	25.00	50.00	12.50	297	0	81.82
	2016	20.29	28.57	57.14	14.29	264	0	80.95
	2017	17.90	10.00	60.00	30.00	282	0	76.19
	2018	25.25	12.50	50.00	37.50	336	0	72.00
	2019	14.45	7.69	53.85	38.46	341	30	69.23
苏州托普信息职业技术学院	2015	11.68	66.67	0.00	33.33	77	0	33.33
	2016	5.85	66.67	16.67	0.00	181	40	70.27
	2017	7.47	28.57	57.14	0.00	144	0	61.29
	2018	11.12	40.00	50.00	0.00	156	64	63.33
	2019	11.37	40.00	50.00	0.00	128	0	67.65
NZ 学院	2015	5.29	13.33	40.00	46.67	99	42	46.51
	2016	4.31	21.43	50.00	28.57	105	141	48.84
	2017	3.06	9.09	31.82	59.09	105	120	57.14
	2018	4.91	8.33	41.67	50.00	137	110	57.50
	2019	4.53	16.67	33.33	50.00	126	200	58.54

分析表 6-4 可发现可能导致 NZ 学院软件专业建设绩效不高的一些原因：

第一，软件专业规模较小，在校生人数偏少，无法形成规模效益。在校生人数仅为江苏建筑职业技术学院软件专业的三分之一左右，但是校内专任教师人数却比其多，所以导致 NZ 学院软件专业的生师比过低，常年保持在 5.0 以下。

第二，专任教师老化现象严重。从 2017 年起，参与 NZ 学院软件专业授课的校内专任教师中,46 岁以上的中老年教师占比连续三年超过了 50%,2017 年甚至高达 59.09%,而相比两所标杆院校,江苏建筑职业技术学院尽管也存在师资队伍逐步老化的现象,不过 36 至 45 岁的中青年教师仍然是主力军,作为办学时间相对较短的民办院校,苏州托普信息职业技术学院更是以中青年教师为主体,2016 年起的四年期间还没有年龄超过 46 周岁的中老年教师。

第三,校外兼职教师课时量过多。尽管 NZ 学院软件专业的专任教师人数众多,不过专任教师的课时量并不多,外聘教师课时量却很多,大部分年份里与校内专任教师工作量相当。以 2019 年为例,NZ 学院软件专业的校内专任教师教学工作量均值为 126 课时,仅为江苏建筑职业技术学院的 36.95%,而校外兼职教师平均课时量高达 200 课时,接近江苏建筑职业技术学院的 7 倍。

第四,培养学生实际动手能力的课程偏少。高等职业教育强调培养学生的动手能力,所以将课程分为“纯理论课程”(A 类课程)、“实践+理论课程”(B 类课程)和“纯实践课程”(C 类课程)三类。NZ 学院软件专业的课程设置中,培养学生动手能力的 B 类和 C 类课程的课时比例与两所标杆院校相比偏低。从 2016 年起,NZ 学院软件技术专业 B 类和 C 类课程比例要比两所标杆院校少 10 个百分点左右。

结合上述分析,我们基本可以勾勒出 NZ 学院软件专业建设的一些发展现状:专业建设投入较大,校内专任教师人数众多,专业建设经费充足,实验实训设备投入较多,校企合作的相关指标也不错,总体而言,领先于同类型高职院校;不过产出数量和质量却不尽如人意,毕业生人数较少,毕业生起薪均值明显低于同类高校,为企业技术服务年收入常年为零。

再通过其他更加详尽的过程性指标对比,可以发现相比标杆院校,NZ 学院软件技术专业建设中存在的问题:随着年龄的增长,教师们似乎已经进入了懈怠期,不仅失去了上课的动力,也失去了课程改革的动力,所以再多的财力和教学条件投入,也无法带来人才培养和社会服务上数量和质量的提升。

二、机电一体化技术专业的个案分析

机电一体化技术专业选取的是 JX 学院。JX 学院位于苏南地区,是江苏省示范性高等职业院校。学院现有招生专业 38 个,其中中央财政支持的重点建设专业 2 个、省级品牌专业 2 个、省级重点建设专业群 4 个、省级骨干专业 5 个、省级特色专业 3 个。学院占地面积 1 165 亩,实验实训教学仪器设备价值

1.8亿多元,现有教职工620多人,全日制在校生1.2万多人。

JX学院机电一体化技术专业的DEA VRS绩效在2015年为1.00,处于DEA有效状态,但自2016年起就一直处于非DEA有效状态,使用DEA模型可以计算出其对应的标杆院校及参考权重值,具体数据如表6-5所示。

表6-5 JX学院机电一体化技术专业2015—2019年绩效一览表

年份	VRS效率值	参考标杆院校	
		院校名称	参考权重
2015年	1.0000	—	—
2016年	0.9391	南京工业职业技术大学	0.6961
		江苏电子信息职业学院	0.0414
		常州工程职业技术学院	0.2220
		江苏城市职业学院	0.0405
2017年	0.7903	南京工业职业技术大学	0.1335
		无锡商业职业技术学院	0.8336
		江苏城市职业学院	0.0329
2018年	0.8672	南京工业职业技术大学	0.5456
		无锡商业职业技术学院	0.1616
		江苏城市职业学院	0.0911
		南京机电职业技术学院	0.2017
2019年	0.9159	九州职业技术学院	0.0703
		苏州经贸职业技术学院	0.0862
		无锡商业职业技术学院	0.3392
		苏州健雄职业技术学院	0.5043

根据表6-5中的数据,综合标杆院校出现次数和权重值两个维度,本研究选择南京工业职业技术大学和无锡商业职业技术学院作为JX学院的参照标杆院校。南京工业职业技术大学位于苏南地区的南京市,作为全国唯一一所本科层次的职业院校,尽管不是国家“双高计划”高水平建设单位,但是其仍然代表江苏省乃至全国高等职业教育的最高水平;无锡商业职业技术学院是国家“双高计划”高水平专业群建设单位,与JX学院同处无锡市,有意思的是两校校园离得很近。在使用DEA方法进行计算的时候,原始数据中并没有提供学院类型,DEA算法自动选出了相同类型的标杆院校,这有力地证明了DEA方法的有效性。

找出参考标杆院校之后，下面就将这三所院校的软件专业建设数据进行对比，以找出导致JX学院机电一体化技术专业建设效率下滑的原因，为其提供改进建议。对比数据如表6-6所示。

表6-6　三所院校机电一体化技术专业2015—2019年投入与产出数据一览表

学校名称	年份	专任教师人数（人）	校外兼职教师折算人数（人）	日常教学经费（万元）	新增实验实训设备经费（万元）	校外实践基地数量（个）	毕业生初次就业人数（人）	毕业生起薪均值（元）	为企业技术服务年收入（万元）	毕业生留在本省市就业人数（人）
南京工业职业技术大学	2015	50	4	276.80	546.53	9	187	3591	305.00	116
	2016	63	3	339.36	194.40	8	415	4004	175.00	281
	2017	68	11	465.52	49.30	10	455	4472	281.00	328
	2018	63	7	449.33	628.00	10	473	4328	298.00	304
	2019	64	14	372.40	1041.00	9	186	4611	373.00	62
无锡商业职业技术学院	2015	33	6	52.80	126.63	9	221	2326	0.01	140
	2016	40	6	72.41	126.63	8	238	3282	0.01	155
	2017	55	9	93.75	66.85	8	308	4791	0.01	203
	2018	39	11	202.74	88.93	8	293	4892	0.01	184
	2019	44	18	200.96	296.00	9	248	4988	4.00	138
JX学院	2015	50	20	277.20	220.14	11	378	3051	0.01	251
	2016	63	32	299.13	214.00	25	384	3865	35.00	253
	2017	70	27	323.82	319.20	71	285	3709	35.00	184
	2018	74	43	398.03	453.00	71	378	3379	40.00	261
	2019	56	46	395.72	851.00	74	306	3566	30.00	142

分析表6-6可以发现，从机电一体化专业的投入方面来看，JX学院总体上要高于两所标杆院校，校外兼职教师人数和校外实践基地数量要明显高于两所标杆院校，其余投入指标与南京工业职业技术大学大体相当，明显高于无锡商业职业技术学院，比如，JX学院五年累计投入新增设备值为2057.34万元，而无锡商业职业技术学院仅为705.04万元。在产出的某些指标上，JX学院要低于两所标杆院校，比如2019年JX学院毕业生的起薪均值仅为无锡商业职业技术学院的71.49%，南京工业职业技术大学的77.34%。再比如，2019年南京工业职业技术大学为企业技术服务年收入是JX学院的12倍多。可见，JX学院投入与南京工业职业技术大学相当，但是产出要少很多；其产出与无锡职

业技术学院大体相当，但是投入要多很多，所以其绩效比两所院校都要低。

经过对比涉及管理、教学过程的 141 项过程性指标，发现有 6 个指标存在明显差异，对比结果如表 6－7 所示。

表 6－7　三所院校机电一体化专业 2015—2019 年显著性差异指标一览表

学校名称	年份	专任教师			校外兼职教师平均课时量（课时）	兼职教师教学工作量占比（%）	B、C 类课程占比（%）
		具有硕士及以上学位占比（%）	具有高级职称占比（%）	双师素质占比（%）			
南京工业职业技术大学	2015	79.31	68.97	100.00	584	10.55	53.95
	2016	74.36	64.10	89.74	442	6.42	51.81
	2017	85.37	51.22	95.12	1 683	20.69	52.81
	2018	84.21	52.63	100.00	1 140	10.47	58.62
	2019	79.49	53.85	97.44	2 164	22.24	61.43
无锡商业职业技术学院	2015	80.00	45.00	95.00	888	14.09	67.50
	2016	83.33	41.67	100.00	888	11.80	69.57
	2017	75.76	48.48	100.00	1 444	16.54	60.00
	2018	78.26	47.83	95.65	1 684	20.90	71.11
	2019	76.92	57.69	100.00	2 832	28.01	72.34
JX 学院	2015	47.06	23.53	82.35	3 150	25.28	41.07
	2016	54.76	35.71	85.71	5 088	37.17	37.78
	2017	69.57	23.91	82.61	4 255	32.27	34.62
	2018	66.67	31.25	83.33	6 833	37.63	41.07
	2019	63.89	33.33	88.89	7 393	54.21	37.50

通过对表 6－7 的分析，可以发现导致 JX 学院机电一体化专业建设绩效不高的一些原因：

第一，专任教师综合素质提升乏力。具有硕士及以上学位占比基本保持在 60%左右，具有高级职称比例也常年在 30%左右徘徊，双师素质比例基本保持在 80%左右，相比两所标杆院校，差距还是相当明显：具有硕士及以上学位占比要低 13 个百分点左右，具有高级职称占比要低 20 个百分点左右，尤其是体现专任教师工程实践能力的双师素质占比要低 10 个百分点左右，两个标杆院校基本超过 95%，有些年份还达到 100%。

第二，校外兼职教师人数过多。相比标杆院校，JX 学院的机电一体化技术专业聘请的校外兼职教师人数较多，承担的课时量比例也较高，几乎是标杆院校的两倍。以 2019 年为例，南京工业职业技术大学、无锡商业职业技术学院机电一体化专业聘请的校外兼职教师折算人数分别为 14 人、18 人，JX 学院则为 46 人，是两所学校的 3.29 倍和 2.56 倍。两所标杆院校校外兼职教师承担的教学工作量都低于 30%，JX 学院则不断攀升，到 2019 年达到了 54%。

第三，培养学生实际动手能力的课程偏少。培养学生动手能力的“实践＋理论课”（B 类）和“纯实践课”（C 类）课程的课时比例较低，远低于两所标杆院校，比如，2019 年两所标杆院校的 B、C 类课程占比分别为 61.43%和 72.34%，JX 学院占比仅为 37.50%。

结合上述分析，我们基本可以勾勒出 JX 学院机电一体化专业的一些发展现状：首先，投入很大，人力、财力和教学条件投入都非常大，与本科层级的标杆院校旗鼓相当；其次，校企合作广泛而深入，在相关的指标上远超标杆院校，但校企的深入合作并没有带来人才培养质量和社会服务能力的提升，毕业生起薪均值还较低，社会服务能力产出也与高投入不匹配。

通过对比过程性指标，我们就可以发现专任教师整体素质并未因为校企合作而得到提升，相关质量指标要落后于标杆院校，尽管聘请了企业的能工巧匠，但是课程中的实践型课程比例还是较低，还需要进一步变革教学方法。

三、市场营销专业的个案分析

市场营销专业选取的是 TJ 学院。TJ 学院位于苏中地区，是江苏省示范性高等职业院校。学院建有国家级重点建设专业 2 个、省级重点建设专业群 3 个、省级特色专业 5 个、省级骨干专业 3 个，建有国家级实训中心 2 个、省级实训基地 3 个，省级产教深度融合实训平台 2 个。学院占地总面积 1 027 亩，现有各类全日制在校生约 9 600 多人，教职员工 650 多人，其中专任教师 400 多人。

TJ 学院市场营销专业的 DEA VRS 绩效在 2015 年至 2019 年间都处于非 DEA 有效状态，而且处于逐年下滑的状态，2019 年甚至已经下滑至 0.685 3。应用 DEA 方法计算出其对应的标杆院校及参考权重值，具体数据如表 6－8 所示。

表 6-8 TJ 学院市场营销专业 2015—2019 年绩效一览表

年份	VRS 效率值	参考标杆院校	
		院校名称	参考权重
2015 年	0.9718	镇江市高等专科学校	0.2345
		无锡科技职业学院	0.4059
		苏州经贸职业技术学院	0.1272
		淮安信息职业技术学院	0.2261
		苏州健雄职业技术学院	0.0063
2016 年	0.7969	扬州市职业大学	0.6667
		常州工程职业技术学院	0.3333
2017 年	0.7915	无锡职业技术学院	0.0376
		南京工业职业技术学院	0.4961
		无锡商业职业技术学院	0.1973
		正德职业技术学院	0.2690
2018 年	0.6888	江苏建筑职业技术学院	0.5781
		苏州经贸职业技术学院	0.3976
		正德职业技术学院	0.0227
		金山职业技术学院	0.0017
2019 年	0.6853	江苏建筑职业技术学院	0.6030
		扬州市职业大学	0.0382
		苏州经贸职业技术学院	0.3574
		无锡商业职业技术学院	0.0014

根据表 6-8 中的数据,综合标杆院校出现次数和权重值两个维度,本研究选择江苏建筑职业技术学院、扬州市职业大学和苏州经贸职业技术学院作为 TJ 学院的参照标杆院校。江苏建筑职业技术学院位于苏北地区的徐州市,是国家"双高计划"高水平专业群建设单位;扬州市职业大学位于苏中地区的扬州市,是一所普通高职院校;苏州经贸职业技术学院位于苏南地区的苏州市,是江苏省示范性高职院校。这三所院校分别地处不同地区,是不同示范类型的院校。

找出参考标杆院校之后,下面就将这四所院校的市场营销专业建设数据进行对比,以找出导致 TJ 学院市场营销专业建设效率下滑的原因,为其提供改进建议。对比数据如表 6-9 所示。

表 6-9　四所院校市场营销专业 2015—2019 年投入与产出数据一览表

学校名称	年份	校内专任教师人数（人）	校外兼职教师折算人数（人）	日常教学经费（万元）	校外实践基地数量（人）	毕业生初次就业人数（人）	毕业生起薪均值（元）	为企业技术服务年收入（万元）	毕业生留在本省市就业人数（人）
江苏建筑职业技术学院	2015	16	1	18.05	6	87	2 239	0	37
	2016	22	5	20.46	7	79	3 661	0	32
	2017	21	11	77.76	4	65	3 123	18	30
	2018	15	1	72.15	6	120	5 500	25	51
	2019	17	1	63.68	13	68	5 580	34	22
扬州市职业大学	2015	32	4	48.45	4	139	3 237	0	92
	2016	25	1	45.54	2	96	3 787	0	46
	2017	35	6	44.40	3	88	3 848	0	28
	2018	31	6	46.80	3	89	3 879	2	46
	2019	36	2	57.73	2	103	4 614	0	48
苏州经贸职业技术学院	2015	52	4	76.05	12	252	2 750	16	157
	2016	54	4	70.07	8	251	3 915	0	153
	2017	55	17	72.41	7	221	3 495	745	131
	2018	55	11	67.92	6	261	3 893	745	139
	2019	44	12	106.56	3	197	4 609	20	63
TJ 学院	2015	37	3	39.48	7	124	3 125	0	77
	2016	33	4	53.36	7	73	3 380	0	41
	2017	41	5	58.56	9	102	3 361	9	21
	2018	47	5	69.16	16	121	3 321	12	36
	2019	51	5	87.40	9	79	3 560	18	14

从表 6-9 可知，TJ 学院相比三所标杆院校，无论是投入还是产出都不是最高或者最低的，总体处于中间位置。在人力投入方面，TJ 学院要高于江苏建筑职业技术学院和扬州市职业大学，低于苏州经贸职业技术学院；在财力投入方面，五年累计金额为 307.96 万元，要高于扬州市职业大学的 242.92 万元和江苏建筑职业技术学院的 252.10 万元，低于苏州经贸职业技术学院 393.01 万元；在教学条件投入方面，与江苏建筑职业技术学院和苏州经贸职业技术学院大体相当，略高于扬州市职业大学。在产出方面，毕业生起薪均值最低，落后于三所标杆院校，以 2019 年为例，TJ 学院机电一体化专业毕业生的起薪均值仅为三所标杆院校的 63.80％、77.16％和 77.24％，差距明显。其余产出指标则

处于四所院校的中间位置，既不是产出最多的也不是产出最低的。可见，造成TJ 学院市场营销专业建设绩效较低的原因在于其投入在不断增加，但是产出方面相比标杆院校并未等比例增加，所以导致其 DEA 绩效值不断下滑。

按照前述两个专业的研究路线，接下来再对比 141 项过程性指标，相比三所标杆院校，TJ 学院在绝大部分指标上并没有呈现出明显差异，仅在少数指标上有一些不大的差距，对比结果如表 6－10 所示。

表 6－10　四所院校市场营销专业 2015—2019 年相关指标一览表

学校名称	年份	生师比	专任教师				顶岗实习学生数占比(%)	兼职教师教学工作量占比(%)
			高级职称占比(%)	35 岁以下占比(%)	36 至 45 岁占比(%)	46 至 60 岁占比(%)		
江苏建筑职业技术学院	2015	8.44	30.00	20.00	60.00	20.00	70.53	4.93
	2016	10.14	69.23	7.69	53.85	38.46	33.87	16.61
	2017	7.39	38.46	15.38	53.85	30.77	28.70	29.57
	2018	19.58	44.44	11.11	55.56	33.33	26.15	6.20
	2019	17.77	60.00	20.00	50.00	30.00	47.74	0.00
扬州市职业大学	2015	10.98	61.90	9.52	47.62	42.86	37.19	14.70
	2016	14.68	56.25	6.25	62.50	31.25	37.55	6.07
	2017	7.99	50.00	4.55	63.64	31.82	36.04	19.82
	2018	9.45	63.16	10.53	47.37	42.11	32.05	22.43
	2019	10.46	59.09	0.00	72.73	27.27	27.49	8.49
苏州经贸职业技术学院	2015	15.88	46.88	31.25	53.13	15.63	38.80	12.56
	2016	14.15	47.06	32.35	52.94	14.71	32.65	11.91
	2017	11.13	39.39	30.30	63.64	6.06	32.50	40.04
	2018	12.89	48.48	21.21	54.55	24.24	27.56	27.33
	2019	15.46	50.00	11.54	65.38	23.08	32.09	32.56
TJ 学院	2015	7.61	45.45	27.27	63.64	9.09	21.28	16.82
	2016	9.83	45.00	30.00	60.00	10.00	39.66	19.79
	2017	8.52	50.00	16.67	70.83	12.50	21.72	23.59
	2018	7.98	42.86	14.29	67.86	17.86	16.17	20.87
	2019	6.61	43.33	10.00	73.33	16.67	27.83	19.69

从表 6－10 可知，可以发现导致 TJ 学院市场营销专业建设绩效较低的一些现象：

第一，生师比偏低。TJ 学院在市场营销专业中投入的师资偏多，校内专任教师人数高于江苏建筑职业技术学院和扬州市职业大学，在兼职教师教学工作量占比指标上偏高一些。

第二，在专任教师综合素质方面，TJ 学院与标杆院校之间并没有太显著的差异，不过这四所院校都存在师资队伍老化的现象，都存在 35 周岁以下的年轻教师占比较低的问题。

第三，从教学过程上看，参与顶岗实习学生比例相对偏低一些。TJ 学院除了 2016 年超过 30%之外，其余年份都低于 28%，而标杆院校大部分年份都在 30%以上。

结合表 6－9 和 6－10，不禁让人心生疑惑，从 DEA VRS 的计算值来看，TJ 学院仅为 0.685 3，这是比较低的数值了。分析其相关投入和过程性数据，尽管与标杆院校相比存在差异，但这些差异并不是特别显著，有些过程性指标数值甚至优于标杆院校，那么为什么其产出值，尤其是毕业生起薪均值，会低于标杆院校呢？这有待后续质性研究来进一步探明原因。

四、电子商务专业的个案分析

电子商务专业选取的是 JC 学院。JC 学院位于苏北地区，是江苏省示范性高等职业院校。学校拥有中央财政支持的重点建设专业 2 个、省级品牌专业 1 个、省级骨干专业 5 个、省特色专业 1 个、省级重点专业群 3 个。学校占地面积约 54 万平方米，现有教职工 490 多人，全日制在校生 1 万余人。

JC 学院电子商务专业的 DEA VRS 绩效从 2015 年至 2019 年的五年间都处于非 DEA 有效状态，2018 年上升至 0.91，不过 2019 年又大幅下滑至 0.647 2。DEA 模型可以计算出其对应的标杆院校及参考权重值，具体数据如表 6－11 所示。

表 6－11　JC 学院电子商务专业 2015—2019 年绩效一览表

年份	VRS 效率值	参考标杆院校	
		院校名称	参考权重
2015 年	0.666 0	南京工业职业技术学院	0.245 8
		江苏工程职业技术学院	0.371 2
		连云港职业技术学院	0.085 2
		江苏经贸职业技术学院	0.020 6
		江苏航运职业技术学院	0.205 3
		淮安信息职业技术学院	0.071 9

（续表）

年份	VRS 效率值	参考标杆院校	
		院校名称	参考权重
2016 年	0.7239	常州信息职业技术学院	0.0031
		江苏航运职业技术学院	0.5194
		淮安信息职业技术学院	0.0443
		江苏城市职业学院	0.2204
		江苏商贸职业学院	0.0820
		江苏财会职业学院	0.1308
2017 年	0.7418	南京工业职业技术学院	0.1330
		常州机电职业技术学院	0.2190
		无锡工艺职业技术学院	0.6480
2018 年	0.9100	镇江市高等专科学校	0.0262
		硅湖职业技术学院	0.0406
		苏州经贸职业技术学院	0.1238
		常州工业职业技术学院	0.0469
		江苏农林职业技术学院	0.0137
		苏州高博软件技术职业学院	0.7488
2019 年	0.6472	无锡职业技术学院	0.2270
		苏州经贸职业技术学院	0.0807
		苏州信息职业技术学院	0.6923

根据表 6 - 11 中的数据，综合标杆院校出现次数和权重值两个维度，本研究选择江苏航运职业技术学院、苏州高博软件技术职业学院和苏州信息职业技术学院作为 JC 学院的参照标杆院校。江苏航运职业技术学院位于苏中地区的南通市，是国家“双高计划”高水平专业群建设单位；苏州高博软件技术职业学院位于苏南地区的苏州市，是一所民办高职院校；苏州信息职业技术学院位于苏南地区的苏州市，是一所普通高职院校。电子商务专业作为横跨商科与电子信息技术两个方向的跨学科专业，DEA 计算模型自动推荐的标杆院校大都是工科类院校，说明 JC 学院在电子商务专业建设方面，强项在商科教育而弱项在电子信息技术教育。

确定参考标杆院校之后，下面就将这四所院校的软件专业建设数据进行对比，以找出导致 JC 学院电子商务专业建设效率下滑的原因，为其提供改进建议。对比数据如表 6 - 12 所示。

表 6-12　四所院校电子商务专业 2015—2019 年投入与产出数据一览表

学校名称	年份	校内专任教师人数（人）	校外兼职教师人数（人）	日常教学经费（万元）	校外实践基地数量（个）	毕业生初次就业人数（人）	毕业生起薪均值（元）	为企业技术服务年收入（万元）	毕业生留在本省市就业人数（人）
南通航运职业技术学院	2015	6	1	5.46	1	50	3 900	0	20
	2016	8	1	14.25	1	50	3 900	0	30
	2017	25	2	35.25	1	74	4 058	0	36
	2018	19	2	42.12	1	67	4 110	1	27
	2019	25	4	40.04	1	65	4 124	0	22
苏州高博软件技术职业学院	2015	28	1	44.75	12	75	1 750	0	31
	2016	24	2	55.44	14	136	2 500	0	76
	2017	29	5	71.80	6	133	4 574	35	62
	2018	19	6	87.21	6	187	3 800	7	81
	2019	22	4	74.76	3	95	3 511	0	28
苏州信息职业技术学院	2015	25	2	15.90	5	51	2 800	0	31
	2016	19	4	17.28	5	79	3 576	1	55
	2017	20	3	17.92	5	117	3 619	0	70
	2018	26	8	26.50	5	111	3 860	0	66
	2019	23	3	24.03	5	90	5 407	7	46
JC 学院	2015	19	3	42.60	20	59	2 500	0	35
	2016	18	2	46.80	22	70	2 400	6	47
	2017	20	6	69.12	23	49	3 116	0	28
	2018	25	7	82.44	23	172	3 542	2	77
	2019	30	15	113.10	20	71	3 475	0	20

从表 6-12 可知，JC 学院相比三所标杆院校，投入方面都较高，尤其是教学经费投入和教学条件投入方面，要高于公办院校一倍，与民办院校相当；在产出方面，基本都处于最低位置。详细分析之后可以发现，2018 年绩效上升至 0.91（最高点）的原因在于毕业生人数增长幅度较大，相应投入并没有增加。

再对比四所院校的 141 项指标，发现有 6 个指标存在明显差异，对比结果如表 6-13 所示。

表 6－13 四所院校电子商务专业 2015—2019 年相关指标一览表

学校名称	年份	专任教师					应届毕业生升学比例(%)	兼职教师教学工作量占比(%)
		本学年企业工作时间均值(小时)	在研横向课题经费均值(元)	35 岁以下占比(%)	36 至 45 岁占比(%)	46 至 60 岁占比(%)		
南通航运职业技术学院	2015	15.00	2 500.00	75.00	25.00	0.00	0.00	29.85
	2016	0.40	1 600.00	40.00	60.00	0.00	0.00	13.94
	2017	36.00	0.00	13.33	66.67	13.33	5.26	19.21
	2018	0.00	0.00	0.00	90.91	9.09	12.96	22.00
	2019	24.00	1 733.33	0.00	73.33	26.67	6.00	40.79
苏州高博软件技术职业学院	2015	25.40	1 125.00	90.00	5.00	5.00	0.00	5.05
	2016	20.59	147.06	76.47	23.53	0.00	3.57	8.01
	2017	13.00	268.42	57.89	36.84	5.26	1.85	16.81
	2018	40.50	0.00	50.00	41.67	8.33	5.88	32.32
	2019	20.00	930.77	46.15	46.15	7.69	5.63	35.38
苏州信息职业技术学院	2015	22.56	312.50	43.75	37.50	18.75	0.00	20.10
	2016	26.15	346.15	53.85	15.38	23.08	2.38	28.14
	2017	35.71	2 428.57	50.00	21.43	21.43	1.67	21.56
	2018	24.82	1 058.82	5.88	58.82	29.41	2.33	30.23
	2019	17.00	133.33	0.00	60.00	33.33	2.97	21.24
JC 学院	2015	50.00	3 400.00	66.67	33.33	0.00	23.91	30.90
	2016	34.55	5 000.00	45.45	36.36	18.18	15.56	23.37
	2017	36.67	566.67	16.67	66.67	16.67	20.00	38.09
	2018	42.65	3 070.71	17.65	35.29	35.29	8.82	36.64
	2019	46.39	8 300.00	5.56	66.67	22.22	14.73	57.45

从表 6－13 可知，JC 学院在电子商务专业建设上与标杆院校存在如下差异：

第一，校内专任教师在企业工作时长、在研经费均值较高。校内专任教师在企业挂职锻炼的时间和在研经费均值都超过标杆院校，说明专任教师减少了校内的教学工作，赴企业进行校企合作或者进行横向课题研究。所以，聘请的校外兼职教师教学人数及教学工作量都比标杆院校多，2019 年校外兼职教师教学工作量甚至超过了 50%。

第二，应届毕业生升学比例也远超标杆院校，说明学生更加倾向于提升学历，而不是立即就业工作。在江苏，高职学生的“专转本”考试一般安排在毕业年份的 3 月份。所以，学生们会从前一年的 8 月份就开始全力投入复习迎考，这往往导致学生根本无暇顾及最后一年的专业课学习和顶岗实习实践。

结合上述分析，我们基本可以勾勒出JC学院电子商务专业的一些发展现状：首先，作为省级示范院校，学校对专业建设的投入很大，总体上超过了标杆院校；其次，学校也很重视校企合作，在相关的指标上远超标杆院校，专任教师经常进入企业挂职锻炼，或者开展纵横向课题研究，这使得专任教师的课时量减少，而只能聘请校外兼职教师来进行授课，从产出上看，并没有带来人才培养产出数量和质量上的提升，毕业生薪资并没有相应提升，也就是说没有得到企业的认可；最后，在校生人数相比标杆院校偏少，而且毕业生们都热衷于报考"专转本"，而不再关注于通过课程学习提升自己的技术技能。

第三节　典型案例的质性访谈

在上一节中，本研究在DEA VRS模型计算结果的基础上，选择了四个专业中绩效较低的四所院校，然后运用标杆管理理论，选取这四所院校的标杆院校，对投入、过程和产出的众多指标进行逐一对比，找出这四所院校与标杆院校之间的差异，挖掘出了导致其绩效低下的原因。

不过，定量研究的结论是否符合现实呢？是否会因为数据的失真，或者计量方法上的误差，导致研究结论与现实的偏差呢？要回答这些问题就有必要进行质性访谈，对定量研究的结论进行证实，通过访谈可以更加全面地了解定量数据无法呈现的深层次缘由。

由于研究的院校和专业非常明确，所以本研究采用目的性抽样(purposeful selection)方式，在这四所院校中分别选择参与这些专业建设的管理人员和一线教师，四所院校各选一人。这四人的基本信息汇总情况如表6-14所示。

表6-14　访谈对象情况一览表

院校	专业	访谈对象	工作岗位	性别
JX学院	机电一体化技术	CQ	原专业负责人	女
NZ学院	软件技术	LY	专任教师	男
TJ学院	市场营销	HX	专业负责人	女
JC学院	电子商务	ZXJ	原专业负责人	男

采用结构化访谈方式，一共提出三个问题：

(1) 请问，您怎么看待贵校该专业的 DEA 绩效得分，您觉得该结果合理、可信吗？

(2) 请问，您怎么看待与标杆院校数据的对比、分析结果，您觉得该结果合理、可信吗？

(3) 请问，您觉得贵校该专业在专业建设方面有什么不足之处，有什么需要改进的地方？

在对访谈结果进行分析汇总之后，得出如下结论：

第一，投入数据存在一定的水分，产出指标符合实际情况。

4 名访谈对象都不约而同地对投入数据提出了质疑，他们都承认，很多上报数据因为考虑到上级的各种检查、评估，所以存在一定程度的水分，他们都认为学校在专业建设上根本就没有投入这么多。

CQ 说，机电一体化技术专业在学校、在二级学院属于非重点专业、非特色专业，所以学校的投入并不多，主要投入是在电气自动化这个省级重点专业，因为电气自动化专业的实验实训室机电一体化技术专业也能用，所以填报的时候就一并填报了，导致看上去投入很大。HX 说，二级学院目前重点打造的是财经专业群，包含会计、市场营销、物流管理这三个专业，所以看上去市场营销专业的投入很多，其实是三个专业共用的经费。HX 还提出，很多实验实训室中的设备其实都到了该报废的阶段，也用不了，但是为了体现学校投入，所以每次填报数据时还都是计算在内的。

4 名访谈对象都认可产出指标的数据。HX 解释到，由于营销专业毕业生的薪金都是采用“底薪＋提成”方式，所以他们填写的都是底薪，比实际薪金偏低一些。

第二，专任教师队伍老化、弱化的问题确实存在。

4 名访谈对象都认同专任教师队伍老化的研究发现，他们同时提出师资队伍还存在弱化的问题，他们一致认为，这是专业建设中存在的最大问题之一。

LY 说：“我们这个二级学院已经很久没有引进新教师了，我在系里都被认作‘年轻’教师，其实我已经 40 多岁了。”至于专任教师队伍老化的原因，LY 认为，这是因为十年前为了迎接省级示范校的评估，短短两三年内，学校一下子引进了很多年轻教师，等省级示范校评估结束之后，也就不再引进了。

关于专任教师队伍同时存在弱化的问题，HX 说，这个专业中，至少有 4 名优秀教师被提拔或被调离了，这些被提拔的教师做了领导之后，就算还上一两门课程，但是其工作重心早已不在教学上。ZXJ 和 CQ 也都提到优秀教师被从教学一线提拔的现实情况，这对教师个人发展来说是好事情，但扎根一线专心教学且取得一定成绩的优秀教师不断减少，对专业建设和人才培养来说只会带来负面影响。

第三，校企合作的推进会带来意外的后果，进而影响到人才培养的产出。

通过校企合作提升学生的技术技能是高等职业教育的办学特征之一，不过，校企合作也未必一定带来正面的效果，案例院校的一些研究发现校企合作能带来意想不到的结果。

LY 在谈及他们专业校外兼职教师教学工作量大于校内专任教师教学工作量时，解释说，这是因为他们学校与企业开展“嵌入式”订单班培养模式改革，这个改革就是要求合作企业派工程师负责所有核心课程讲授，其本意是增强学生的技术技能，但其带来的额外的结果是造成校内专任教师无须参与专业课程教学，进而呈现出一定程度的懈怠。ZXJ 在解释他们的专业存在校内专任教师在企业挂职锻炼的时间和在研经费均值都超过标杆院校的现象时说，这是因为学校有规定，专任教师只有在企业挂职锻炼一年以上，才有资格评聘副教授以上职称，所以专任教师们都去企业挂职了，那他们挂职期间，负责的课程怎么办呢？就只有请外聘教师来上课了。

显然，使用简单化的方式推进校企合作，不会迅速带来人才培养质量上的显著提升，反而还会带来一些意外的结果。所以如何有效推进校企合作，显然需要辩证且理性地对待。

第四，专本如何有效衔接，已经成为一个需要认真对待的问题。

尽管学术界一致认为职业教育是一种教育类型而非教育层次，但不可否认的是，绝大部分的高职院校培养的还是专科层次的学生。所以，高职学生的转本需求一直以来非常旺盛。本研究发现，这成为高职技术技能型人才培养的一个障碍。

HX 在解释专业顶岗实习学生比例较低的原因时说，他们这个专业有两种类型学生，一种是普通三年制高职学生，另一种是“3＋2”项目学生。所谓“3＋2”项目，是指与应用型本科院校合作进行高职与本科分段培养项目合作，学生在高职学习三年，成绩合格后进入衔接本科院校学习两年。“3＋2”项目的学生会直接升入本科院校学习，所以在其人才培养方案中，删除了顶岗实习等要求，在专业课程中也减少了实习相关课时。这导致其人才培养产出提升不多，这应该是 TJ 学院市场营销专业绩效持续下降的主要原因之一。

ZXJ 和 LY 也提出，由于他们专业的学生都有旺盛的专转本需求，所以，学生们从二年级下半学期开始，就无心学习专业课程，一心准备专转本考试。而能通过专转本考试，顺利进入本科院校的学生，大多是学习成绩较好、综合素质较高的学生，这也是他们的应届毕业生的平均薪水较低的原因之一。

通过质性访谈，我们可以看到，访谈对象对于定量研究的发现还是基本认可的。基于标杆管理理论的绩效评价确实可以帮助高职院校发现专业建设中存在的不足，通过与标杆院校的对比找到差距，为自我改进提供参考依据。

这从另一个方面证明了本研究提出的绩效评价指标体系和实证研究结论的有效性。

第七章

回顾反思：研究结论与讨论

行文至此，本研究已经按照研究计划，在文献综述和理论分析的基础上构建了绩效评价指标体系，进行了实证分析，获得了一些研究发现。一个良好的教育学研究不应该止步于此。我们不仅仅要知道“是什么”，更应该探究“为什么”。所以，接下来，将从多个角度对研究发现进行讨论，揭示隐藏在背后的原因与逻辑，以获得更加科学的、对高职院校专业建设更有价值的建议，推动高职院校专业建设的发展与进步。

第一节　主要研究结论

经过前述对前人研究和国内外绩效评价实践的文献综述，本研究拟定了高职院校专业建设绩效评价指标体系的构建路径，在经过理论研究和质性访谈之后，构建出符合高职教育专业建设特点的理论框架，并在此基础上初步构建了绩效评价的指标体系。依据数据密集型评估范式，运用相关性分析、效率贡献测度法等算法，从约束条件、辨析度和稳健性三个方面，对初步构建的指标体系进行基于数理分析的筛选，最终确定高职院校专业建设绩效评价指标体系。随后选择了布点数广泛、在校生众多、具有典型性特点的 10 个专业，构建了从 2015 年至 2020 年的专业建设状态面板数据库，在此基础上，从宏观和微观两个层面对这 10 个专业的建设绩效进行分析、评价，得出了如下研究结论：

第一，从专业建设层面运用 DEA 方法进行绩效评价具有较好的可行性和可操作性。主流的高职院校评价大多将院校作为一个完整的主体，对整体办学水平进行评价。但从高校运行管理的实践上看，高等教育同时具备学术自治性(autonomy)和科层制(bureaucracy)的特征，专业是高职院校教育教学的基石，是高职院校运作的支撑点。所以，将评价对象局限于院校这个主体，会使得评价结论泛化，忽略了不同专业间的差异性，不太利于院校进行自我诊断与改进。本研究使用 DEA 方法对建设绩效进行评价，从研究结果来看，构建的绩效评价指标体系体现出高等职业教育的基本属性和基本特征，响应了不同利益相关者的关切。这说明对高职院校的专业建设情况进行绩效评价，具有良好的可行性和可操作性。

第二，基于 DEA 的专业建设绩效评价能够发挥出诊断性评价的作用，是现有院校办学水平评价的有力补充。与关注于投入或产出绝对量的评估不同，绩效评价通过对投入产出比的衡量来体现评价对象内部管理能力和资源配置能力。从这样的视角出发，本研究的绩效评价发现了与其他评价不一样的事实，得出了与其他评价不一样的结论，更好地发挥出了诊断性评价的作用。

第三，整体绩效分析发现专业建设的静态绩效水平不高，动态效率呈现逐年下滑的趋势。综合静态绩效分析和动态绩效分析结果得出如下四点结论：第一，江苏省 10 个高职专业建设的绩效不高，两极分化情况较为严重，而且还在不断下降过程中；第二，江苏省高职院校的整体管理水平较高，资源配置能力较强，静态和动态绩效的分解指数都反映出这点；第三，江苏省高职院校的专业规模较小，影响了办学绩效，这显然与高职招生人数下滑有关，不过随着江苏省高考人数逐渐回升，规模效率正在逐渐回升；第四，新知识、新技术的应用乏力是导致办学效率逐年下滑的最主要原因。

第四，个案绩效分析显示，师资队伍建设和专本衔接脱节是绩效较低的两个深层原因。基于标杆管理理论，对绩效较低的四个案例专业进行定量与定性研究，结果发现，导致绩效较低的两个重要因素是：校内专任教师队伍的老化与弱化的问题和学生们强烈的转本需求。这背后，一方面反映出高等职业教育与普通高等教育在教育理念上的冲突，另一方面也体现出虽然高等职业教育名义上是一种类型教育，事实上还是一种层次教育的现状。

第五，省级示范院校和苏中地区院校呈现办学绩效的“中部塌陷”现象。本研究发现，无论是静态绩效分析还是动态绩效分析结论都显示，苏中地区和省级示范院校的绩效得分都排在最后，办学绩效呈现“中部塌陷”现象。

回顾本研究的设计思路、研究过程，还存在一些不足之处，有待进一步改进。

第一，限于数据的可获得性，研究范围仅仅局限于江苏省的高职院校。所以研究结论还不具备普遍性，对于中西部地区的高职院校的专业建设参考意义不大。后期，如能获得更为广泛的有效数据，可以进一步扩大研究对象，增强研究结论的普适性。

第二，尽管运用标杆管理理论，可以为案例院校的专业建设提供参考依据，但是所得出的结论仅能针对案例院校，并未能从更加宏观的维度出发，通过定量分析，找出影响专业绩效的代表性因素。后期，可以使用 Tobit 回归等方式，研究影响专业建设绩效的内因和外因。

第二节　讨论与启示

一、关于绩效评价的必要性与导向性的讨论

在高等教育学界，由于评价活动天然带有功利属性，所以常常被学者们质疑。而从经济学领域移植而来的绩效评价，因为将高等院校视为类似于企业的组织，关注投入与产出，与自治的学术共同体理念相背离，所以更是受到广泛质疑。在我国大力推进“破五唯”的今天，再次关注高校各种投入与产出的数字大小，似乎更显得不合时宜。所以，笔者认为在行文最后，还是有必要讨论如何更加全面地看待绩效评价这个问题。

第一，绩效评价必然成为政府的重要技术治理手段，并会被一直沿用下去。

源于 20 世纪 80 年代的新公共管理主义思潮以及在此基础上形成的绩效评估方式，发展至今，仍然是西方公共管理领域的主导性理论之一和政府的主要技术治理手段之一。在中国，“项目治国”作为国家治理的成功经验之一，已经成为政府现代化治理体系中的重要组成部分，其伴随而来的绩效评价也成为政府治理的重要手段之一。

究其原因，是因为新公共管理主义的出发点在于公众对传统公共机构效率低下的不满，要求所有机构与组织必须为公用经费的使用承担公共责任，即保证资金使用的高效性。以绩效评价为代表的技术治理手段，也是政府希望借此促进公共机构采用更有效、更合理的方式进行自我管理，提升组织的运行效率和效益的手段。

例如，历时 10 年的“国家示范性高等职业院校建设计划”，各级政府投入近

200 亿元的资金；职业教育专业教学资源库项目，仅中央财政就投入近 5.2 亿元专项资金，平均计算下来，一个专业教学资源库投入为 712 万元。[①②] 如此巨额的公共资金投入，政府必然要对使用绩效进行考核与评价，接受公共资金支持的高职院校当然也有责任和义务向政府和公众说明其资金使用的有效性和高效性，说明是否在限定时间内完成了预期任务，达到了预期成效。

所以，在今后相当长的一段时间内，绩效评价必然会被政府作为重要的技术治理的手段而继续沿用。

正如哈佛大学前校长德里克·博克(Derek C. Bok)指出的那样，对于高等院校这样一个特殊的组织，只有给予更多的自由和办学自主权才能真正促进其发展。[③] 绩效评价确实会让高校变成跟随绩效评价目标的“功利化”机构，将复杂而多元的人才培养和学术研究工作简单化、数字化、标准化，进而失去办学自主性，最终导致大学精神的沦陷，这确实值得警醒，引发忧思。

当前，中国的高等教育已经进入大众化阶段，政府、高校、社会都发生了翻天覆地的变化，高校早已不再是两耳不闻窗外事的象牙塔，学术自由也并不意味着只需专心追寻真理，而无须对任何他人负责。大学必须将自己融入到社会大环境之中，一方面需要不断从政府、社会汲取资源，另一方面也需要回应政府、社会的期许与要求。这就是操太圣教授所言，从自恋的“传统式自主”向负责任的“契约式自主”转变。[④]

所以，对于绩效评价，不能简单地质疑、怀疑甚至抵触，而是应该思考如何在保持办学独立性、学术自主性的前提下，基于绩效评价指标体系，进一步提升办学效率，回应政府与社会的要求。

第二，绩效评价方法应更关注效率的评价，而不是效益的评价。

在理性地认识到绩效评价的必然性之后，我们思考与研究的重点应该是，进一步厘清绩效评价的概念与内涵，纠正在实践中存在的认识偏差，探索更为

---

① 刘云波：《国家示范性高职院校带动周边院校发展了吗》，载《北京大学教育评论》，2019(02)，第 57－75＋188－189 页。

② 教育部：《〈职业教育专业教学资源库建设资金管理办法〉答记者问》，2016 年 10 月 13 日，http://www.moe.gov.cn/jyb_xwfb/s271/201610/t20161013_284760.html，2021 年 8 月 8 日。

③ 曲铭峰，龚放：《哈佛大学与当代高等教育——德里克·博克访谈录》，载《高等教育研究》，2011(10)，第 1－19 页。

④ 操太圣：《高校问责制中自治与外控的冲突及其化解策略》，载《徐州工程学院学报(社会科学版)》，2013(01)，第 104－108 页。

适合高等教育的绩效评价方法。

不可否认的是,绩效作为一个相对新颖的概念,其内涵非常复杂。它随着时间和领域的变化而变化,对绩效的理解和界定在不同的时间段、不同的领域存在着不同程度上的差异。按照经济合作与发展组织(OECD)的定义,绩效有多重内涵,其中最主要的是"3E",即经济(economy)、效率(efficiency)和效益(effectiveness)。

从这个角度来分析就能发现,在新公共管理主义影响下,政府更加关心的是效益,即对产出或结果的关注,而非过程,所以由此制定的绩效指标体系是用来衡量和评价任务完成情况的。作为代理方的高等院校希望能从政府那里获得更多的资金支持,恰恰并不关心经济。所以,悖论之处就在于此,绩效评价的初衷是为了提升公用资金的使用效率,但在真正落实过程中,效率的提升好像无人关注。

其带来的后果是,因为作为发包方的政府只关注于效益,只关注于产出的数量,那么作为接包方的高校自然就会竭尽所能按照"数目字"的要求,完成产出指标。其后果是,在政府考核中就会导致"唯 GDP"倾向,在高等教育领域就会引发"五唯"问题。

所以,当我们能够厘清绩效的真正内涵,将对效益的关注调整为效益与效率并重,很多当下绩效考评模式所带来的问题就能有一些改善。

首先,效益导向的绩效评价是一种绝对量的评价,是对产出值的绝对量进行比较;效率导向的绩效评价,正如本研究所采用的 DEA 方法,是相对评价,既可以进行横向的同类型间的比较,也可以进行基于时间维度的纵向发展性比较。

其次,效益导向的绩效评价只关心产出,完全不关心过程;效率导向的绩效评价更关注过程,能分析出过程中的优劣,比如本研究所采用的 DEA 方法,可以细分出不同类型的效率得分结果。

最后,效益导向的绩效评价由于是绝对值比较,所以其结论并不利于评价对象的自我改进;效率导向的绩效评价是相对评价,结合标杆理论和 DEA 方法,能通过与标杆院校的对比,发现问题,给出改进建议。

所以,改变绩效评价的导向与方式比取消绩效评价更有现实意义。

第三,要进一步探索基于学理和数理基础的高等教育绩效评价方法。

我们已经进入大数据时代。互联网尤其是移动互联网早已渗入人们的日常生活，周围的事物、人们的行为已经被数字化，比如，货币已经被数字化，影音图像已经被数字化，身体机理状况已经被数字化，甚至人类的思想也正在被数字化。显然，数字化(量化)是不可以回避的现实与未来发展趋势。

但是，在高等教育界，对基于量化指标评价的质疑不绝于耳。学者们认为，尽管高等学校有很多可以量化的有形投入与产出，比如在校生人数、教师人数、发表的论文数等，同时也有很多无形的投入与产出，比如学生人生理想的树立、教育公平的维护、传统文化的传承等，而且高等学校无形产出的作用丝毫不亚于有形的产出，甚至可能比有形产出更具有深远的意义。学者们深深地担忧，如果我们只关注可以量化的指标，依赖量化的评价方式，就会忽视更有价值、更有意义的无形的产出，违背教育的初衷与理想。

迪尔凯姆在其著名的《社会学方法的准则》一书中明确指出，"社会学研究的第一条也是最基本的规则是：要把社会事实作为物来考察"①。所以，"我们应该使社会现象与在头脑中把它们表象出来的主体分开，面对社会现象本身进行考察"②。既然我们把社会事实作为"物"来看待，那么这个"物"必定存在一些能被我们感知到的外在特性，这样我们才能将它识别出来。而这些特性又必然是独有的，这样我们才能将它与其他"物"区别开来。在数字化的当下，这些能够被人类感知并且独有的外在特性显然也必然是能被量化的。

从这个角度来看，高等院校运行中的无形产出，总是会以某种有形的形式表现出来，被我们感受到，以对无形产出进行判断。比如，一所人才培养质量较高的院校，其毕业生总是会在某些方面表现得比人才培养质量较低的高校好，人们就是根据这些方面的差异，来评判这两所高校在人才培养质量方面的高低。

所以，我们面临的不是量化评价本身的合理性问题，而是量化评价指标的合理性问题，即我们应该如何遴选出真正能反映出无形产出的有形的评价指标。

对于这个问题，笔者以为，一方面，要继承教育学研究的传统，从学理角度对评价对象予以充分的认识，真正认识到评价对象的特征与特性；另一方面，更要研究主要绩效评价指标的数理合理性，以及评价计算方法的合理性。而这往往被研究者们所忽视。比如，对于 DEA 方法来说，量化指标一定要满足约束

---

① [法]迪尔凯姆：《社会学方法的准则》，北京：商务印书馆，1995 年，第 35 页。

② [法]迪尔凯姆：《社会学方法的准则》，北京：商务印书馆，1995 年，第 47 页。

条件、辨析度和稳健性三个方面，但在很多研究中，对这方面的讨论比较简约。此外，计算方法的合理性也往往被学者们忽略甚至错用。比如，已有学者的研究证明，无论是数据无量纲处理，还是因子分析法都会对DEA方法计算造成影响，使得计算结果出现较大误差[①][②]，但是仍然有研究使用因子分析法来进行指标合并，以减少投入产出指标数量。[③][④][⑤]

数据是对客观事物的性质、状态以及相互关系等进行记载的、可识别的、抽象的物理符号或这些物理符号的组合。在大数据时代，越来越多的客观实在已经或者正在被数字化，这是必须要面对的现实与未来。如何获取有效的数据，如何更有效地解释数据，这是我们在当下需要思考和研究的问题。本研究也正是在这一方面进行的粗浅的尝试。

二、关于省级示范校"中部塌陷"现象的讨论

本研究发现省级示范校的办学绩效呈现"中部塌陷"现象。描述性分析统计显示，省级示范校在投入和产出的绝对值方面并不落后，个别指标甚至还领先于其他类型的院校，在前两年流行的高职各类"50强"排行榜上，这些院校榜上有名，那么为什么基于DEA的绩效评价结果却显示出在办学绩效方面的落后呢？

这里，我们可以使用项目制这个理论工具来尝试解释这个现象。

项目制是一种极具中国特色的治理模式，它旨在通过基于项目的国家财政专项转移支付手段，突破科层体制的束缚，实现中央到地方的各层级关系以及社会各领域的统合。项目制与传统行政体制的不同之处在于，"它力图做到专项目标明确、资金分配平衡、预算结构清晰、过程管理严格、程序技术合理、审计监督规范，在实施过程中一统到底，且带有明显的专家治国的倾向"[⑥]。在项目

---

① 潘健，宗晓华：《基于数据包络分析的大学科研效率评价指标体系研究》，载《清华大学教育研究》，2016(05)，第101－110页。

② 胡永宏，路芳：《数据无量纲化和指标相关性对DEA评价结果的影响研究》，载《经济统计学》(季刊)，2017(02)，第56－72页。

③ 张婧：《基于因子分析与DEA模型的高校科研效率评价》，载《统计与决策》，2015(2)，第74－77页。

④ 苏荟，吴玉楠：《基于PCA－DEA模型的高职院校办学绩效评价研究》，载《现代教育管理》，2018(10)，第87－93页。

⑤ 马欣悦、汤霓、石伟平：《"双高计划"院校办学绩效评估及建设策略》，载《四川师范大学学报(社会科学版)》，2021(02)，第119－129页。

⑥ 渠敬东：《项目制：一种新的国家治理体制》，载《中国社会科学》，2012(05)，第113－130＋207页。

制下,各级政府将专款划拨和项目配给结合起来,透过“金钱操控系统(money steering system)”,实现对基层的有效管控与治理。

尽管高等职业教育比普通高等教育起步较晚,但政府还是遵循项目制的治理模式。2005年10月颁布的《国务院关于大力发展职业教育的决定》(国发〔2005〕35号)中明确指出,要“实施职业教育示范性院校建设计划……重点建设高水平的培养高素质技能型人才的100所示范性高等职业院校”。这一文件的颁布,拉开了高职院校项目制治理的序幕。此后,各种国家级、省级项目层出不穷,从院校到专业,从课程到教学资源,各高职院校使出浑身解数争夺各种项目,以及随之而来的巨额财政支持资金。以“国家示范性高等职业院校建设计划”为例,10年来,中央和地方政府及相关行业企业先后投入200多亿元财政资金以支持该计划。

诸多学者的多项研究表明,项目制治理方式给高等职业教育的发展带来了深远的影响,带动了高等职业教育的快速发展。2005年“国家示范性高等职业院校建设计划”启动前,高等职业教育在招生数量和院校数量上均已占据我国高等教育近“半壁江山”。然而,由于大量的高职院校是由中职校升格而来,其教学质量无法达到高等教育人才培养质量的要求。比如,在2002年,教育部公布的17所达不到办学条件基本要求的“黄”牌普通高等学校中高职院校就有15所,占比88.24%。①

在各式各样项目的吸引下,高职院校运用超常规的手段,按照项目申请的要求进行自我改造、自我完善。有很多院校因此能从刚刚摘完办学资格警告的“黄”牌到快速成为示范校建设单位的华丽转身,实现了“跨越式”发展。②③ 这显示出项目制治理所具有的极其强大的动员能力,在资源不足、分配不均的条件下,以不多的财政资源成功激发了示范性高职院校的活力,让高职院校能够按照政府所期盼的方式持续发展。

本书的研究发现,从投入和产出的绝对值来看,示范性高职院校要远高于

① 教育部:《教育部关于公布2002年“黄”牌普通高等学校名单的通知》(教发〔2002〕15号),2002年,http://www.moe.gov.cn/jyb_xxgk/gk_gbgg/moe_0/moe_8/moe_25/tnull_246.html,2021年8月8日。

② 郭建如:《高职示范校的组织学习、组织防卫与纠错能力——基于高职示范校C校的案例研究》,载《高校教育管理》,2018(02),第55-65页。

③ 李妮:《“项目治教”下的高职院校建设:行动逻辑及其效应》,载《中国职业技术教育》,2020(16),第31-37页。

普通高职院校。在财力投入方面,国家级双高校的日常教学经费和新增实验实训设备经费值,分别比普通院校高出 48.02%和 33.95%;在师资投入质量上,国家级双高校教师具有硕士及以上学位占比、双师素质占比,分别比普通院校高出 16.91 和 15.03 个百分点;在产出指标方面,国家级双高校的毕业生起薪均值比普通院校高出 21.55%,为企业技术服务年收入是普通院校的 6.6 倍。

显然,在项目制的竞赛中获胜的院校,其整体实力已经远远超过了普通院校,这体现出项目制治理的优势所在。但是,项目制的目标导向打破了科层制的规则导向,项目制的阶段性打破了科层制的常规性,项目制的运动性打破了科层制的稳定性,显然项目制的运作机制与科层制相悖,诱发了新的制度性紧张,在实践中往往会产生一些非预期的影响。①

第一,项目制下的高投入获得了专业建设上的高产出,但并未带来绩效上的显著性差异。

如前文所述,在项目制的加持之下,国家级双高校和省级示范校获得了各级政府大量的财政投入,所以在投入方面的绝对数值要远高于普通院校,以新增实验实训设备经费为例,国家级双高校和省级示范校分别比普通院校高出 48.01%和 36.79%。从经济学角度来看,高投入自然会带来高产出。示范校有了大量的财政投入,自然会产生较高的产出。再加上,因为高职教育长期缺乏有效的质量信号,所以各种政府项目同时还带来了具有质量意义的象征性身份,能吸引众多考生报考,生源质量也要比普通院校更高,人才培养质量的产出自然也较普通院校更高。② 所以,国家级双高校和省级示范校的专业建设在投入与产出数值上要明显高于普通院校。

静态绩效计算结果显示,普通院校的专业办学绩效是最高的,省级示范校最低。普通院校的综合技术效率(TE)、规模效率(SE)均值是最高的,纯技术效率(PTE)均值仅仅比国家级双高校低 0.012 而已,差距非常小。实证研究的结果说明政府对示范校的巨额的投入其实并没有得到等比例的产出,存在一定程度的效率衰减,省示范校尤甚。也就是说,有一部分的投入其实是被浪费掉、被损耗掉了。普通院校的资源配置的能力未必弱于示范性院校,而仅仅因为在

---

① 周雪光:《项目制:一个"控制权"理论视角》,载《开放时代》,2015(02),第 82-102+5 页。

② 周森、刘云波、魏易:《示范校建设对高职院校生源质量的影响——基于双重差分的实证研究》,载《教育与职业》,2019(07),第 57-62 页。

项目制的锦标赛中没有获胜，没有获得象征性的质量信号，没有获得足够的财政投入和高质量的生源，而导致这些院校在以投入和产出绝对值为导向的评价中一直处于弱势地位。

第二，项目制使得高职院校只关心项目考核相关的标志性指标，忽视实质性整体办学水平的提升。

项目制的双方本质是一种“委托—代理”关系，教育行政部门是“发包方”，高职院校是“接包方”，为了解决信息不对称问题，发包方常常会采用“数目字管理”方式，设定一系列便于量化的指标，诸如教学设施建设投入金额、师资人数、校企合作数、毕业生就业率等。这使得高职院校把达成量化考核指标要求作为现实目标，从而不由自主地忽视项目制希望高职院校提升整体办学能力的初衷。从这个角度出发，我们就能解释本研究的两点发现：第一，质性访谈中访谈对象谈及的高职院校对投入产出数据有意无意的夸大行为；第二，代表新知识、新技术、新教学手段应用水平的技术进步（TC）指标一直处于下滑状态，成为决定 Malmquist 全要素生产率高低的最主要因素。

这就是在中国基层普遍存在的“拼凑应对”（mudding through）的行为。在项目制基于量化指标考核的重压之下，高职院校优先采用“完成任务”的应对逻辑。其积极意义在于，项目制设定的目标明晰、可测量，对发包方来说，易于对接包方的行为进行掌控，方便考核与问责。其负面影响正是本研究上述的两点发现：其一，为了完成规定的数目字，不惜歪曲、夸大甚至编造数据，来满足发包方的要求，最终反而导致发包方无法了解到真正的实际情况，数目字变得全无用处[①]；其二，作为接包方的高职院校常常以具有短期效果的行为替代需要长期积累才能有成效的行为，以牺牲长期利益为代价追求短期目标[②]。应用新知识、新技术、新教学手段来提升整体办学水平是一件基础性、长期性的工作，其效果的显现也较为漫长，显然不是应对项目制的最理性的方式，往往不被大部分高职院校采用，或许这就是导致技术进步（TC）指标一直下滑的原因。比如，为了能在国家级、省级的各类微课、精品课程比赛中获奖，高职院校更愿意投入不菲的建设经费，以外包的方式依靠专业技术公司与教师一起制作优质视频，追求短期的标志性成果，而不是采用提升全体教师信息化技术应用能力的方式

① 周飞舟：《锦标赛体制》，载《社会学研究》，2009(3)，第 54－77 页。

② 周雪光：《中国国家治理的制度逻辑：一个组织学研究》，北京：生活·读书·新知三联书店，2017 年。

来促进教学水平的增长。所以,尽管教师们在这些比赛中获得了优异成绩,却并不能表示全校教师的信息化技术应用能力都得到了提升,也不能代表教师的教学水平和教学效果都得到了普遍的提高。[①]

此外,由于项目制一般只能涉及校内少数重点专业,这也使得其他非重点专业建设非但没有共同发展进步,反而在一定程度上被弱化。设置高职教育领域一系列国家级、省级项目的初衷之一,是希望承接项目建设的高职院校能起到示范、引领、带动作用。如 2019 年颁布的《教育部财政部关于实施中国特色高水平高职学校和专业建设计划的意见》(教职成〔2019〕5 号)中明确提出"坚持扶优扶强。质量为先、以点带面,兼顾区域和产业布局,支持基础条件优良、改革成效突出、办学特色鲜明的高职学校和专业群率先发展,积累可复制、可借鉴的改革经验和模式,发挥示范引领作用"。但本研究通过对四个绩效较差专业的案例分析结论显示,非重点专业仅在"硬指标"方面,如财力投入、教学资源投入上,共享了重点专业的建设成果,但在"软指标"方面并未获得提升,在产出数据上,更是拉开了与重点专业间的差距。其他学者的研究也有类似的结论,国家示范性高职院校尚未呈现出显著的辐射效应。[②] 项目制预期中的"示范效应"没有发生,反而产生了"虹吸效应",导致强弱专业之间的进一步分化。

第三,项目制的运动型特征会导致高职专业建设资源的突击式配置,缺乏可持续性。

由于项目制具有的临时性、阶段性特点,带有运动型治理机制的特点。接包方为了能在规定时间内完成项目任务,更愿意以非常规手段来推进项目建设工作,而不是遵循科层制冗长的常规过程。

本研究发现的省级示范校的师资老化问题就是突击式资源配置的结果之一。本研究访谈结论显示,之所以出现专任教师队伍出现青黄不接的问题,是因为学校为了满足示范校评估要求,在短短两三年内一下子引进了很多年轻教师,等示范校评估结项之后,就不再引进新教师了。这显然打破了有规划、有节奏的师资引进过程,以运动式的方式在短期内大量引进师资,其结果并不利于

---

① 李妮:《"项目治教"下的高职院校建设:行动逻辑及其效应》,载《中国职业技术教育》,2020(16),第 31-37 页。

② 刘云波:《国家示范性高职院校带动周边院校发展了吗》,载《北京大学教育评论》,2019(02),第 57-75+188-189 页。

师资队伍建设的长远发展。

那么为什么只有省级示范校受到运动式资源配置的影响,呈现“中部塌陷”现象,而国家级双高校却没有受到影响呢?

这是因为作为项目制中的常胜者,国家级双高校一直处于项目制的激励之下。从一开始的省级示范校评选,到国家级示范校、骨干校评选,再到江苏省高水平职业校评选以及国家级双高校评选,这些院校基本上没有出现空窗期。也就是说,国家级双高校已经实现了运动式治理的常态化。省级示范校则不同,在完成省级示范校建设项目的验收之后,就失去了示范校项目制的持续刺激,突击式的资源配置方式由此失去了合法性的依据,随着时间的推移,其不利影响便逐渐表现出来。

省级示范校的 Malmquist 生产率指数(MPI)均值高开低走、逐年下滑就是最好的例证。Malmquist 生产率指数(MPI)体现的是绩效动态变化,省级示范校在 2017 年之前还能保持较高的水平,但到 2017 年之后就出现大幅度的下滑,尤其是 2019 年 Malmquist 生产率指数(MPI)甚至下滑到 0.812。这与最后一批江苏省省级示范校从 2015 年开始建设,至 2018 年进行验收的时间段正好匹配。

至于苏中地区院校在绩效方面落后于苏南和苏北地区院校的原因在于,苏中地区经济发展水平较好,政府对高职教育的财政支持力度较大,所以苏中地区院校应用新技术、新教学方法的意愿并不强烈,与之相对的是苏北地区院校,在当地政府对高职教育的财政支持力度较弱的情况下,更愿意通过新技术、新教学方法的应用来实现“弯道超车”。动态绩效数据分析的结果证实了这一推断,苏北地区的盐城市、宿迁市高职院校的技术进步(TC)指标值排名前两位,苏中地区的南通市、扬州市的高职院校的技术进步(TC)指标值排名倒数两位,而且宿迁市高职院校的动态绩效的三个分解值都大于等于 1,扬州市高职院校的动态绩效的三个分解值都小于 1。

在使用项目制理论对本研究的部分发现进行分析之后,自然会提出一个疑问:应该如何解决项目制带来的不利影响呢?

正如第一章中所谈及的,随着政府的逐步放权,政府与高校之间的关系会向“结果导向型契约”(outcome-based contracts)转变。项目制正好适应这样转变下的政府管制需求,再加上项目制具有“集中力量办大事”的优势,能够在短期内展现效果,所以作为政府的治理手段,将会一直被沿用下去。

那么要减少其不利影响，首先，只有从高校自身出发，尽可能遏制运动式的资源配置冲动，真正理解项目制背后的真实意图，充分利用好投入资源，以实质性整体办学水平的提升为目的，达到考核相关的指标的要求。其次，政府在进行考核时也需要采用多种考核方式，比如绩效评价方式，从多种维度施行更加全面的考核。

三、关于"专转本"制度与师资队伍建设的讨论

本研究的研究切入点是高等职业教育的专业建设，正如第一章第一节研究的缘起中所论及的，专业建设是高等职业教育人才培养的抓手与着力点，理应受到政府与院校越来越多的重视。在经过前述的实证研究之后，笔者对高职专业建设有如下两点思考与建议：

第一，对现代职教体系中"专转本"制度的反思。

本研究的发现之一，就是高职大学生强烈的专转本需求已经影响到高职院校专业建设中人才培养的产出。这看似是一个小小的研究发现，可细究起来，其中隐藏着一个更加宏观的问题：作为现代职教体系中专科与本科之间的衔接桥梁，"专转本"如何才能保证技术技能型人才的培养质量？

"专转本"制度的构建初衷是希望能打通专科与本科之间的上升通道，专科层次学生可以通过选拔考试进入本科继续学习。但从实践角度来看，事情却并非如此理所当然，而是存在一系列的现实问题。本研究发现，无论是"3＋2"的本专科一贯制教育还是"专转本"都成为高职人才培养产出的不利影响因素之一。其他学者的研究发现了另外的一些问题，比如，"专转本"的对口升学率（即专科与本科都是同一专业的比例）非常低，尽管参加专转本考试学生比例越来越高，最高达到 50％，但对口升学率却越来越低，最低竟至 3.57％[①]；另外，在本专科的知识结构上也存在衔接不畅的问题，本科教育更加强调知识体系的完整性，而高职教育更加注重动手能力的培养，基础知识以"必需、够用"为原则，使得很多学生由于基础知识较为薄弱，无法适应本科教学要求，反而成绩下滑。[②]

问题已经非常明显了，一方面，有大量的高职学生在最后一年无心高职学

① 许莲：《以"专转本"现象反观专业认同教育》，载《教育评论》，2017(05)，第 44－47 页。

② 李祥国：《对高职院校专升本制度的探讨》，载《教育与职业》，2015(02)，第 27－28 页。

业而学习"专转本"的内容,最优秀的学生不是去企业生产一线就业而是去读本科了,这与高职教育的初衷背道而驰;另一方面,也有大量的学生并不是对口升学,而是转专业就读,这对本科院校的人才培养是一个挑战,也是对高职院校历时三年的技术技能培养的浪费。

显然,这样的"专转本"制度在人才培养上无法彰显功效,其越来越火爆的原因,很大程度上是为了满足专科学生学历提升的需求,进而推动"文凭社会"现象愈演愈烈。

所以,我们一方面要重塑"专转本"选拔流程,更加重视专业方面的考核,保证专科层次的高职和应用型本科院校能从专业层面上顺畅衔接。更重要的是,要理顺高职人才培养理念与应用型本科人才培养理念上的差异,使得高职学生在进入本科阶段的学习之后,能从知识体系和理论的角度重新提炼专科阶段学习到的技术技能,使之既能知其然,又能知其所以然。这才应该是对技术技能人才更高层次的培养。

第二,对师资建设逻辑的讨论。

经过多年的探索与实践,我国的高等职业教育就师资队伍建设的逻辑已经形成共识,高职师资队伍建设走的是专兼结合、专兼并重的道路,即建设一支理论基础扎实、具有较强技术应用能力的"双师型"专任教师队伍和一支实践能力强、教学水平高的兼职教师队伍。

从高职师资建设的历程来看,之所以要提出专任教师和兼职教师两类师资队伍共同协调发展,就是因为在高等职业教育发展初期,校内专任师资队伍人员缺乏,技术技能较弱,不能满足高等职业教育人才培养的需求。随后经过不断的实践探索,总结经验,逐渐形成了具有高等职业教育特色的师资队伍建设理念。

我国高等教育已经进入普及化阶段,高职院校也不再是20年前刚刚从中职升格而来的水平,校内专任教师队伍早已壮大,无论从数量还是质量上都不可同日而语,所以,我们需要对高等职业教育师资队伍的建设逻辑进行反思。

从行业和企业聘请的校外兼职教师,尽管来自生产一线,掌握适应生产要求的各种技术,但是其不足也是明显的,由于教学仅是其兼职工作,常常会因为企业的各种临时任务而调课,教学时间无法保证,又由于他们不是专任教师,所以其教学能力和水平因未受过专业训练而不足,还不是真正意义上的"教师"。本研究发现,校内专任教师由于有校外兼职教师可以负责专业课程的讲授,所以反而弱化了其技术技能的提升，出现了懈怠现象，最终影响了人才培养的产出。而更有甚者，所谓校企合作的“订单班”，专业课程的讲授完全交由企业负责，校内专任教师队伍只负责基础类课程的讲授。校企合作之后带来了校内专任教师在教学中不断被弱化的意外结果。从高等教育发展规律来看，校内专任教师队伍肯定也必然是人才培养的主力军。

所以，笔者以为，我们需要重新思考高等职业教育两类教师专兼结合、专兼并重的提法，应该逐步过渡到专兼结合、以专为主的方向，即要建设一支理论基础扎实、有较强技术应用能力的“双师型”专任教师队伍，辅以一支实践能力强、教学水平高的兼职教师队伍。

附　录

附录一　质性研究访谈提纲

一、指标体系构建研究的访谈提纲

首先非常感谢您能在繁忙中抽出时间来接受我们的访谈。我正在撰写我的博士论文，内容是有关高职院校专业建设绩效评价的。目前我的很多想法还比较模糊，相信您的经历及您的观点会对我们有很多启发。

为了后期能方便整理材料，我会使用录音设备，您介意吗？请您放心，我们会遵循学术规范的要求，访谈资料是保密的，研究成果的使用与发表都是匿名的。

1. 对大学行政管理人员和专任教师的访谈提纲

(1) 您觉得政府主导实施的高职评估有什么优缺点？

(2) 如果让您作为一名专家评价一所高职院校某个专业建设绩效，您会选取哪些指标？

(3) 您觉得就业率的高低能体现人才培养质量吗？如果不能，那么哪些指标会更合适？

(4) 您觉得贵校现在最需要什么样的教师，博士还是工程师？

(5) 您觉得如何去辨别实践教学是否流于表面？

2. 对于校外兼职教师和校企合作者的访谈提纲

(1) 如果让您作为一名专家评价一所高职院校某个专业建设绩效，您会着重看哪些指标？

(2) 作为企业人员，您聘用一名高职毕业生时，您会更看重毕业生的哪些素质？

(3) 如果有亲戚和朋友高考，请您在两所高职院校中帮他进行选择推荐时，您会根据什么指标来选择？

(4) 您觉得如何去辨别实践教学是否流于表面？

3. 对于学生的访谈提纲

(1) 你当初为什么选择这所学校，这个专业？

(2) 如果有亲戚和朋友高考，请你在两所高职院校中帮他进行选择推荐时，你会根据什么指标来进行选择?

(3) 你觉得老师以什么样的方式授课更好?

(4) 你觉得实训(实习)有收获吗? 那些让你有收获的实训(实习)有什么共同特点?

(5) 你更喜欢校内老师的课还是外聘老师的课? 为什么?

(6) 你知道给你讲课的老师们的职称、职务、学位和科研成果吗? 你觉得不同职称、学位的老师们的授课有显著差异吗?

二、案例分析研究中的访谈提纲

首先非常感谢您能在繁忙中抽出时间来接受我们的访谈。我正在撰写我的博士论文，内容是有关高职院校专业建设绩效评价的。我在研究中已经开展了相关数据的计算，对贵校的 XX 专业进行了绩效评价，但是对于有些计算结果，我还是有些疑问，所以想请您针对评价结果谈谈您的看法。

为了整理材料的方便，我需要使用录音设备，您不介意吧? 您的材料我们会保密，研究成果的使用与发表都是匿名的，这一点请您放心。

(1) 请问，您怎么看待贵校该专业的 DEA 绩效得分? 您觉得该结果合理、可信吗?

(2) 请问，您怎么看待与标杆院校数据的对比、分析结果? 您觉得该结果合理、可信吗?

(3) 请问，您觉得贵校该专业在专业建设方面有什么不足之处，有什么需要改进的地方吗?

附录二 专业绩效评价指标体系

类别		维度	指 标
理工科	投入指标	人力投入	校内专任教师人数 校外兼职教师人数
		财力投入	日常教学经费 新增实验实训设备经费
		教学条件投入	校外实习实训基地数量
	产出指标	人才培养产出	毕业生初次就业人数 毕业生起薪均值
		社会服务产出	毕业生留在本省市就业人数 为企业技术服务年收入
文科	投入指标	人力投入	校内专任教师人数 校外兼职教师折算人数
		财力投入	日常教学经费
		教学条件投入	校外实习实训基地数量
	产出指标	人才培养产出	毕业生初次就业人数 毕业生起薪均值
		社会服务产出	毕业生留在本省市就业人数 为企业技术服务年收入

附录三 Pastor 算法的部分 R 语言源码

一、构建基础模型 Model 1

(1) 选择 input 和 ouput 中相关性最强的 2 个指标，建立 step1 的基础模型，并计算效率

```
…{r}
## 先把字段准备好
init_input_cols<- c("专任教师折合人数","日常教学经费")
init_output_cols_1 <- c("九月一日就业折合人数","应届毕业生起薪均值")
init_output_cols_2 <- c("应届毕业生留在本省市就业人数","为企业技术服务年收入")

input_cols_pastor_liberal<- c("校外兼职教师折算","当年新增设备值","校外实践基地数量")
input_cols_pastor_engineering<- c("校外兼职教师折算","当年新增设备值","原材料耗材费用","校外实践基地数量")
…
```

(2) 构建 Model 1

```
…{r}
tmp_year<- c(2015:2019)
next_year<- 1
tmp_table_all<- NULL
for(k in 2015:2019) {
tmp_table_i<- all_table %>%
        filter(专业代码 %in% g_liberal_arts, 年份==k) %>%
        select("学校代码","专业代码", all_of(init_input_cols), all_
```

```
of(input_cols_pastor_liberal))

    tmp_table_o_next<- all_table %>%
              filter(专业代码 %in% g_liberal_arts, 年份==(k+next_
year)) %>%
              select("学校代码","专业代码",
    all_of(init_output_cols_1), all_of(init_output_cols_2))

    tmp_table<- tmp_table_i %>% inner_join(tmp_table_o_next, by=
c("学校代码","专业代码"))

    tmp_table_all<- tmp_table_all %>% bind_rows(tmp_table)
     remove(tmp_table)
     remove(tmp_table_i)
     remove(tmp_table_o_next)
    }

    all_table_liberal<- tmp_table_all
    tmp_table_all<- NULL
    for(k in 2015:2019) {
    tmp_table_i<- all_table %>%
              filter(专业代码 %in% g_engineering, 年份==k) %>%
              select("学校代码","专业代码",
    all_of(init_input_cols), all_of(input_cols_pastor_engineering))

    tmp_table_o_next<- all_table %>%
              filter(专业代码 %in% g_engineering, 年份==(k+next_
year)) %>%
              select("学校代码","专业代码",
    all_of(init_output_cols_1), all_of(init_output_cols_2))
```

```
tmp_table<- tmp_table_i %>% inner_join(tmp_table_o_next, by=
c("学校代码","专业代码"))

tmp_table_all<- tmp_table_all %>% bind_rows(tmp_table)
  remove(tmp_table)
  remove(tmp_table_i)
  remove(tmp_table_o_next)
}

all_table_engineering<- tmp_table_all
remove(tmp_table_all)
...
...{r}
# 第三,调用 deaR 函数
library(deaR)
library(descriptr)

tmp_orientation<- "oo"
tmp_rts<- "crs"

tmp_table_pastor_liberal<- all_table_liberal %>%
            select("学校代码","专业代码",
                all_of(init_input_cols),all_of(init_output_cols_1),all_of
(init_output_cols_2))
#ds_screener(tmp_table_pastor_liberal)

data_example<- read_data(tmp_table_pastor_liberal,
                inputs = 3:4,
                outputs = 5:8,
dmus = NULL)
model_1_liberal <- model_basic (data_example,
```

```
                orientation = tmp_orientation,
rts = tmp_rts)
tmp_table_pastor_engineering<- all_table_engineering %>%
           select("学校代码","专业代码",
                all_of(init_input_cols),all_of(init_output_cols_1),all_of
(init_output_cols_2))
#ds_screener(tmp_table_pastor_engineering)

data_example<- read_data(tmp_table_pastor_engineering,
                inputs = 3:4,
                outputs = 5:8,
dmus = NULL)
model_1_engineering <- model_basic (data_example,
                orientation = tmp_orientation,
rts = tmp_rts)
...
```

二、开始不断地增加变量,然后看变化程度

(1) 以 Model 1 为基础,增加一个变量到基础模型中,重新计算每个学校的效率。

(2) 定义 ρ_i 为第 i 个学校在两个模型中效率变化百分比,若 ρ_i 接近 0,说明新变量对效率没有较大影响。然后计算每个 $|\rho_i| > 0.1$ 的样本比重,找到影响最大的一个模型 Model 2

```
…{r}
library(tidyverse)

for(col in input_cols_pastor_liberal) {
tmp_table_pastor_liberal<- all_table_liberal %>%
           select("学校代码","专业代码",
                c(init_input_cols, col), c(init_output_cols_1, init_
output_cols_2))
```

```
data_example<- read_data(tmp_table_pastor_liberal,
                          inputs = 3:5,
                          outputs = 6:9,
dmus = NULL)
   model_2_liberal <- model_basic (data_example,
                       orientation = tmp_orientation,
rts = tmp_rts)

   p <- (efficiencies(model_2_liberal) - efficiencies(model_1_liberal))/
efficiencies(model_1_liberal)
   p <- as. data. frame(p)
   print(col)
print( length(which((p[,1]>0. 1)))/length(p[,1]) )
}
print("------------")
for(col in input_cols_pastor_engineering) {
tmp_table_pastor_engineering<- all_table_engineering %>%
               select("学校代码","专业代码",
                          c(init_input_cols, col), c(init_output_cols_1, init_
output_cols_2))
   #ds_screener(tmp_table_pastor_liberal)

data_example<- read_data(tmp_table_pastor_engineering,
                          inputs = 3:5,
                          outputs = 6:9,
dmus = NULL)
   model_2_engineering <- model_basic (data_example,
                          orientation = tmp_orientation,
rts = tmp_rts)
   p <- (efficiencies(model_2_engineering) - efficiencies(model_1_
```

```
engineering))/efficiencies(model_1_engineering)
    p <- as.data.frame(p)
    print(col)
  print( length(which((p[,1]>0.1)))/length(p[,1]) )
  }

...
```

三、重复前一步，如果不存在15%以上的学校样本效率得分变化大于0.1，那么新增变量对于模型产生的变化可以忽略

```
...{r}
tmp_cols_liberal<- c("校外实践基地数量")
tmp_cols_engineering<- c("校外实践基地数量")

model_3_cols_liberal <- c(init_input_cols, tmp_cols_liberal)
model_3_cols_engineering <- c(init_input_cols, tmp_cols_engineering)

# 把之前运行结果中，效应度最大的字段加入到模型中，形成 model 3
tmp_table_pastor_liberal<- all_table_liberal %>%
            select("学校代码","专业代码", all_of(model_3_cols_
liberal), all_of(c(init_output_cols_1, init_output_cols_2)))
len<- 4+length(tmp_cols_liberal)
data_example<- read_data(tmp_table_pastor_liberal,
                inputs = 3:len,
                outputs = (len+1):(len+2),
dmus = NULL)
model_3_liberal <- model_basic (data_example,
                orientation = tmp_orientation,
rts = tmp_rts)

tmp_table_pastor_engineering<- all_table_engineering %>%
            select("学校代码","专业代码", all_of(model_3_cols_
```

```
engineering), all_of(c(init_output_cols_1,init_output_cols_2)))
    len<- 4+length(tmp_cols_engineering)
    data_example<- read_data(tmp_table_pastor_engineering,
                        inputs = 3:len,
                        outputs = (len+1):(len+2),
    dmus = NULL)
    model_3_engineering <- model_basic (data_example,
                        orientation = tmp_orientation,
    rts = tmp_rts)

    # 将选出来的两个字段剪掉
    tmp_cols<- subset(input_cols_pastor_liberal, !(input_cols_pastor_
liberal %in% tmp_cols_liberal))

    for(col in tmp_cols) {
    tmp_i<- c(model_3_cols_liberal,col)
    tmp_table_pastor_liberal<- all_table_liberal %>%
                  select("学校代码","专业代码",all_of(tmp_i),all_of(c(init
_output_cols_1,init_output_cols_2)))
      #ds_screener(tmp_table_pastor_liberal)
    len<- length(tmp_i)-2
    data_example<- read_data(tmp_table_pastor_liberal,
                          inputs = 3:(3+len),
                          outputs = (3+len+1):(3+len+4),
    dmus = NULL)
    model_tmp_liberal<- model_basic (data_example,
                        orientation = tmp_orientation,
      rts = tmp_rts)

        p <- (efficiencies(model_tmp_liberal) - efficiencies(model_3_
liberal))/efficiencies(model_3_liberal)
```

```
        p <- as.data.frame(p)
        print(col)
    print( length(which((p[,1]>0.1)))/length(p[,1]) )
    }

    print("------------")
    tmp_cols<- subset(input_cols_pastor_engineering, !(input_cols_pastor
_engineering %in% tmp_cols_engineering))
    for(col in tmp_cols) {
    tmp_i<- c(model_3_cols_engineering,col)
    tmp_table_pastor_engineering<- all_table_engineering %>%
                select("学校代码","专业代码",all_of(tmp_i),all_of(c(init
_output_cols_1,init_output_cols_2)))
    len<- length(tmp_i)-2
    data_example<- read_data(tmp_table_pastor_engineering,
                        inputs = 3:(3+len),
                        outputs = (3+len+1):(3+len+4),
    dmus = NULL)
    model_tmp_engineering<- model_basic (data_example,
                        orientation = tmp_orientation,
    rts = tmp_rts)
      p <- (efficiencies(model_tmp_engineering) - efficiencies(model_3_
engineering))/efficiencies(model_3_engineering)
      p <- as.data.frame(p)
      print(col)
    print( length(which((p[,1]>0.1)))/length(p[,1]) )
    }
```

参考文献

[1] 迪尔凯姆.社会学方法的准则[M].北京：商务印书馆，1995.

[2] 埃贡·G·古贝，伊冯娜·S·林肯.第四代评估[M].秦霖，蒋燕玲，等译.杨爱华，校.北京：中国人民大学出版社，2008.

[3] 卡巴科弗.R语言实战[M].王小宁，刘撷芯，黄俊文，等译.北京：人民邮电出版社，2013：383.

[4] H.J.沃尔博格.教育大百科全书：教育评价[M].张莉莉，等译.重庆：西南师范大学出版社，2011.

[5] 迈克尔·夏托克.高等教育的结构和管理[M].王义端，译.上海：华东师范大学出版社，1987.

[6] 操太圣.高校问责制中自治与外控的冲突及其化解策略[J].徐州工程学院学报(社会科学版)，2013，28(01)：104-108.

[7] 柴勤芳.对高职教育“高等性”与“职业性”融合的思考[J].中国高教研究，2012(05)：95-97.

[8] 陈振明.评西方的“新公共管理”范式[J].中国社会科学，2000(06)：73-82+207.

[9] 程开明.统计数据预处理的理论与方法述评[J].统计与信息论坛，2007(06)：98-103.

[10] 科埃利，拉奥，奥唐奈，等.效率与生产率分析引论(第二版)[M].王忠玉，译.北京：中国人民大学出版社，2008.

[11] 郭芳芳，张男星.高等教育绩效评价的需求、内涵与机制[J].高教发展与评估，2016，32(01)：22-32+119-120.

[12] 胡永宏，路芳.数据无量纲化和指标相关性对DEA评价结果的影响研究[J].经济统计学(季刊)，2017(02)：56-72.

[13] 胡咏梅，梁文艳.高校合并前后科研生产率动态变化的Malmquist指数分析[J].清华大学教育研究.2007(1)：62-70.

[14] 姜华，李漫红，吕光洙，等.资源与效率：国外高等教育绩效评价研究[M].北京：科学出版社，2015.

[15] 阚阅.当代英国高等教育绩效评估研究[M].北京：高等教育出版社，2010.

[16] 科埃利，拉奥，奥唐奈，等.效率与生产率分析引论(第二版)[M].刘大成，译.北京：

清华大学出版社,2009.

[17] 李晓燕.基于数据包络分析的标杆管理理论与应用研究[D].南京:南京理工大学,2010.

[18] 李佳哲,胡咏梅.国内高校科研效率和生产率研究述评及研究展望[J].现代教育管理,2018(01):54-61.

[19] 刘云波.国家示范性高职院校带动周边院校发展了吗[J].北京大学教育评论,2019,17(02):57-75+188-189.

[20] 潘健,宗晓华.基于数据包络分析的大学科研效率评价指标体系研究[J].清华大学教育研究,2016,37(05):101-110.

[21] 潘懋元,于伟廉.高等教育学[M].福州:福州教育出版社,1995.

[22] 潘懋元.当前高等职业教育发展的几个主要问题[J].高等职业教育(天津职业大学学报),2003(06):13-15.

[23] 王战军,乔伟峰,李江波.数据密集型评估:高等教育监测评估的内涵、方法与展望[J].教育研究,2015(6):29-37.

[24] 余平.公立大学回应社会问责的新思路——基于《加州大学2014年问责报告》的解析[J].高教探索,2015(9):32-37.

[25] 张红霞.教育科学研究方法[M].北京:教育科学出版社,2009.

[26] 张男星.高等学校绩效评价报告(2012)[M].北京:教育科学出版社,2013.

[27] 张男星.高等学校绩效评价报告(2013)[M].北京:教育科学出版社,2015.

[28] 张男星.高等学校绩效评价论[M].北京:教育科学出版社,2012.

[29] 张男星.高等学校绩效评价研究[M].北京:科学出版社,2018.

[30] 张松,张国栋,杜朝辉.美国田纳西州高等教育绩效评估体系的历史演变及启示[J].清华大学教育研究,2014(3):81-86.

[31] 周飞舟.锦标赛体制[J].社会学研究,2009(3):54-77.

[32] 周雪光.项目制:一个"控制权"理论视角[J].开放时代,2015(02):82-102+5.

[33] 宗晓华,付呈祥."双一流"建设高校科研效率及其变化——基于超效率和Malmquist指数分解[J].重庆大学学报(社会科学版),2020,26(01):93-106.

[34] 朱袆,朱燕菲,邵然.高职生工匠精神要素及其结构模型[J],高等工程教育研究.2020(03):132-137+200.

[35] 朱袆.威廉玛丽学院通识教育的探索及启示[J].中国高等教育.2019(21):63-64.

[36] BANKER R D, CHARNES A, COOPER W W. Some Models for Estimating Technical and Scale Inefficiencies in Data Envelopment Analysis [J]. Management Science, 1984, 30(9): 1078-1092.

[37] BANTA T W, Moffett M S. Performance funding in Tennessee: Stimulus for program improvement [J]. New Directions for Higher Education, 1987(59): 35-43.

[38] BURKE J C, MINASSIANS H P. Reporting indicators: What do they indicate? [J]. New Directions for Institutional Research, 2002(116): 33-58.

[39] CAMPBELL J P, MCCLOY R A, OPPLER S H & SAGER C E. A Theory of Performance [A]. In: SCHMITT N & BORMAN W C, Eds. , Personnel Selection in Organizations [M], San Francisco: Jossey-Bass, 1993: 35-77.

[40] CHARNES A, COOPER W, RHODES E. Measuring The Efficiency Of Decision Making Units. European Journal Of Operations Research. 1978: 429-444.

[41] CHARNES A, COOPER W, RHODES E. Measuring the efficiency of decision making units [J]. European Journal of Operational Research, 1978, 2(6): 429-444.

[42] DOUGHERTY K, JONES S, LAHR H, et al. Looking Inside the Black Box of Performance Funding for Higher Education: Policy Instruments, Organizational Obstacles, and Intended and Unintended Impacts [J]. RSF, 2016, 2(1): 147-173.

[43] FREEMAN R E, REED L D. Stockholders and Stakeholders: A New Perspective on Corporate Governance [J]. California Management Review, 1983, 25(3): 88-106.

[44] Measuring Up 2008: The National Report Card on Higher Education [R]. National Center for Public Policy and Higher Education, 2008.

[45] OECD. Benchmarking higher education system performance: Conceptual framework and data [R]. Paris: Enhancing Higher Education System Performance, OECD, 2017: 61.

[46] PASTOR J T, RUIZ J L, SIRVENT I. A Statistical Test for Nested Radial DEA Models [J]. Operations Research, 2002, 50(4): 728-735.

[47] POLLITT C. The New Public Management: An Overview of Its Current Status [J]. ADMINISTRAŢIE ŞI MANAGEMENT PUBLIC, 2007: 110-115.

[48] SNYDER M, FOX B. Driving Better Outcomes: Fiscal Year 2016 State Status & Typology Update [R]. HCM Strategists, 2016: 6, 36.

[49] TROW M. Trust, markets and accountability in higher education: a comparative perspective [J]. Higher Education Policy, 1996(9): 309-324.

后 记

本书是在我的博士论文《基于DEA的高职院校专业建设绩效评价研究》基础上修改而成的。我并非教育学专业科班出身，本硕的专业是计算机科学与技术，作为一名跨学科研究者，博士论文的研究过程充满了诸多艰辛，与我之前的预期完全不同。在此，我想聊一聊跨学科研究的一些心得与感悟。

跨学科研究的艰难之处并非在于知识与技术难以跨界融合，而在于不同学科认识论、方法论存在巨大差异，难以互相理解、互相认同。从认识论角度来说，计算机科学与其他自然科学类似，以主客体分离的方式看待世界，运用数学模型的方式将研究对象客体化，运用程序设计语言对其进行计算和控制，最终实现包括人在内的一切客体的描述数字化、操控流程化。教育学的认识论则兼有人文和社会科学的特性，反对将研究对象作为冰冷的客体来进行研究，要求研究者能真正感受和理解研究对象，在研究中展现自己的主观性和价值观。从方法论角度来说，计算机科学秉承的是卡尔·波普尔的证伪主义(falsificationism)思想，认为只有通过对前人不断的否定和超越，才能实现学科发展。教育学则遵循托马斯·库恩所说的范式(paradigm)理论，认为只有在某种范式的指导下，通过对前人的继承和发展、不断积累知识从而形成更加完整的学科体系。显然，这是两种完全不同的认识论与方法论。

于是乎，应该采用什么样的认识论和方法论成为研究之初我的主要困扰之一。一方面，我在内心深处完全认同计算机科学证伪主义的方法论，因为科学与技术正是通过不断的自我超越才强有力地推动人类文明快速发展。另一方面，我又赞同教育学的认识论，将活生生的研究对象简单地客体化、数字化，是违背教育工作者的初心与使命的，教育就是要培养人、孕育人，而不是简单地用一堆数字来表征人、操控人。但是，如何将来自教育学的认识论和来自计算机科学的方法论有机融合在一起呢？这是一个难题！两个学科早已自成体系，各自的认识论与方法论是相辅相成的，如何能简单地剥离与融合呢？在师门的各种讨论中，我的观点似乎总是异类，在博士论文的撰写过程中，我也常常处于摇摆之中。最终，我认识到，要拿到教育学博士学位，我只能在教育学范式中寻找跨学科研究的缝隙，本研究便成为并非完美的妥协之作。

那么，缝隙在何处呢？本研究的做法是在研究脉络和研究思路上融合计算机科学的方法论。在教育学领域，主流的评价指标体系构建研究是基于理论的，是基于专家经验的。也就是说，研究者首先基于某种现有理论提出一个评价指标体系初稿，接着邀请专家进行讨论评判，然后在某个小范围内进行试评，最终完成指标体系的构建。那么计算机科学家会采用什么样的研究思路呢？在数据科学或者人工智能领域，计算机科学家们首先会构建一个研究对象数据库，即完成研究对象的数字化，接着在已有数据中标识出评价对象的评价结果，然后运用各种算法找出影响评价结果的各种关键因素，即模型构建，最后还要运用测试数据集对这个模型进行有效性检验。显然，这是两种迥然不同的研究思路。如果简单地将计算机科学的方法运用到教育学研究中，肯定会受到教育学专家们的质疑，因为通过算法得出的评价指标体系未必符合教育学理论。不过按照教育学的思路来构建指标体系的缺陷也是显而易见的，一方面无法超越前人，另一方面未通过实际数据验证难以保证其有效性。

所以，本书采用了混合式的研究思路，首先在现有理论基础上，运用多种质性研究方法，初步构建指标体系，这就是本书第三、四章前半部分的内容，使得指标体系先具有学理性；然后，再运用现有的数据库对指标体系进行筛选、验证，以保证指标体系符合数理性。在定量算法上，我没有像计算机科学家们一样创新一个全新的算法，而是很保守地使用“古老”的 DEA 方法，这是为了保证计算结论的可解释性；在第七章中，我遵循教育学秉承的诠释主义原则，在前人理论基础上花费大量的篇幅来分析与讨论研究发现与研究结论。不过，在整个研究思路上，我还是坚持使用数据科学的方法论，坚持从数据中发掘规律，而不是将数据分析作为一种研究中的装饰手法。

尽管这种混合式的研究思路试图左右逢源，在教育学研究范式下做出一点点探索，但还是受到了一些学者的批评，三位博士论文盲审专家中有一位认为不能过分追求指标体系的数理性，预答辩时，一位专家也认为这篇博士论文不太像一篇教育学论文而更像是一份数据分析报告，缺乏“故事性”。可见跨学科研究成果要同时得到两个学科专家们的认可还有很长的路要走。

任何一个学科只有开放兼容，不断吸纳新的想法，不断融合新的知识，才能持续前行。本研究并不完美，还存在诸多问题，所做的尝试还有很多需要改进之处。但我想，如何进行跨学科研究的思考并未停止，我的努力也并未结束，我还是要在跨学科研究上继续探索，继续前行，希望能继续得到诸多师友的指导与帮助。

2022 年 11 月 20 日于南京